ELBA

DUMONT REISE-TASCHENBUCH

Eva Gründel · Heinz Tomek

ELBA

DUMONT

Titelbild: Die idyllische Barbarossa-Bucht bei Porto Azzurro
Umschlaginnenklappe vorne: Am Strand von Cavoli-Seccheto
Umschlaginnenklappe hinten: Leuchtturm bei Portoferraio
Umschlagrückseite: Elba – ein Paradies für Segler (oben); Palazzo dei
  Mulini in Portoferraio (Mitte); Unterwegs in Portoferraio (unten)
Vignette S. 1: Inseleinsamkeit
Abbildung S. 2/3: Blick auf die Bucht von Portoferraio

Über die Autoren:
Eva Gründel, geboren 1948 in Wien, Promotion in Publizistik und Kunstgeschichte. Heinz Tomek, geboren 1939 in Wien, Studium der Rechts- und Staatswissenschaften. Die Autoren leben als freie Journalisten und Fotografen in Wien und auf Sizilien. Im DuMont Buchverlag publizierten sie außerdem die Richtig reisen-Bände: »Golf von Neapel«, »Sizilien«, »Süditalien« und »Tschechien« und das Reise-Taschenbuch »Liparische Inseln« sowie Heinz Tomek das »DUMONT EXTRA: Sizilien«.

Für Dr. Alexandra Kostrba

© DuMont Buchverlag, Köln
4., aktualisierte Auflage 2000
Alle Rechte vorbehalten
Umschlaggestaltung: Groschwitz, Hamburg
Satz und Druck: Rasch, Bramsche
Buchbinderische Verarbeitung: Bramscher Buchbinder Betriebe

Printed in Germany   ISBN 3-7701-3255-6

INHALT

LAND & LEUTE

Elba im Überblick

Geschichte, Kunst und Kultur

UNTERWEGS
AUF ELBA

Portoferraio

Im Nordosten

Zur Halbinsel Calamita

Im Herzen Elbas

Im Nordwesten

Im Südwesten

Elba aktiv

Die kleinen Inseln des Toskanischen Archipels

TIPS & ADRESSEN

LAND & LEUTE

»So fehlt dem Volk nichts zum Leben in seinem reizenden und milden Lande, denn außer dem Fruchtsegen der Gärten und der Felder gab ihm die Erde auch die unerschöpflichen Eisenlager von Rio, und das Meer sein Salz und seine Fische.«

Ferdinand Gregorovius, 1852

Elba im Überblick

Fischerdorf Pomonte an der Westküste

Edelstein der Venus: Die Landschaften

Elba, mit 223,5 km² nach Sizilien (ca. 25 460 km²) und Sardinien (24 100 km²) drittgrößte Insel Italiens, bildet zusammen mit Giglio, Giannutri, Montecristo, Pianosa, Capraia und Gorgona den Toskanischen Archipel zwischen dem italienischen Festland und Korsika. Es handelt sich dabei um eine in Relation zur Erdgeschichte junge Insel, denn bis vor 70 Mio. Jahren war sie Teil des Meeresgrundes, bedeckt von gewaltigen Sedimentschichten (Sandsteine, Schiefer, Gneis und Marmor), die noch heute den Charakter der Landschaft prägen. Seine Geburt verdankt Elba schließlich den mächtigen Kräften des Feuers, die vor etwa 40 Mio. Jahren die Konturen der Insel formten. Flüssiges Magma stieg aus dem Erdinneren empor und wölbte die obersten Gesteinsschichten kuppelförmig auf: Die ersten Spitzen ragten aus dem Meer. Im Verlaufe der weiteren tektonischen Umgestaltung bildete Elba in den Eiszeiten, als der Meeresspiegel dramatisch sank, mit dem heute etwa 10 km entfernten Festland mehrmals eine zusammenhängende Landmasse, bis sich die kapriziöse Dame schließlich vor etwa 12 000 Jahren endgültig dazu entschloß, eine eigene Insel zu werden.

Über die Entstehung der reichen Erzlagerstätten gibt es verschiedene Theorien. Vermutlich erhielten sie ihre magnetischen Eigenschaften bereits beim Auftauchen des noch heißen Granits vor etwa 6 Mio. Jahren.

Auch wenn die höchste Erhebung, der Monte Capanne, nur 1019 m mißt, gleicht Elba mit seinem Höhendurchschnitt von 182,12 m und seinen zahlreichen Buchten dem bergigen Korsika, mit dem es im Zuge der Entwicklungsgeschichte einst ebenfalls verbunden war und von dem es jetzt etwa 50 km Meer trennen. Der Umriß der Insel erinnert an einen liegenden Pilz, dessen Hut sich vom Capo delle Vite im Norden zur Punta Ripalti im Süden erstreckt, während der Stiel

---

Das Barocke der elbanischen Landschaft erklärt sich auf das Natürlichste aus ihrem geologischen Aufbau. Sie besteht fast durchwegs aus Gesteinen, die auf dem benachbarten Festland nicht vorkommen, denn sie gehört zusammen mit den anderen Eilanden des toskanischen Archipels, mit dem benachbarten Korsika und mit Sardinien zu einem sehr alten versunkenen Bergland. Sie ist außerdem so reich an verschiedenartigen Gesteinsarten und Mineralien wie kein anderes Gebiet Italiens, die geologische Karte von Elba ist eine der buntesten, die man sehen kann. Eckart Peterich

Macchia und Pinienwälder im Landes-
inneren

sein knollenförmiges Ende im Westen an den Abhängen des Monte
Capanne hat. Natürlich ranken sich
um die Entstehung des Eilandes
auch ganz und gar unwissenschaft-
liche Sagen und Legenden: Venus –
wer anders als die »Schaumge-
borene« hätte sonst bei so viel
Schönheit die Hand im Spiel haben

können? – schmückte sich mit einer aus kostbarsten Edelsteinen bestehenden Halskette. Als die Göttin
einmal gedankenverloren mit ihren
Pretiosen spielte, riß die Schnur
und das Geschmeide fiel ins Meer,
wo es sich in paradiesische Inseln
verwandelte.

Elba, größter und funkelndster
dieser Edelsteine, gliedert sich in drei
völlig verschiedene Landschaften.
Der **Westen** wird von dem mächtigen Granitmassiv des Monte Capanne geprägt. Edelkastanienwäl-

Ein steinerner Zoo und Wollsäcke aus Granit

Während die aufgelassenen Tagebaugruben von Ostelbas Eisenerzlagerstätten die Landschaft zwischen Cavo im Norden und der Punta della Calamita im Süden im wahrsten Sinn des Wortes einschneidend prägen, kann der Westen des Eilands ebenfalls mit einigen geomorphologischen Besonderheiten aufwarten. Vor allem im Gebiet des Capanne-Massivs – beispielsweise unweit der Wallfahrtskirche Madonna del Monte oder an den Brandungsklippen von Marciana Marina – erheben sich immer wieder bizarre Felsformationen gleich einem zu Stein gewordenen Zoo aus der Urzeit. Nicht viel Phantasie ist nötig, um in den Riesengebilden tatsächlich Elefanten oder Drachen, Schildkröten oder Adler zu erkennen. **Tafoni** – der aus dem Korsischen stammende Sammelbegriff für die Monster aus Granit (*tafonare*, »durchlöchern«) – bringt ihre Entstehungsgeschichte von etwa 150 000 Jahren plakativ auf den Punkt: Weil einige Bestandteile des Granits rascher verwittern als andere, bilden sich Krusten, hinter denen sich Löcher ins Gestein fressen. Diese Aushöhlungen können nur kopfgroß sein, aber auch die Dimensionen von Grabkammern erreichen, dementsprechend spricht man von Klein- oder Riesentafoni.

Eine besondere geologische Eigenart stellen die **Wollsäcke** dar, im Erdmittelalter, also vor etwa 270 Mio. Jahren, aus Unterwasservulka-

der wechseln mit üppiger Macchia ab, in der steil zum Meer abfallenden Küste verstecken sich verträumte Sand- und Kiesstrände, Ausläufer der sich zur See hin öffnenden Täler. Der **mittlere Teil**, von einer nur 4 km breiten Landenge zwischen den Golfen von Procchio und Marina di Campo gegen den westlichen abgegrenzt, ruft mit seiner mediterranen Vegetation von Weingärten, Olivenhainen und Obstplantagen in dem auf maximal 377m (Monte Tambone, Monte Orello) ansteigenden Hügelgelände sowie einigen herrschaftlichen Landsitzen am nachdrücklichsten in Erinnerung, daß Elba zur Toskana gehört. Die weit geschwungenen Buchten von Marina di Campo, Lacona und Stella im Süden sowie von Portoferraio, Biodola und nen emporgeschleuderte Lava-Formationen, die zu rundlichen Riesenblöcken verwitterten, aufgeplustert wie gigantische Daunenkissen und in der Fachsprache als »pillows« bezeichnet. Nach ihnen muß man nicht lange· suchen, schöne Exemplare liegen bei einer Rundfahrt durch den Westen des öfteren gleich am Wegesrand. In Jahrmillionen entstanden auch immer wieder andere auffallende Gesteinsformationen, hochaufgetürmte **Felsburgen**. Diese »Burgen« waren einst Teil einer mächtigeren Granitschicht. Eindringendes Wasser löste daraus Eisenverbindungen, die sich, wenn das Wasser wieder verdunstete, an die Granitblöcke anlagerten und sie vor Abtragung bewahrten. Während das umliegende Material schließlich verwitterte und verwehte, blieben die Blöcke als massive Gebilde stehen. Nicht selten sind sie gekrönt von »Wackelsteinen«, die bedrohlich auf der Spitze eines Granitturms zu balancieren scheinen.

Verwitterungen unterhalb und an der Erdoberfläche schließlich schufen auch großräumige **Blockfelder** oder führten zur **Abschuppung** des Gesteins. An manchen Stellen bildeten sich parallel zu den Berghängen mehrere Dezimeter dicke Schichtungen, an anderen wiederum liegen nur wenige Zentimeter schmale Schuppen dachziegelartig übereinander. Bisweilen haben Wind und Regen wannenartige Vertiefungen in ebene Granitplatten genagt, sogenannte **Opferkessel**. Die noch im 19. Jh. verkündete Hypothese, es handle sich dabei um künstlich angelegte Blutrinnen auf Opferaltären, erwies sich letztlich als haltlos. Der unheimliche Name aber blieb, auch wenn nicht Menschenhände, sondern Wasser, Wind, Kälte und Hitze dem Granit buchstäblich bis zum Steinerweichen zugesetzt haben.

Procchio im Norden sind zu Domänen des Fremdenverkehrs geworden, Ruhe und Beschaulichkeit finden sich eher in sicherer Entfernung von den Touristenzentren. **Ostelba** ist das Dorado der Mineraliensammler, die auf der Halbinsel Calamita und im Gebiet von Rio Marina gleichsam auf Schritt und Tritt auf ihre Rechnung kommen. In diesem Teil der Insel steigen die Berge wieder bis auf 516 m Höhe an (Cima del Monte). In den tief eingeschnittenen Buchten im Norden und an den freundlichen Stränden der südlichen Halbinsel Calamita mit dem einst von Bergarbeitern bewohnten und heute von vielen Künstlern bevorzugten Städtchen Capoliveri als Zentrum genießen Urlauber aus aller Herren Länder die »kostbarsten Tage« des Jahres.

»Steinreiches« Eiland: Glitzernde und bunte Mineralien

Nicht weniger als 150 Mineralienarten, also die Hälfte der weltweit am häufigsten vorkommenden, sind auf der kleinen Insel im Tyrrhenischen Meer zu finden. Überdies wurde 1803 der bei Rio Marina auftretende braunschwarze Ilvait – ein basisches Kalksilikat mit Eisen – als neues Mineral anerkannt und nach der alten Bezeichnung für Elba – *Ilva* – benannt. Gründe genug also, daß sich nicht nur mineralienkundige Experten, sondern auch immer mehr Hobbyforscher und Steinesammler Jahr für Jahr auf Elba ein Stelldichein geben. Während jedoch die Wissenschaftler mit offenen Armen empfangen werden, haben die Behörden mit den Laien nur bedingt Freude. Ohne Genehmigung darf sich zwar niemand in den stillgelegten Erzfeldern im Osten der Insel auf die Suche nach glitzernden Souvenirs machen, doch läßt sich die »Schwarzgräberei« nur schwer unter Kontrolle halten.

Der Durchschnittstourist begnügt sich freilich zumeist mit einem Besuch im Mineralienmuseum von Rio Marina (s. S. 105), um anhand der exzellenten Sammlung, die ausschließlich elbanische Funde enthält, seinen Wissensdurst zu stillen. Wer auf den Geschmack gekommen ist, kann bei der Heimreise in Florenz das Mineralogische Museum der Universität aufsuchen. Dort befindet sich die im 19. Jh. von dem Elbaner Wissenschaftler Marcello Foresi angelegte Kollektion von mehr als 1000 Exponaten aus seiner Heimat. Im übrigen erfreut sich der Urlauber am reichhaltigen Angebot einschlägiger Souvenir- und Schmuckläden, in denen er oft schneller, als ihm lieb ist, »steinreich« werden kann.

Kleine Mineralienfibel

Anstelle einer wissenschaftlichen Aufstellung – deutschsprachige Fachbücher sind in der gutsortierten Buchhandlung in Portoferraio neben der »Bar Roma« am Hafen erhältlich – als Orientierungshilfe ein »Who's who« der interessantesten Steine:

Magnetit: Eisenoxid (Magneteisenstein); das wertvollste aller Eisenerze für industrielle Verwendungen, schwarz und stark magnetisch; es kommt in den Bergwerken »Vallone« und »Ginevro« (Punta Calamita) vor.
Hämatit: Ein Eisenoxid; stahlgrau, braunrot oder schwarz; undurchsichtig, poliert lebhaft glänzend; früher für Trauerschmuck verwendet, heute gern zu Modeschmuck verarbeitet; auch »Blutstein« genannt, da sich beim Schleifen das Kühlwasser blutrot färbt; Fundstätten vorwiegend bei Rio Marina und auf der Halbinsel Calamita.

Mineralien

ist der Sammelbegriff für alle aus chemischen Elementen sowie aus anorganischen oder – seltener – organischen Verbindungen bestehenden Substanzen, die Bestandteile der Erdkruste, des Erdmantels oder von Meteoriten sind. Mit Ausnahme des Quecksilbers sind Mineralien feste Körper, die meist in kristalliner Form auftreten. Etwa 300 der rund 2000 bekannten Mineralien kommen häufiger vor, wobei nur ungefähr 10 (vor allem Silikate) über 90 % der Erdkruste aufbauen. Während besonders schön gefärbte Steine in der Schmuckherstellung Verwendung finden, sind insbesondere Sulfide und Oxide als Erze zur Metallgewinnung von Bedeutung.

Pyrit: Eisenerz mit starkem Schwefelgehalt, der ihm die charakteristische goldgelbe Farbe verleiht (im Volksmund »Katzengold«); häufig in Verbindung mit Hämatit; Hauptfundort in den Minen von Rio nell'Elba.

Limonit: Eisenoxidhydrat; dunkelbraune oder gelbe Farbe, in den Bergwerksgebieten sehr verbreitet.

Malachit: Kupferkarbonatisches Mineral; findet sich immer in Kupferlagerstätten oder in deren Nähe; die Farbe reicht von hellgrün über smaragd- bis schwarzgrün, der Name stammt aus dem Griechischen, entweder von *malache*, »Malve«, oder von *malakos*, »weich«; nach mittelalterlichem Aberglauben ist er ein Schutzmittel gegen Hexenzauber. Gelegentlich ist der Malachit mit dem tiefblauen Azurit zu einer interessanten Farbkombination verwachsen. Im 18. und 19. Jh. befanden sich die berühmtesten Lagerstätten bei Jekatarinburg im Ural, Rußlands Zaren ließen von dort Malachit tonnenweise für die Ausgestaltung ihrer Schlösser kommen (z. B. »Malachit-Saal« im Winterpalais der Eremitage in St. Petersburg); heute gilt Zaire als bedeutendster Malachitlieferant; auf Elba Vorkommen auf der Halbinsel Calamita und in der Miniere Rialbano bei Cavo.

Abgesehen davon gibt es auf Elba Granitfelsen, die sich vorwiegend in Pegmatit-Adern (*pegma*: griechisch »Festgewordenes«, Restschmelze des Magmas) gebildet haben. Dort finden sich:

Turmalin: Der farbenreichste Edelstein im Mittelmeerraum überhaupt; seit der Antike bekannt, Lieblingsstein des Biedermeier. Einige Variationen aus der Palette: »Achroit« ist farblos, »Dravit« hell- bis dunkelbraun, »Indigolith« blau, »Rubellit« rosa bis rot, »Schörl« schwarz, »Siberit« lilarot bis violettblau,

»Verdelith« grün. Das Wort *tura-mali* stammt aus dem Singhalesischen und bedeutet »roter Stein«. Vorkommen auf der Insel als »Elbait« um San Piero und Sant'Ilario in Campo, außerhalb Europas u. a. in Madagaskar, Mozambique, Sri Lanka, den USA (Kalifornien) und insbesondere in Brasilien.

Beryll: Nach der Farbe unterscheidet man bei der Mineralgruppe der Berylle drei Varietäten: den grünen Smaragd, den bläulichen Aquamarin und den in vielen weiteren Farben wie gelblich, grünlich oder rosa auftretenden Edelberyll. Vom Wort »Beryll« (aus dem Griechischen, aber indischen Ursprungs) leitet sich der Begriff »Brille« ab, denn bereits zur Römerzeit wurden aus dem farblosen Gestein Linsen zur Verbesserung der Sehschärfe geschliffen. Laut Steinebüchern aus dem Mittelalter hält Beryll eine junge Liebe frisch oder frischt eine alte auf. Vorkommen der Edelberylle auf Elba meist zusammen mit Aquamarin in Pegmatitgängen des Granits um San Piero und Sant' Ilario in Campo.

Quarz: Minerale aus der Familie der Quarze sind so hart, daß die Politur vom Staub nicht angegriffen wird, auch gegenüber Chemikalien und mechanischer Beanspruchung sind sie unempfindlich; Edelsteinqualitäten gibt es nur in Drusen (Hohlraum im Gestein mit Kristallansammlung an den Wänden), Klüften und in Pegmatiten. Sämtliche der im folgenden aufgezählten Quarze werden in Elbas Mineralienläden und Schmuckgeschäften verkauft, doch nur in Ausnahmefällen stammen sie von der Insel. Zu den »makrokristallinen Quarzen« (Kristalle sind mit bloßem Auge zu erkennen) zählen:

Bergkristall: Von den Griechen *kristallos*, »Eis«, getauft; bekanntester Vertreter der Quarze, wird auch auf Elba gefunden (Umgebung von San Piero und Sant'Ilario).

Citrin: Zitronengelb; von Juwelieren gern als »Goldtopas« bezeichnet, um höheren Wert vorzutäuschen; häufig kommen auch durch Hitze umgefärbte Amethyste oder Rauchquarze minderer Qualität als Citrine in den Handel.

Rosenquarz: Meist etwas trüb und oft rissig, gewöhnlich nur für Cabochonschliff – also gewölbte Verarbeitung – geeignet; prachtvolle Stücke in der Wandvertäfelung der Wenzelskapelle im Prager Veitsdom; Funde in Westelba.

Rauchquarz: Rauchig-braun, oft irreführend »Rauchtopas« genannt.

Amethyst: Der aus dem Griechischen stammende Name des hell- bis tiefvioletten Steins bedeutet »nicht betrunken«, galt dieser doch in der Antike als Amulett gegen Berauschung; auch im Mittelalter als Glücksbringer geschätzt, der Standfestigkeit verleihen und vor Zauberei schützen sollte; schmückt in katholischen Kirchen viele liturgische Gegenstände.

Aventurin: Der Name stammt aus dem italienischen *a ventura*, »rein zufällig«; und zwar aus den Glas-

Pyrit und Hämatit (l.)
Ilvait (r.)

Turmalin

hütten von Murano, als im 17. Jh. durch Zufall Metallsplitter in die Glasschmelze gerieten und eine neue, attraktive Glassorte ergaben; das ähnlich aussehende Quarzmineral in grünen, roten oder braunen Farbtönen wurde in der Folge nach dem Spezialglas benannt.

In der Gruppe der »mikrokristallinen Quarze« (auch als »Chalcedone« bezeichnet, zumeist nicht glasglänzend, sondern wachsglänzend bis matt) finden sich:

Karneol: Flammend rot, aber auch rötlichbraun bis braun; der Name dürfte sich von den leuchtend roten Steinfrüchten der Kornelkirsche ableiten; galt am Mittelalter als stillend bei Nasenbluten.

Chrysopras: Apfelgrüne Farbe; die ursprüngliche Bedeutung des griechischen Wortes ist unbekannt; bis zum 14. Jh. lag die berühmteste und seither restlos ausgebeutete Fundstätte in Oberschlesien. Chrysoprase schmücken die Wenzelskapelle im Prager Veitsdom und das Schloß Sanssouci in Potsdam.

Moosachat: Moosähnliche Einlagerungen gaben dem durchscheinenden Chalcedon den naheliegenden Namen.

Heliotrop: Die griechische Bezeichnung bedeutet »Sonnenwender«; wird auch »Blutjaspis« genannt. Undurchsichtiger grüner Chalcedon mit roten Einlagerungen aus Eisenoxid, in denen das Mittelalter Blutstropfen Christi sah, deswegen glaubte man an besonders magische Kräfte des Steins, in Kombination mit bestimmten Kräutern konnte man mit ihm die Sonne verdunkeln oder auch Menschen unsichtbar machen.

Jaspis: Orientalischer Namensursprung, Bedeutung aber unbekannt; durch verschiedentliche Beimengungen kommt er in einer Vielzahl von Farben vor; Vorkommnisse weltweit. Die Wände der Burg Karlstein bei Prag und die Wenzelskapelle im Veitsdom sind mit blutrotem Jaspis belegt, in der Eremitage in St. Petersburg ist Jaspis sogar zu ganzen Säulen verarbeitet.

Achat: Die Bezeichnung leitet sich vom antiken Namen eines sizilianischen Flusses ab; kein selbständiges Mineral, sondern eine Strukturvarietät, ein gestreifter, gebänderter Chalcedon in verschiedensten, harmonisch aufeinander abgestimmten Farben; die polierten Schnittflächen zeigen die herrlichsten Muster, in dünne Platten geschnitten ist Achat stets durchscheinend; dekorative Stücke (oft künstlich eingefärbt) in jedem besseren Mineralienladen auf Elba.

Auf der Sonnenseite: Das Klima

Als ob Venus genau gewußt hätte, wo sie ihre Juwelen fallen läßt: Klimatisch befindet sich Elba auf der Sonnenseite des Mittelmeers. Es ist milder als auf dem Festland, aber

Monat	Mittelwerte Luft		Wasser (°C)	Tägliche Sonnenstunden
	Max	Min		
Januar	12,1	6,4	14	3,4
Februar	13,1	6,8	13	4,1
März	15,2	8,4	13	5,5
April	17,6	10,9	14	6,8
Mai	21,3	14,0	17	9,0
Juni	25,7	17,8	21	9,5
Juli	28,8	20,5	23	10,5
August	28,2	20,3	24	9,7
September	25,5	17,7	22	8,0
Oktober	21,4	14,3	20	5,8
November	17,1	11,0	17	3,5
Dezember	13,6	7,9	15	2,9

nicht ganz so »glühend« wie im Süden Italiens. Die Sommer sind trocken und heiß, die Winter feucht und mild. Nur an wenigen Tagen sinkt die Temperatur in die Nähe des Nullpunkts, die Berge mit ihrer dünnen Schneedecke leuchten dann wie angezuckert. Die Durchschnittswerte liegen bei 9,7 °C im Winter, 13,9 °C im Frühjahr, 22,7 °C im Sommer und 16,6 °C im Herbst. Noch im Januar beginnen die Mandeln zu blühen, im Februar und März entfalten Mimosen ihre leuchtende Pracht als Vorboten des Frühlings, in dem die Natur Elba in ein einziges Blütenmeer verwandelt.

Bis April muß man statt der Badehose den Regenschirm einpacken, denn in den ersten Monaten des Jahres fallen die meisten Niederschläge, während sich im Juli und August die Sonne nur ganz sel-

ten hinter Wolken versteckt. Unbekümmerte, die sich bereits Anfang Mai in die Fluten stürzen, dürfen sich trotz angenehmer Lufttemperaturen nicht über Gänsehaut wundern. Dann aber wird das Wasser mit jedem Sonnentag wärmer und lädt zwischen Juni und September zu ungetrübtem Badespaß ein. Je nach Großwetterlage kann man diesem Vergnügen sogar bis in den November hinein frönen.

Nicht nur Segler erkundigen sich jeden Morgen nach der Windlage. Denn die Luftströmungen können bisweilen auch Laune und Gemüt der Inselbewohner beeinträchtigen. Am gefürchtetsten sind der *Libeccio*, ein Südwestwind, warm und feucht, der nicht selten zu orkanartiger Stärke anschwillt, sowie der *Scirocco*, der von den Wüsten Nordafrikas kommende feuchtheiße Südostwind, der oft tagelang stürmt und tobt und eine geradezu lähmende Wirkung auf die Menschen ausübt. Als erfrischende Brisen werden dagegen der *Maestrale* aus dem Nordwesten und der *Tramontana* aus dem Norden empfunden – ersterer verspricht gute Fernsicht, letzterer Wetterbesserung.

Pflanzen und Tiere

»Wir neigen heute dazu, den Mittelmeerraum nur als Staffage wahrzunehmen, lediglich das Zusammenspiel von Sonne und Meer, seines Reliefs und seiner Vegetation, ein glückliches Geschenk der Natur, die freigiebig und üppig und zugleich karg ist. Denn unter der Blütenpracht schimmert der Fels durch. Der Mensch braucht in seiner Hege und Pflege einen Augenblick nachzulassen, schon rutschen die mühsam aufgebauten Terrassen ab, Gesträuch wuchert, der niedergebrannte Wald wird von Dickicht überzogen, die Ebenen versumpfen wieder. Das fragile Gleichgewicht zerbricht, es wiederherzustellen kann Jahrhunderte kosten. Alle Küstenstriche des Mittelmeeres haben dieses Wechselspiel von Erschließung und auffälliger Vernachlässigung mitgemacht. Es ist, als entglitte dem Menschen die Kontrolle über den Raum, als vermöchte er ihn immer nur partiell, nie beständig in seiner Gewalt zu halten.«

Was der französische Historiker Maurice Aymard 1985 über die »Welt des Mittelmeeres« schrieb, trifft auf Elba in besonderem Maße zu. Jahrtausendelang betrieben die Bewohner systematisch Raubbau an den Ressourcen der Natur. Ohne Rücksicht auf die Folgen ließen die jeweiligen Herren des erzhaltigen Bodens ganze Wälder in den Schmelzöfen verfeuern, angefangen von den Etruskern über die Römer bis zu den staatlichen Stahlbetrieben des 20. Jh. Holz in rauhen Mengen benötigte man aber auch für den Schiffs- und Hausbau, und wo nicht der Kahlschlag die Landschaft in Wüsteneien verwandelt hatte, sorgten Überweidung durch Schafe und Ziegen für denselben Effekt. Sich selbst überlassen, faßte die Pflanzenwelt allmählich wieder zaghaft Fuß. Es entwickelten sich verschiedene Formen von immergrünem Buschwald, dem eine seiner schönsten Blüten den Namen verlieh: die Zistrose, auf Französisch *Maquis*, auf Korsisch *Mucchio*, stand Pate für die **Macchia**. Und weil diese mit ihrem schier undurchdringlichen Gestrüpp seit jeher Verfolgten Zuflucht bot, nannten sich die französischen Widerstandskämpfer des Zweiten Weltkriegs *Maquisards*.

Nicht überall aber konnte sich die Natur so kraftvoll durchsetzen. In felsigen Regionen mit allzu dünner Erdkrume bildete sich eine maximal 2 m, zumeist aber nur kniehohe Gebüschformation, die **Garigue**. Namenspatron ist in diesem

Fall die in der Provence als *Garric* bekannte Kermeseiche, die neben Hartlaub-Zwergsträuchern, Mastixarten und wiederum – entsprechend niedrigeren – Zistrosen den Hauptbestandteil dieser Vegetationsart ausmacht. Ähnliche Erscheinungsformen mit örtlich abweichender Zusammensetzung stellen die *Tomillares* in Spanien, die *Phrygana* in Griechenland, die *Trachiotis* auf Zypern und die *Bartha* in der Levante dar. All diese Varianten degenerierter Macchia heißen in der Botanik *Gariden*.

Häufig verlaufen die Grenzen zwischen Macchia und Garigue fließend. Grob gesagt haben sich stattliche Baumarten einfach den

Edelkastanie

Mittagsblume

härteren Bedingungen angepaßt und sind quasi geschrumpft, um überleben zu können. Die Steineiche wird in der Macchia maximal 2–4 m hoch, der Oleaster, die verkümmerte Form des Olivenbaums, bewehrt sich anstelle der lanzettförmigen, silbrigen Blätter mit dolchähnlichen Stacheln. In der Garigue findet sich schließlich die »Bonsai-Ausführung« dieser Degenerationsformen. Gemeinsam ist dem dichten Buschwald und dem schütteren Gestrüpp aus Zwergsträuchern jedoch eines: der unverwechselbare, wundervolle Geruch. Um möglichst wenig Feuchtigkeit abzugeben, bildeten die Pflanzen des kargen Bodens nämlich extrem harte,

Die Macchia von A bis Z

Affodil (*Asphodelus albus* und *Asphodelus micorcarpus*): Zwiebelgewächse mit weißen Blütenrispen; galten den Griechen als Symbol des Weiterlebens nach dem Tode, weil sie mit dem ersten Frühlingsregen zu sprießen beginnen; noch heute gern als Grabschmuck verwendet.

Baumheide (*Erica arborea*): Ähnelt dem Heidekraut, wird aber oft meterhoch; hellviolett gefärbte, kugelige Blütenglöckchen hängen an schuppig beblätterten, rutenförmigen Zweigen; der Wurzelstock liefert das wertvolle Bruyère-Holz; Honigpflanze.

Erdbeerbaum (*Arbutus unedo*): Erikagewächs, kann bis zu 5 m hoch werden; seine Blätter sind denen des Lorbeers ähnlich, aber gezähnt; maiglöckchenähnliche rosa-weiße Blüten in endständigen Rispen. Die an Erdbeeren erinnernden gelblichen oder rötlichen Früchte sind zwar eßbar, schmecken aber mehr sauer als süß, deswegen auch der Name *unedo*, »eine eß' ich«. Zur Schnapsgewinnung aber eignen sich die Früchte hervorragend. Bei den Römern wurden Arbutuszweige als Zaubermittel eingesetzt.

Fenchel (*Foeniculum vulgare*): Wie Dill ein Doldenblütler mit fein zerteilten Blättern und gelblichen Dolden. Die Frucht enthält ein ätherisches Öl, das bei Magenverstimmungen hilft.

Ginster: Zu unterscheiden ist der »Spanische Ginster«, auch »Pfriemenginster« genannt *(Spartium junceum)*, eine bis 3 m hohe Pflanze mit spitzen, rutenförmigen, meist blattlosen und binsenartigen Zweigen, die im Frühjahr mit goldgelben Blüten besetzt sind, von zwei »Stechginsterarten«. Der *Ulex europeus* ist ein etwa meterhoher, dorniger Strauch mit nadelförmigen Blättern, die oft in Stacheln umgewandelt sind. Von Mai bis Juni leuchtend gelb blühend. Weiters der auch als »Dornenginster« bezeichnete *Calycotome spinosa*, ein besonders gut »bewaffneter« und ebenfalls im Frühsommer in intensivem Gelb blühender Macchienstrauch, der noch dazu giftig ist und in Italien daher auch »Ziegentöter« heißt.

Immergrüner Seidelbast (*Daphne gnidium*): Wird in blütenlosem Zustand leicht mit dem Philariastrauch verwechselt. Die Zweige der 2 m hohen Pflanze stehen aufrecht, aus den weißen Sommerblüten erwachsen erst fleischige rote, später schwarze giftige Beeren, und auch die Blätter enthalten das giftige Alkaloid Daphin. Angeblich warfen einst Wilddiebe Seidelbast-Zweige in Bäche und Flüsse, um die Fische zu betäuben.

Kirschlorbeer *(Prunus laurocerasus)*: Immergrüne, ledrige Blätter, nach Mandeln riechend und wegen ihres Gehalts an Blausäure giftig; weiße Blüten in aufrechten Trauben, die Früchte ähneln Vogelbeeren; am Schwarzen Meer beheimatet, häufig auch in Parkanlagen im Norden gepflanzt.

Lavendelstrauch *(Lavandula stoechas)*: Buschiger, immergrüner, steif aufrecht stehender Halbstrauch mit gegenständigen, graufilzigen Blättchen; lavendelblaue bis tief dunkelblaue Blüten im Juli und August in 3 bis 6 cm langen quirligen Ähren; auffallend blauviolett gefärbte Hochblätter als Blütenstand-Abschluß; aromatischer Geruch; 20 Lavendel-Arten im mediterranen Raum, auch in den Macchien Nordafrikas vertreten. *Lavandula spica* wird zur Gewinnung ätherischer Öle vor allem in Südfrankreich angepflanzt.

Lorbeerschneeball *(Viburnum tinus)*: Blüht das ganze Jahr über mit weinroten Schirmdolden, besonders üppig aber im Spätwinter; blaue, beerenähnliche Früchte mit metallischem Glanz.

Mastixstrauch *(Pistacia lentiscus)*: Immergrüner Strauch, außerhalb der Macchia baumgroß und als Pistazie bekannt; paarig gefiederte, lederartige Blätter mit harzigem Duft; zweihäusige Pflanze, also weibliche (unscheinbare) und männliche (rötliche und auffallende) Blüten auf verschiedenen Sträuchern; Gewinnung von Mastix-Harz vorwiegend von der Baumform. Man benutzt das Harz als Abführmittel und Kaugummi, aber auch als Klebstoff z. B. für falsche Bärte.

Mäusedorn *(Ruscus aculeatus)*: Verkümmerte Blätter, dafür blattähnliche, tiefgrüne Gebilde, die in scharfen Spitzen auslaufen; unscheinbare Blüten, korallenrote Beerenfrüchte; Mäusedornzweige auf Speisen sollen Nagetiere abhalten.

Myrte *(Myrtus communis)*: Strauch mit ledrig glänzenden, lanzettlichen, aromatisch duftenden Blättern, weiß blühend im Juni, dunkelblaue, bis zum Frühjahr sitzenbleibende Früchte, kann außerhalb der Macchia Baumform annehmen. Venus soll sich dem Urteil des Paris mit Myrten im Haar gestellt und deswegen den Sieg über ihre Rivalinnen davongetragen haben. Auch galten Myrtenzweige in der Antike als Symbol der über den Tod hinausreichenden Liebe. Das Christentum übernahm den Brauch, Bräute mit Myrtenkränzen zu schmücken, erst im 17. Jh.

Oleaster *(Olea europea)*: Urahn und Wildform des Olivenbaums, unterscheidet sich von der Kulturform durch seine sparrigen, verdornten, vierkantigen Äste. Die graugrünen Blätter des nahezu unnahbaren Strauchs sind kleiner und breiter als beim Ölbaum, die kleinen Früchte enthalten nur wenig Öl.

Perückenstrauch *(Rhus cotinus,* Abb. rechts): Auch »Jupiterbart« oder »Färbersumach« genannt, liebt vor allem Kalkböden. Blüht unscheinbar grün-gelb, dafür nehmen seine gerbstoffreichen, langgestielten, rundlichen Blätter im Herbst eine leuchtend karmesinrote Färbung an.

Philariastrauch *(Phillyrea angustifolia)*: Bis zu 2,5 m hoch, erkennbar an seinen auffallend nach oben gerichteten gekerbten Blättern; unauffällige grünlich-weiße Blüten, kleine dunkle Früchte.

Spitzblättriger Spargel *(Asparagus acutifolius)*: Blattlose Seitenäste mit Büscheln von winzigen nadelförmigen Zweigen an holzigen, biegsamen Stengeln. Die grünen Triebe verwendet man auch im Norden als Aufputz von Blumensträußen, im Süden ißt man die jungen Sprossen, »wilder Spargel« schmeckt besonders köstlich.

Stechwinde *(Smilax aspera)*: Lianenhaftes Schlinggewächs, stachelige Blätter an meterlangen, dornigen, kantigen Stengeln, im Herbst auffallend durch leuchtendrote Beeren. Als unangenehmes Hindernis bei Wanderern verhaßt, wegen ihrer lieblich duftenden Blüten in der Antike als Schmuck bei Bacchusfesten geschätzt.

Stechpalme *(Ilex aquifolium)*: Atlantisch-mediterraner Strauch, kann bis zu 8 m hoch werden; dient wegen seiner dekorativ aus dunkelgrünen Blättern herausleuchtenden Beeren auch in nördlichen Breiten als weihnachtlicher Schmuck.

Thymian *(Thymus vulgaris)*: Lippenblütler, den Blättern und rosaroten Blüten entströmt ein intensiver, angenehmer Geruch. Bestandteil unzähliger Gerichte der Mittelmeerküchen.

Wolfsmilch *(Euphorbia)*: Wolfsmilchgewächse sind im Mittelmeerraum nicht nur in Buschform, sondern sogar als 2 m hohe Bäumchen

Thymian

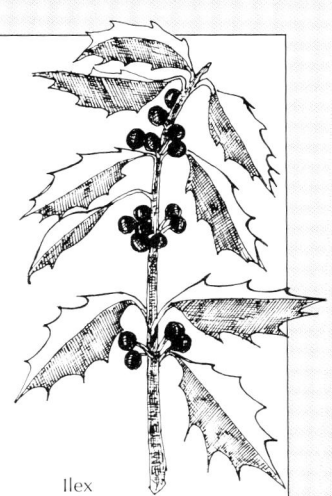

Ilex

vertreten. Manche Arten verströmen süßen Honigduft, viele sondern eine giftige, milchige Flüssigkeit ab.

Zedernwacholder *(Juniperus oxycedrus)*: Mit dem im Norden weit-verbreiteten Wacholder verwandt; dominierendes Nadelgehölz der Garigue, widerstandsfähig, kälteunempfindlich, anspruchslos; große, braunrote Früchte (Scheinbeeren).

Zistrose: Etwa 20 Arten im Mittelmeer-raum, würzig duftende Leitpflanze der Macchia. Auf Elba hauptsächlich ver-treten durch die Weißliche Zistrose *(Cistus albidus)*, die allerdings rosarot blüht (April bis Juni), und die weißblü-hende Salbeiblättrige Zistrose *(Cistus salviaefolius)*. Die an Wildrosen erin-nernden Blüten verwelken rasch, sind aber in solchen Mengen vor-handen, daß die bis zu 1 m hohen Sträucher von April bis Juni stets ih-ren wohlriechenden Blumenschmuck tragen.

ledrige Blätter heraus. Während die Verdunstung solcherart auf ein Minimum herabgesetzt ist, lösen sich in der Hitze des Tages Fettstoffe und setzen ätherische Öle frei. An manchen warmen Sommerabenden weht von den dunkelgrünen Hängen ein betäubender Duft herab, herb-süß und betörend. Eine Wolke aus Wohlgeruch hüllt die ganze Insel ein und zieht bis hinaus aufs Meer. Wenn schon das vergleichsweise winzige Elba wie ein offener Parfumflakon im Mare Tirreno weithin zu riechen ist, um wieviel intensiver duftet Korsikas Macchia! Die Erzählung, daß Napoleon bei nächtlichen Seefahrten einfach der Nase nach Kurs auf seine geliebte Heimat genommen hätte, erscheint mit einem Mal glaubwürdig.

Im Winter trotzen Mastix, Lorbeer und Myrte, Oleaster, Wacholder und Zistrose den mitunter recht kalten Winden, im milden Regen des Frühlings aber entfalten sie ihre weißen, rosafarbenen und hellblauen Knospen. Ginsterbüsche tauchen ganze Hänge in tiefes Gelb, erst im Juni gewinnt das Grün der Blätter allmählich wieder die Oberhand. Zwischen den Stämmen des blütenübersäten Niederwalds sprießen die Wildkräuter, die sich dann in elbanischen Kochtöpfen wiederfinden: Minze, Salbei, Rosmarin, Thymian, Melisse, Fenchel und Origano. Brombeersträucher, dicht und stachelig, tragen schon im Frühsommer fast schwarze Früchte, süß und aromatisch

wie nirgendwo in nördlicheren Breiten. Aber nicht nur in der Küche macht sich die Macchia als gern gesehener Gast breit. Von Mitte Oktober bis Mitte Mai dürfen die Einheimischen in dem Buschwald Holz für ihre Öfen und Kamine schlagen. Aus Baumheide werden Besen hergestellt, ihre hell- bis rotbraunen Wurzelstöcke liefern das für Pfeifenköpfe so begehrte, meist schön gemaserte, schwer brennbare Bruyère-Holz (von franz. *bruyère*, »Heidekraut«). Nur die Steineichen-Holzkohle gewinnt keiner mehr, seit der letzte Köhler Elbas seine Meiler für immer erkalten ließ (s. S. 158).

Eine Landschaftsstudie der Universität Padua aus dem Jahr 1992 ergab, daß dem Buschwald auf Elba die Zukunft gehört. In dem Ausmaß, in dem die Landwirtschaft durch den Tourismus zurückgedrängt wird, gewinnt die ungebändigte Natur wieder an Terrain. Damit aber wächst auch die Feuergefahr, das oftmals undurchdringliche und kaum gelichtete Unterholz brennt wie Zunder. Innerhalb der nächsten Jahrzehnte könnte das Pflanzenkleid der Insel in weiten Teilen den Verhältnissen vor 7000 Jahren nahekommen, bedeckt doch der Buschwald bereits die Hälfte der Oberfläche. Schon heute stellt das 20 km lange Macchiagebiet, das sich ohne Unterbrechung von San Martino bis Sant'Andrea ausbreitet, die größte zusammenhängende Fläche wild wachsender Mittelmeervegetation dar.

Flammendes Inferno
Fast jedes Jahr brennt der Wald

Wie Mahnmale ragen die verkohlten Baumstrünke gegen den Himmel, dunkle Asche bedeckt den Boden, kein Vogelgezwitscher erfreut das Ohr: Die Natur trägt Trauer. Wieder einmal hat ein verheerendes Feuer ein Stück Wald und Buschland Elbas vernichtet. Mindestens 15 Jahre wird es dauern, bis die Macchia das verlorene Terrain wieder zurückerobert hat, die Steineichen und Kastanienbäume sind wahrscheinlich für immer dahin. Die fast jedes Jahr aufflammenden Waldbrände stellen eine der schlimmsten Plagen der Insel dar, meist keine Urgewalt der Natur freilich, sondern von Menschenhand gelegt.

Hunderte Feuerwehrleute, unterstützt von mehreren Löschflugzeugen, kämpften im Juli 1993 gegen die Flammen, die etwa 400 ha Wald und Buschland vor allem in der Gegend um den Monte Perone und um die Ortschaften Sant'Ilario und Procchio in ein Inferno verwandelten. Starke Winde fachten die Gluten immer wieder an. An die 400 Touristen mußten aus einer Feriensiedlung vorübergehend in Sicherheit gebracht werden. Über der ganzen Insel lag beißender Brandgeruch. Erst nach zwei Tagen hieß es »Feuer aus«. Mit einem halben Dutzend verletzter Feuerwehrmänner blieb die Bilanz der Opfer im Vergleich zu früheren Jahren relativ gering, denn häufig fordern die Brände sogar Menschenleben, wie dies im August 1985 der Fall war, als nahe Sant'Ilario fünf junge Leute in den Flammen umkamen. Ihnen hat man am Straßenrand ein schlichtes Denkmal gesetzt – ein Stein inmitten eines kahlen Abhangs, an dem das Grün nur zögernd wieder um sich greift.

Beweisen läßt es sich nur selten, aber für die Einheimischen steht fest, daß die meisten Brände gelegt sind. Insbesondere das Naturschutzgebiet um den Monte Perone ist manchen ein Dorn im Auge, weil ihrer Meinung nach rigorose Bestimmungen den »Fortschritt«, das heißt den Bau neuer Häuser, verhindern. Daß die kahlen Flächen dank der Einsprüche von Umweltschützern dennoch nicht in Bauland umgewidmet werden, stört die Brandstifter offenbar kaum. Der Wahnsinn, durch feurige Beharrlichkeit zum Ziel zu kommen, hat Methode: Irgendwann einmal, so scheinen sie zu hoffen, werden die Verantwortlichen mürbe.

Was wäre die Toskana ohne ihre Zypressen und Pinien? Zusammengefalteten oder aufgespannten Schirmen gleich prägen sie mehr als alle anderen Bäume das Landschaftsbild. Vor allem in Mittelelba signalisiert das dunkle Nadelgehölz recht nachdrücklich, daß man auch hier auf toskanischem Boden steht. Seit der Antike im mediterranen Raum bekannt, rühmten Dichter und Denker seine Grazie und Vollkommenheit. Vor allem die Zypresse mit ihrer ranken, schlanken Silhouette wurde oft und gern zum Vorbild weiblicher Reize erkoren. »Man pflanzte die Bäume bei der Geburt einer Tochter, und mit ihr wuchsen sie in die Höhe, als lebendige Aussteuer, zugleich ihr Bild und Gleichnis«, schrieb beispielsweise Plinius. Natürlich konnte sich da auch Goethe als lebenslanger Bewunderer weiblicher Schönheit eines Verses nicht enthalten: »An der Zypressen reinstem, jungen Streben, Allschöngewachsne, gleich erkenn' ich dich.«

Eine Reihe interessanter Fakten trug der Italienkenner Eckart Peterich zusammen: »Wie die Olive galt auch die Zypresse als heiliger Baum. Darum durften zum Beispiel die Pythagoräer sein Holz nicht zu Zahnstochern verwenden. Man hielt dies Holz für unzerstörbar, was nicht stimmt. Hölzerne Götterbilder hat man oft aus Zypressenholz geschnitzt. Bei den Römern wurde die Zypresse zum Symbol des Todes, dadurch bei den Christen zum Symbol des ewigen Lebens. Friedhofsbaum ist sie nicht nur bei den Christen, sondern auch bei den Mohammedanern. Weil aber die Zypresse ein unfruchtbarer Baum ist, wurden im Altertum Schwätzer mit ihm verglichen.«

Lesenswert ist auch, was Peterich über die Schirmpinie zu erzählen weiß: »Die italienische Sprache hat ein fast zärtliches Verhältnis zu ihr. Da ist zunächst der ›pino‹, der Baum selbst. Ein Pinienhain heißt ›pineta‹. Der Zapfen ist die ›pina‹, seine schöne Form wurde in der Baukunst ein beliebtes Schmuckmotiv. Sie enthält die ›pinoli‹, freilich in einer sehr harten Hülse. Weil das Ausklauben als lästigkleinliche Tätigkeit ist, nennt man Pedanten und Geizhälse ›pignoli‹. Die Piniennadeln heißen ›pinuglioli‹, sie dienen, wenn sie trocken sind, weit besser als Papier zum Feueranzünden. Dann gibt es noch den ›pinarolo‹, ein zumeist etwas affenartiges Männchen, dessen Beruf darin besteht, die Nester der für Pinien verhängnisvollen Prozessionsraupen aus den Kronen herunterzuholen. Wir denken ferner an Pinocchio, den aus Pinienholz geschnitzten Helden des berühmten italienischen Kinderbuchs, wörtlich übersetzt: Pinienauge.«

Typisch für Westelba sind hohe, von hellgrünem Licht durchdrungene Steineichen- und Kastanienwälder, in deren Schatten so manche Quelle entspringt. Unter ihrem Blätterdach, das sich wie ein zarter Schleier vor die Sonne legt, gedeihen im Frühling wilde Lilien, Hyazinthen und Zyklamen, im Herbst verstecken sich wohlschmeckende Pilze zwischen mannshohen Farnen. Zu heiß darf es aber für die Baumriesen nicht sein, deswegen gedeihen sie nicht in Ebenen, sondern in Höhen bis zu 800 m in Norditalien und im Süden gar noch bis in 1500 m. Die Rede ist freilich nicht von der in unseren Breiten heimischen Roßkastanie, sondern von der *Castanea sativa*, wie die Botaniker zu der aus Kleinasien ins Mittelmeergebiet importierten Edelkastanie sagen. Bis tief ins Frühjahr bleiben ihre silbrigen Äste kahl, erst Ende April »zieht sich die Kastanie an«, wie eine elbanische Redewendung lautet, und zwar mit schmalen, spitzen Blättern. Im Gegensatz zu ihrer vulgären Namensschwester (mit dieser ist sie übrigens nicht einmal verwandt, sondern mit der Buche und der Eiche) hat sie es nicht nötig, sich mit prachtvollen, intensiv duftenden Blütenkerzen aufzuputzen. Sie schmückt sich vielmehr mit unscheinbaren, goldgelben Kätzchen, die gar nicht besonders gut riechen. Dafür schmecken ihre in eine dicke, weichstachelige Schale eingebetteten Früchte um so besser. In Zeiten großer Armut bewahrten sie Mensch und Tier gleichermaßen vor dem Verhungern. Geröstet, wie wir sie vom »Maronibrater« her kennen, oder zu Mehl zerrieben und in allerlei kulinarische Köstlichkeiten verwandelt, zählt *il castagno* noch heute zu den Spezialitäten der Inselküche (s. S. 76).

Das Holz der meterhohen Bäume wurde nachweislich bereits in der Bronzezeit bei Pfahlbauten verwendet, denn es »arbeitet« wenig und ist äußerst resistent. Noch heute bevorzugen Weinbauern Kastanienpfähle gegenüber allen anderen Materialien, um die Reben hochzuziehen. Nur ersatzweise greifen sie zu einem Pfahlrohr, das vielfach mit Bambus verwechselt wird, bei dem es sich aber um das sogenannte »Spanische Rohr« handelt, welches die Italiener *Canna* nennen. Diesem Riesengras, das bis zu 4 m hoch wird, begegnet man in Mittel- und Ostelba auf Schritt und Tritt. Es sieht dem Schilf unserer Breiten sehr ähnlich, ist aber kräftiger und deswegen mannigfaltig einsetzbar. Man kann Hütten damit bauen, Spaliere errichten, Körbe daraus flechten, man setzt es als Verstärkung von Gipsdecken ein oder benutzt es als Angelrute. Glaubt man den Griechen, so schnitzte ihr Hirtengott Pan daraus sogar die erste Flöte der Welt. Auch als Schreibgerät kam das Rohr einst zum Einsatz, woran der italienische Name für Tintenfaß – *calamaio* von *calamo,* Rohr – noch erinnert, auch *canalis* – Kanal – leitet sich vermutlich von dem Gras ab, wächst es doch am üppigsten auf besonders feuchtem Boden.

Zu weit würde es jetzt führen, sämtliche Pflanzen aufzuzählen, die auf Elba entweder zum Nutzen oder um ihrer Schönheit willen kultiviert werden, ganz zu schweigen von der Fülle an typischer wild wachsender Mittelmeervegetation wie Agaven, Opuntien oder Mimosen. Wein, Oliven, Orangen, Zitronen gedeihen ebenso wie Feigen, Granatäpfel oder Kakifrüchte; Bougainvillea, Hibiskus oder Oleander umgeben Landsitze und Villen mit einem dekorativen Blütenmeer. Auch Palmen sind seit Menschengedenken auf der Insel heimisch. Die interessanteste Sammlung dieser Fremdlinge aus den Subtropen und Tropen befindet sich im Ottone-Garten bei Portoferraio (s. S. 109), eine schier unglaubliche Palmen-Allee wie im tiefsten Afrika erhebt sich vor einem Privatbesitz in der Ebene von San Giovanni.

Ein wenig ergeht es den Elbanern wie Goethes Zauberlehrling: Ihre Wildschweine, die sie zwar nicht riefen, aber vor einigen Jahren um ihres Jagdvergnügens willen aussetzten, werden sie nicht mehr los. Auch wenn alljährlich ein veritabler Teil dieser Borstentiere in die Bratpfannen wandert, so fühlen sich die Überlebenden im Dickicht der Macchia doch dermaßen sauwohl, daß sie sich in der Schonzeit wie die sprichwörtlichen Karnickel vermehren. Den wilden Kaninchen gleich machen auch sie vor höher liegenden Gemüsegärten und Weinkulturen nicht Halt, nur ist der Schaden für die Bauern ungleich größer. Außer Schweinen und Hasen bevölkern Igel, Marder, Wildziegen sowie geschützte Wildschafe *(Ovis Musimon)* die Insel. Während Fasane alljährlich im Frühling in die freie Wildbahn entlassen werden, um im Herbst die Waidmänner als leichte Ziele zu erfreuen, geraten Amseln, Drosseln und Gimpel den Jägern auch ohne kostspielige Ankäufe vor die Flinte. Elba dient nämlich den Zugvögeln als willkommene Zwischenstation, was viele allerdings mit dem Leben bezahlen müssen. Zur heimischen – ebensowenig verschonten – Vogelwelt im Inselinneren zählen Falken, Bussarde, Raben, Rotkehlchen, Meisen und auch Nachtigallen. Die Küsten, vor allem die unzugänglichen Steilabfälle an der Punta Calamita, bevölkern diverse Möwenarten und Seeschwalben.

Eine hübsche Geschichte rankt sich um die im Süden als Haustiere besonders beliebten Kanarienvögel. In Käfigen vor Fenstern oder auf Balkonen gehalten, belebt ihr Gezwitscher viele alte Gäßchen der Städte und Ortschaften. Die Portugiesen und Spanier brachten die von den Kanarischen Inseln und den Azoren stammende Finkenart Ende des 15. Jh. nach Europa. Eifersüchtig hüteten die beiden Nationen ihr Monopol auf die hübschen gelben Sänger, die sich damals bloß die reiche Oberschicht leisten konnte. Die Vogelhändler verkauften deshalb ausschließlich männliche Tiere, die ungemein fruchtbaren Weibchen behielten sie zur Zucht zurück. Um das Jahr 1600 erlitt jedoch ein spanischer Frachter mit Kanarienvögeln beiderlei Geschlechts an Bord zwischen Marciana Marina und Procchio Schiffbruch, der glimpflich – und eben deswegen folgenreich – ausging. Nicht nur Mann und Maus konnten sich retten, sondern auch die gefiederten Passagiere. Seit damals gibt es auf Elba den »Zuckervogel«, eine Bezeichnung, die sich von dem auf den Kanarischen Inseln betriebenen Zuckerrohranbau ableitet. In Deutschland begann man mit der Züchtung des exotischen Finken erst nahezu ein Jahrhundert später.

Sobald die Sommerhitze selbst die eifrigsten unter den gefiederten Sängern zum Verstummen bringt, setzt unüberhörbar das zirpende Konzert der Zikaden ein. Bis tief in die Nacht musizieren sie gemeinsam mit den Heuschrecken; Bienen und Wespen summen über dem pastellfarbenen Blütenmeer des Buschwerks, ab und zu taumelt eine Libelle oder ein Falter sonnentrunken über das duftende Dickicht. Pfauenauge, Bärenspinner, Frauenmantel, Totenkopfschwärmer, Distelfalter und Admiral, sie alle und noch viele andere Schmetterlingsarten zeigen sich dem Wanderer. Smaragdfarbene Eidechsen huschen über Felsen, zwischen denen sich freilich außer Käfern und Ameisen auch so manche Schlange verbirgt. Die Zorn-, Glatt- oder Äskulap-Nattern braucht man nicht zu fürchten, gefährlich ist bloß die dekorativ gezeichnete Aspisviper, doch diese ergreift zumeist selbst vor herannahenden Schritten die Flucht. In seine Arche hätte ein Noah aus Elba auch noch die un-

Blutströpfchen

vermeidlichen Mitbewohner von Landhausbesitzern einladen müssen – die Geckos. Ihre Ahnengalerie reicht unendlich weit zurück, bereits vor 150 Mio. Jahren bevölkerten die Vorfahren dieser kleinen Saurier die Erde. Mit ihren breiten Haftzehen machen sie selbst auf senkrechten Wänden erfolgreich Jagd auf lästige Insekten, doch diese nützliche Eigenschaft trug den Geckos keine Sympathie ein. Trotz seiner Verdienste nennen die Einheimischen ihren ungeliebten Mitbewohner irreführenderweise *Tarantola*, obgleich der harmlose – und eigentlich recht putzige – Geselle mit der gleichnamigen giftigen Wolfspinne ganz und gar nichts zu tun hat.

Zur Unterwasserwelt des Toskanischen Archipels zählen sämtliche in mediterranen Gewässern typischen Fische, Weichtiere, Krebse und Muscheln. Davon können sich nicht nur Schnorchler und Taucher zwischen den Klippen und Korallenbänken vor den Küsten überzeugen, auch die lokalen Fischmärkte zeigen tagtäglich aufs neue, was das Meer rund um Elba zu bieten hat. Wie herrlich klingt doch auf Italienisch, was sich da mit silbrig glänzenden Schuppen ausbreitet – *Orata, Sarago, Dentice, Triglia, Spigola, Bonito, Sogliola*. Bereits auf der Zunge zergehen die Worte *Aragoste, Gamberoni, Scampi, Calamari*, selbst im heiseren Singsang der Marktverkäufer klingt es noch wie Musik. Auf deutschsprachigen Speisekarten findet sich all dieses Meeresgetier dann unter weit weniger klangvollen Namen – Brassen, Barben, Seezunge, Hummer, Riesengarnelen, Langusten, Tintenfische . . .

Umwelt: Kampf gegen Wassermangel und Ruinenbaumeister

Dieser Sieg zählt zu seinen schönsten: Otello Bocchi von der Umweltvereinigung »Elbaviva«, trotz der nur knapp 300 Mitglieder ein ganz und gar nicht schwächliches Pflänzchen auf der Insel, konnte die für den Fremdenverkehr Verantwortlichen zur Vernunft bringen und der alljährlichen Elba-Ralley, die für ein langes Wochenende im Mai das Paradies in eine Abgas- und Staubhölle verwandelte, endgültig den Benzinhahn abdrehen. Das Motorsportspektakel, für eine Ferieninsel das denkbar schlechteste Aushängeschild, auch wenn es kurzfristig eine Steigerung der Nächtigungszahlen brachte, wurde aus dem Veranstaltungskalender ersatzlos gestrichen.

Obwohl die ökologische Situation auf Elba keineswegs dramatisch ist, gibt es für die Vereinigung ständig Anlaß, Alarm zu schlagen. »Wir sind vor allem präventiv tätig«, beschreibt Bocchi seine und seiner Mitstreiter Arbeit. So stand Ende der 80er Jahre ernsthaft zur Diskussion, in Piombino oder auf der Insel Pianosa ein Kernkraftwerk zu bauen, dessen Atommüll auf Elba hätte gelagert werden sollen. Eine von »Elbaviva« organisierte Unterschriftenaktion mündete schließlich in einer die gesamte Provinz Livorno umfassenden Volksbefragung, die mit 98 % Gegenstimmen dem Projekt eine eindeutige Abfuhr erteilte.

Bauherren und -behörden schauen die Umweltschützer besonders gerne und genau auf die Finger, denn die Erhaltung des Landschaftsbildes stellt eines ihrer wichtigsten Anliegen dar. »Die Spekulanten haben wir einigermaßen im Griff. Glücklicherweise sind jetzt auch die gesetzlichen Bestimmungen strenger geworden, unerlaubte Neu-,

Umstrittener Nationalpark

»Der Park verhindert, daß wir auf unserer Insel frei leben können. Er verbietet uns die freie Jagd, das unbehinderte Fischen, Sammeln von Beeren, Pilzen Kastanien und Blumen sowie die Holzgewinnung. Daher sagen wir dazu: Nein!« Diese und ähnliche Flugblätter, wütende Protestplakate und Brandreden der Jäger, Bauern und Fischer konnten die Einrichtung eines Nationalparks auf Elba und den übrigen sechs Inseln des Toskanischen Archipels nur verzögern, aber nicht vereiteln. Das entsprechende Gesetz war zwar bereits 1991 von der Regierung in Rom – ohne Befragung der Elbaner – beschlossen worden, doch erst zum Jahresanfang 1998 nahm der Nationalpark-Verband »Ente Parco Nazionale« unter der Präsidentschaft des Geologie-Professors Giovanni Tanelli von der Universität Florenz seine Arbeit auf.

Zum Parkgebiet gehören 53 % der Fläche von Elba, 37 % von Giglio und 70 % von Capraia, während man Giannutri, Montecristo, Pianosa und Gorgona zur Gänze unter Schutz gestellt hat – insgesamt 18 000 ha Land und 60 000 ha Meeresfläche, übrigens der größte Meerespark Europas. Tanellis Hauptziel ist die Bewahrung des empfindlichen Gleichgewichts von Natur, Kultur und Fremdenverkehr. Dazu sind freilich drastische Vorschriften und Einschränkungen in den Bereichen Naturschutz, Jagd, Fischerei, Land- und Forstwirtschaft sowie Tourismus, Verkehr und Bauwesen erforderlich. In der strengsten der vier Schutzzonen A bis D – etwa auf der Insel Montecristo – dürfen keine Veränderungen am Erscheinungsbild vorgenommen werden. Man darf das Eiland nur zu Fuß und im Rahmen einer Führung betreten, zudem herrscht absolutes Fischfang-, Schwimm- und Ankerverbot. Zone D ist das Kerngebiet des ›sanften Tourismus‹ mit seinen pittoresken Ortschaften, Wanderwegen und Routen für Mountain-Biker und Reiter.

Große Sprünge gestattet das Budget freilich nicht, die äußerst bescheidenen Mittel werden u. a. für Säuberungen in der Macchia, Wanderwege, Kartenmaterial und Kläranlagen sowie zur Beseitigung von Umweltverschmutzung und Förderung von Land-, Forst- und Fischereiwirtschaft aufgewendet. Ohne tatkräftige Mitarbeit der Bevölkerung werden aber alle Bemühungen scheitern, auf dem Toskanischen Archipel ein zumindest für Südeuropa vorbildliches Umwelt-Projekt zu realisieren. Auch die erbittertsten Nationalpark-Gegner müßten langsam erkennen, daß man für eine heile Natur, in Zukunft gefragter denn je zuvor, Opfer zu bringen hat.

An- und Zubauten daher nicht mehr so einfach durchzuführen«, berichtet Bocchi, der sich freilich immer wieder mit einer besonderen Spezies von illegalen Handwerkern herumzuschlagen hat – den »Ruinenbaumeistern«. Dieser »Beruf«, Titel eines skurrilen Romans des Schriftstellers Herbert Rosendorfer, ist in Italien als Schlupfloch durch die Gesetze Wirklichkeit geworden. Da überall dort, wo einmal Häuser gestanden sind, wieder gebaut werden darf, haben sich findige Sarden darauf spezialisiert, auf einem Grundstück innerhalb einer Nacht aus verwittertem Material alt aussehende Grundmauern zu errichten. Die Ruine nachträglich grundbücherlich registrieren zu lassen, kostet lediglich ein wenig Schmiergeld und ein paar gute Beziehungen . . .

Einige Sorgen bereitet den Ökologen auch das Wasser. Die Insel ist zwar nicht gerade arm an dem kostbaren Naß, doch der Verbrauch in den Sommermonaten steigt von Jahr zu Jahr. Elba verfügt über keine großen natürlichen Wasserreservoirs, und bis zur Fertigstellung einer projektierten Leitung vom Festland muß das Eiland im Juli und August noch mit Tankschiffen versorgt werden. »Den Menschen mangelt es einfach an Sparbewußtsein«, seufzt Bocchi, der den Wassermangel auch für die Schwierigkeiten bei der Bekämpfung der fast alljährlich aufflammenden Wald- und Buschbrände (s. S. 29) verantwortlich macht:

»Wertvolle Natur geht dadurch verloren.«

Glücklich schätzen kann sich Elba wegen seines relativ sauberen Meeres, das sich durch klares Wasser und reiche Fischbestände auszeichnet. Wenn Dreck in der See schwimmt, dann ist dieser »hausgemacht«. »Die Insel wird von den Strömungen begünstigt«, weiß Bocchi. »Da sich das Mittelmeer gegen den Uhrzeigersinn dreht, fließt sauberes Wasser von der nordafrikanischen Küste in das Tyrrhenische Meer. Nur bei ungünstigen Winden wird der Schmutz vom Festland, aber auch von Elba selbst wieder gegen die Ufer der Insel geschwemmt.«

Das kleine, aktive Häufchen Umweltbewußter kann sich bereits über manche Erfolge freuen, auch Unterstützung durch Urlauber aus dem Ausland ist nichts Ungewöhnliches mehr.

Sparsam und fleißig: Die Bevölkerung

Aus römischer oder gar etruskischer Zeit sind uns keine Bevölkerungszahlen Elbas überliefert, die ersten Angaben stammen aus dem Jahre 1348. Aus Erlässen der Republik Pisa erfahren wir, daß damals auf der Insel 6000 Menschen lebten, eine verheerende Pestepidemie jedoch zwei Drittel von ihnen dahinraffte. Erst gegen Mitte des

Steckbrief Elba

Lage: Im Toskanischen Archipel zwischen 42° 42' und 42° 52' nördlicher Breite sowie zwischen 10° 6' und 10° 26' östlicher Länge. Entfernung vom Festland: 10 km.

Fläche: 223,5 km²; die Küstenlänge beträgt 147 km; die Insel ist 27,5 km lang und mißt an ihrer breitesten Stelle 18,5 km, an ihrer schmalsten 3,5 km.

Höchste Erhebung: Monte Capanne (1019 m)

Einwohner: Knapp 30 000

Bevölkerungsdichte: ca. 134 Einwohner/km²

Region: Toskana

Provinz: Livorno

Hauptstadt: Portoferraio (etwa 11 500 Einwohner) mit den Vororten Acquabona, Acquaviva, Bagnaia, Biodola, Carpani, Le Grotte, Magazzini, Ottone, Picchiaie, Scaglieri, Schiopparello, San Giovanni, San Martino, Viticchio sowie der Insel Montecristo

Weitere Gemeinden: Campo nell'Elba (ca. 4600 Einwohner) mit dem Hauptort Marina di Campo sowie San Piero in Campo, Sant'Ilario in Campo, La Pila, Seccheto, Cavoli, Fetovaia und der Insel Pianosa); Porto Azzurro (3100 Einwohner) mit den Vororten Lido und Mola; Capoliveri (2700 Einwohner) mit Lacona, Margidore, Naregno, Straccoligno, Lido, Morcone und Pareti; Rio Marina (2500 Einwohner) mit den Ortschaften Capo d'Arco, Cavo, Ortano und Porticciolo; Rio nell'Elba (1000 Einwohner), Marciana (2300 Einwohner) mit Procchio, Spartaia, Campo all'Aia, Poggio, Sant'Andrea, Patresi, Chiessi und Pomonte sowie schließlich Marciana Marina (2100 Einwohner), flächenmäßig übrigens die kleinste Gemeinde nicht nur Elbas, sondern der gesamten Toskana.

Religion: Fast zu 100 % römisch-katholisch, ganz wenige Protestanten und Waldenser

Sprache: Italienisch

Tourismus: Elba verzeichnet knapp 3 Mio. Übernachtungen pro Jahr, davon sind zwei Drittel Italiener. 52 % der Gäste wohnen in Hotels und Apartmentanlagen, 32 % auf Campingplätzen und 16 % in Privatquartieren.

Wichtigste Wirtschaftszweige: Fremdenverkehr, Landwirtschaft, Fischerei.

16. Jh., als die Befestigungen der Medici in Portoferraio der Stadt Sicherheit boten, stieg die Zahl der Inselbewohner wieder langsam an. Eine 1803 unter der französischen Herrschaft durchgeführte Volkszählung ergab 12 500 Köpfe, 1936 registrierte man mit 30 384 Einwohnern den höchsten Stand in der Geschichte Elbas.

Mit der Stillegung des Erzbergbaus nach dem Zweiten Weltkrieg setzte eine gewaltige Auswanderungswelle ein, zahlreiche Elbaner übersiedelten auf das Festland oder suchten ihr Glück gar in Australien oder Amerika. In den 50er bis 80er Jahren standen einander 32 % Emigranten und 31 % Zuwanderer gegenüber (wobei hier die Besitzer von Ferienhäusern und -wohnungen mitgezählt werden), seither bleibt die Bevölkerungszahl mit knapp 30 000 relativ stabil. Die meisten Neuansiedler kommen vom Festland, insbesondere aus Süditalien, aber auch viele Deutsche, Schweizer und Österreicher haben – zumindest für den schönen Teil des Jahres – auf der Insel ein zweites Zuhause gefunden.

Obwohl sich längst keine Unterschiede mehr feststellen lassen, sagt man den Menschen aus der Gegend von Portoferraio eine ethnische Verwandtschaft mit den Festland-Toskanern, der Bevölkerung von Porto Azzurro und Capoliveri mit den Neapolitanern und Spaniern und den Bewohnern von Marciana eine korsische Abstammung nach. Wie auch immer, die Mischung scheint recht gut gelungen, die Elbaner zeichnen sich Fremden gegenüber durch zurückhaltende Freundlichkeit und unaufdringliche Liebenswürdigkeit aus, die bisweilen durch ihren stark ausgeprägten Hang zum Merkantilen – zuerst das Geschäft, dann die Freundschaft – etwas getrübt wer-

den. »Nimm dich in acht, wenn dein Nachbar plötzlich neue Kleider trägt« – dieses alte elbanische Sprichwort deutet auf tiefstes Mißtrauen allen jenen gegenüber hin, die es zu raschem Wohlstand gebracht haben. Fleiß und Sparsamkeit besitzen einen höheren Stellenwert als Müßiggang und offen zur Schau getragener Reichtum. Playboys können höchstens Urlauberinnen aus dem Norden beeindrucken.

Wirtschaft

Der Fremdenverkehr und die mit ihm verbundenen Branchen bilden heute das wirtschaftliche Rückgrat der Insel. Immerhin werden alljährlich an die 3 Mio. Übernachtungen gezählt, wobei nur ein Drittel der Urlauber aus dem Ausland kommt. Die starke Verbundenheit mit dem heimischen Gast schützt die Tourismus-Industrie Elbas vor empfind-

Der Generationenvertrag gilt noch

lichen Einbrüchen in Jahren der Konjunkturflaute, wie dies der Großteil Italiens in der ersten Hälfte der 90er Jahre erleben mußte. Dennoch: Gut 75 000 Fremdenbetten auf dem Eiland wollen belegt werden, was trotz intensiver Werbung in ganz Europa nur in den Hochsommermonaten fast hundertprozentig gelingt. Zahlreiche Elbaner

verdienen ihr Brot als Seeleute, auch der Fischfang ernährt eine zwar schwindende, aber immer noch stattliche Zahl von Menschen. Schwerpunkt der Landwirtschaft ist der Weinbau, der auf eine zwei Jahrtausende lange Tradition zurückblicken kann.

»Die an Wein reiche Insel« beschrieb bereits der römische Chronist Plinius d. Ä. (23–79 v. Chr.), denn die Metropole ließ sich den Rebensaft aus Elba gerne munden, wie die vielen Weinamphoren in den rund um das Eiland versunkenen Handelsschiffen bezeugen. Auch ein kaiserliches Dekret, den Weinbau zugunsten von Getreide zu reduzieren, konnte die Winzer im 1. Jh. n. Chr. nicht stoppen – sie ignorierten die Anordnung des Kaisers Domitian und verkauften ihre Produkte weiterhin im ganzen Reich. Selbst Pirateneinfälle und Epidemien brachten diesen Wirtschaftszweig nicht gänzlich zum Erliegen, zumal die Herren im Vatikan an ihrer päpstlichen Tafel Wein aus Elba bevorzugten. Unter der kurzen Herrschaft Napoleons, gleichfalls kein Verächter vollmundiger Weine, standen auf der Insel mehr als 32 Mio. Rebstöcke, ein historischer Rekord, dem durch Pilzkrankheiten und durch die aus Amerika eingeschlepp-

te Reblaus prompt wieder ein jahrzehntelanger Tiefpunkt folgte. Ehe der Tourismus das Eiland Anfang der 60er Jahre des 20. Jh. wachküßte und vor allem die Jugend den Lockrufen der Urlaubsindustrie folgte, bildete aber der Weinbau nach wie vor die Haupteinnahmequelle der bäuerlichen Bevölkerung. Heute produzieren – auf einer gegenüber noch 1970 auf die Hälfte geschrumpften Fläche von rund 500 ha – viele Winzer lediglich für den Eigengebrauch, die hochkarätigen Elba-Weine stammen aus einigen wenigen großen Weingütern, die der nationalen und internationalen Konkurrenz mit modernen Anbau-, Verarbeitungs- und Marketing-Methoden standhalten können.

Geschichte, Kunst und Kultur

Keramikskulptur im Valle delle Ceramiche
(s. S. 125)

Von eisernen Fesseln befreit

Schicksale von Inseln gleichen manches Mal jenen von Menschen: Sind sie arm, bescheiden und unscheinbar, interessiert sich niemand für sie. Umgibt sich hingegen eine reiche Erbin mit Glanz und Glitter, dann reißen sich Glücksritter um die Beute. In Geschichtsbüchern heißt es in solchen Fällen: »Ein Land, begehrt von vielen Völkern!« So geriet auch Elba, in dessen Erde mehr Bodenschätze ruhen als sonst irgendwo im Tyrrhenischen Meer, über einen Zeitraum von mehr als drei Jahrtausenden ins Visier der jeweils Mächtigen. Seit der Eisenzeit, als die Etrusker die reichhaltigen Erzvorkommen als brachliegendes Kapital erkannt und genutzt hatten, bis in unsere Tage mußte das Eiland als Rohstofflieferant dienen. Erst nachdem die Bomben des Zweiten Weltkriegs die Industrieanlagen vor der Haustür der toskanischen Küste zerstört hatten, durfte die ausgebeutete Schöne ihrer selbst wegen geliebt werden.

Vorgeschichte, Stein- und Eisenzeit

Ab 50 000 v. Chr. Wie nahezu im gesamten mediterranen Raum lassen sich bereits in der mittleren Altsteinzeit – etwa 50 000 Jahre v. Chr. – Menschen auf Elba nieder. Der *Homo sapiens neanderthalen-sis*, auf der Flucht vor Kälteeinbrüchen in weiten Teilen Europas, kann die Insel trockenen Fußes betreten, denn die endgültige Abtrennung vom Festland fand erst vor rund 13 000 Jahren statt. Vom harten Alltagsleben der Bewohner, die es mit ebenfalls eingewanderten Höhlenbären und Flußpferden aufnehmen mußten, erzählen Faustkeile, Schaber und Steinmesser im Museum von Marciana Alta, wo sich auch Funde aus der Jungsteinzeit und Bronzezeit befinden.

5000–4000 v. Chr. Den ersten Nomaden und Jägern folgt ein vermutlich aus Kleinasien eingewanderter Volksstamm auf weit höherer Entwicklungsstufe. Nun geht man bereits mit steinernen Pfeilspitzen und polierten Beilen auf die Jagd nach Wildziegen und Rotwild.

Ab 3000 v. Chr. Erstmals Waffen aus Kupfer, das metallene Zeitalter beginnt. Bauern und Hirten hausen in dörflichen Gemeinschaften und verteidigen ihr bescheidenes Hab und Gut gegen beutegierige Piraten.

1. Jahrtausend v. Chr. Die Seefahrer im Mittelmeer, vor allem Phönizier und Griechen, bedienen sich der bunten Steine an der Ostküste Elbas, um sich damit zu schmücken und Geräte und Häuser zu verzieren. Ein Stück Elba-Erz, in der griechischen Kolonie Pithekusa auf Ischia entdeckt, dürfte wohl als Rohmaterial für Schmuck gedient haben. Noch können weder Hellenen noch Punier aus diesen Steinen Metall gewinnen, ihr Interesse an der Insel bleibt gering. In späteren Jahrhunderten kaufen sie Eisenerz und Eisenprodukte von den Etruskern.

Etrusker

Um 700 v. Chr. Die Etrusker, ein hochzivilisiertes Volk, das um 1000 v. Chr. aus dem östlichen Mittelmeer auf die Apenninenhalbinsel gekommen und in Mittelitalien zur Großmacht aufgestiegen war, nehmen auch Elba in Besitz. Auf der Suche nach Rohstoffen für ihre hochstehende Waffenproduktion stoßen sie auf der Insel auf nahezu unerschöpfliche Erzvorkommen.

7.–4. Jahrhundert v. Chr. Tag und Nacht lodern die Holzkohlenfeuer der Eisen- und Kupferschmelzöfen an allen Ecken und Enden Elbas, nicht nur im Gebiet von Rio Marina und auf der Halbinsel Calamita, wo das Erz 60 % Eisenanteil aufweist, sondern auch in der waldreichen Mitte und im Osten der Insel. Aristoteles nennt das Eiland *Aithalia* – »die Funkensprühende« oder »die von Ruß Geschwärzte«. Das Eisenmonopol beschert den Etruskern unermeßlichen Reichtum, aber auch militärischen Frieden. Um nicht auf die »schwarze Liste« des etruskischen Waffen- und Werkzeughandels zu kommen, wagt es

kaum ein Volk, sich gegen sie zu stellen. Nicht nur das expansionslüsterne Syrakus, das 453 v. Chr. auf Aithalia ein kurzes, blutiges Gastspiel gibt, auch die allmählich auf die Weltbühne drängenden Römer lassen sich auf diese Weise lange Zeit weitgehend in Schach halten.

Römer

396 v. Chr. Mit der Unterwerfung der nordwestlich von Rom gelegenen Etruskerstadt Veji wendet sich das Blatt. Wie schonungslos die neue Weltmacht am Tiber mit ihrem besiegten Erzfeind umgegangen war, besang noch zu Kaiser Augustus' Zeiten der römische Dichter Properz: »Veji, du altes, auch dich befehligte damals ein König; auf deinem Marktplatz ward golden der Thron ihm gestellt. Heute ertönt in den Mauern das Horn des gemächlichen Hirten, und über eurem Gebein werden die Felder gemäht.«

246 v. Chr. Die Römer erobern Elba. Weiterhin verdunkeln Rauchschwaden den Himmel, glühen die Schmelzöfen, nur die Herbeischaffung von Brennmaterial erweist sich nach der Abholzung der dichten Wälder als immer schwieriger. Die etruskischen »Umweltsünder« hatten ganze Arbeit geleistet: Als Erbe hinterließen sie nicht nur verkarstete, ihrer Bäume beraubte Hügel, sondern auch meterhohe Halden an Schlacke, die oft noch bis

zu 50 Prozent Erz enthielt. Lakonisch taufen die Römer die häßliche Mondlandschaft *Ilva* – »Eisen« – und machen sich daran, ihrerseits die Insel auszubeuten. Im Osten floriert ungebrochen die Erzgewinnung, im Westen bricht man 8 bis 12 m lange Granitblöcke als Baumaterial aus den Bergen und rollt sie auf kräftigen Baumstämmen zu den Frachtschiffen. Elba-Granit kommt schnell in Mode und ziert manchen noblen Privatsitz auf dem Festland, sogar die Säulen des Pantheons in Rom stammen aus Ilva.

5. Jahrhundert n. Chr. Niedergang des Römischen Reiches. Wie auf allen ihren Territorien hinterlassen die Römer auch auf Elba unübersehbar ihre Spuren. Von spätantiker Lebensart zeugen beispielsweise die Mauerreste eines Landhauses, der *Villa Romana delle Grotte* (s. S. 112). Auch so manche Bezeichnung lebte nach dem Niedergang des Weströmischen Reiches bis zum heutigen Tag weiter: Daß Portoferraio – der »Eisenhafen« – einst *Fabricia* – »Ort der Schmiede« – hieß, weiß auf Elba jedes Kind, und in den Städte-

Ruinen der Villa Romana

Italiens an, wenn diese nicht zum christlich-arianischen Glauben überwechseln (Hauptthese des Arius: »Christus ist mit Gott nicht wesenseins, sondern nur wesensähnlich«). Viele retten sich auf die umliegenden Archipele, wo unzählige Einsiedeleien entstehen. Elba wird, nicht zuletzt wegen des prominenten Flüchtlings Mamilanus, des Bischofs von Palermo, zu einem Zentrum des Eremitentums.

575 Landung der Langobarden in Portoferraio. Alle Priester werden niedergemetzelt, sämtliche Kirchen angezündet. Statt der Erzöfen brennen jetzt die Gotteshäuser, die Eisenerzgewinnung liegt darnieder. Die Menschen leben nicht mehr vom Bergbau, sondern fristen wie ihre Urahnen ihr Dasein als Bauern oder Hirten.

774 Sieg Kaiser Karls des Großen über den letzten Langobardenkönig Desiderius. Auch auf Elba endet damit vorerst einmal die Fremdherrschaft, doch nach zwei Jahrhunderten Unterdrückung fehlt den Insulanern die Kraft für einen Neubeginn, zumal der nächste Feind bereits vor ihren Küsten kreuzt: Sarazenische Piraten bereiten ihren Einfall in die toskanische Inselwelt vor.

Um 800 Im Mittelmeer erreicht die Piraterie einen neuen Höhepunkt. Arabische Seeräuber kontrollieren nach der Eroberung Siziliens

namen Capoliveri oder Pomonte erkennt man unschwer das lateinische *Caput Liberum* (»Freiheitsgipfel«) beziehungsweise *Post Montem* (»Hinter dem Berg«).

Germanen, Langobarden und Piraten

5. Jahrhundert Vandalen, Ostgoten und schließlich auch die Langobarden überrennen die Apenninenhalbinsel. Die grausamsten Blutbäder richten die westgermanischen Stämme unter den Christen

47

nicht nur die südlichen Gewässer, sie besitzen auch bereits Stützpunkte auf Korsika und Sardinien.

9.–11. Jahrhundert Piraten nehmen Portoferraio ein. Das mächtige Pisa schickt eine Flotte, um sie zu vertreiben, denn ein Seeräubernest vor der eigenen Haustür kann und will eine der reichsten Stadtrepubliken Italiens nicht hinnehmen. Die keineswegs selbstlose Hilfsaktion der Pisaner bewahrt Elba vor der gänzlichen Zerstörung. 200 Jahre lassen die Sarazenen das kleine Eiland in Ruhe, dann schlagen sie erneut zu. Und wieder greift Pisa ein: Innerhalb von nur zwei Jahren, 1004 und 1005, räumt der mit dem Papst verbündete Stadtstaat mit den Piraten im Norden des Tyrrhenischen Meeres auf. Daß die erfolgreiche Flotte anschließend gleich nach Süden segelt, um auch in Kalabrien kurzen Prozeß mit dem Räuberunwesen zu machen, erweist sich allerdings als Fehler. Sobald die Pisaner im Ionischen Meer kämpfen, fällt das wehrlose Sardinien den zurückgekehrten Sarazenen wie ein reifer Apfel in den Schoß. Siegestrunken dringen die Araber bis Pisa vor, das erstmals in ernster Gefahr schwebt. Im Gegenschlag vertreiben die eilends heimgekehrten Truppen die Araber zum dritten Mal aus ihren Gewässern.

Ein Sieg auf allen Linien? Weit gefehlt, ein knappes Dezennium später sind die Piraten aus Nordafrika wieder da. Durch bittere Erfahrung klug geworden, lassen sie nunmehr Sardinien links liegen und vereinnahmen erst einmal das zum päpstlichen Besitz zählende Elba, bevor sie zum Festland übersetzen und bis vor die Tore von Pisa und Genua marschieren. Not vereint – in einer Gemeinschaftsaktion und mit Unterstützung des Papstes nehmen die bedrängten italienischen Städte den Kampf mit den Sarazenen auf, die gegen diese Übermacht keine Chance haben.

Pisa gibt und nimmt

11.–12. Jahrhundert Zum Dank für den gloriosen Sieg über die Feinde der Christenheit macht Papst Benedikt VIII. den Pisanern Elba zum Geschenk. Auf der nahezu entvölkerten Insel ist allerdings nach dem Wüten der Piraten kaum ein Stein auf dem anderen geblieben: Totenstille liegt über der Insel, niemand bestellt mehr die Felder, keiner kümmert sich um die längst verfallenen Bergwerke. Die wenigen Überlebenden hausen in Verstecken und trauen vorerst dem Frieden nicht, der nun für knappe drei Jahrhunderte unter pisanischer Oberhoheit anbrechen soll.

Um ein für allemal vor unliebsamen Überraschungen gefeit zu sein, beginnt der Wiederaufbau Elbas mit der Errichtung von Fluchtburgen und Befestigungsanlagen. Die Festung Volterraio, die Burg Luceri, das Kastell von Marciana sowie die Wachtürme und Stadtmauern von Capoliveri, Rio, San

Stilvoll verfallen: Kirche San Giovanni

Piero und Sant' Ilario stammen aus dieser Epoche. Aber auch die über die ganze Insel verstreuten kleinen romanischen Kirchen und Kapellen wie Santo Stefano alle Trane oder San Giovanni werden im 12. Jh. erbaut. Außerdem geht man daran, die stillgelegten Erzgruben zu reaktivieren, denn irgendwo muß ja auch das Geld für das gigantische Sanierungsprogramm aufgebracht werden. Überdies tragen die Bo-

denschätze der kleinen Insel erheblich zur Errichtung von Pisas klerikalen Prachtbauten – Dom, Campanile respektive »Schiefer Turm«, Baptisterium und Camposanto (Friedhof) – bei.

1284 Genua schlägt Pisa in der Seeschlacht von Meloria, um die Vormachtstellung im westlichen Mittelmeer zu erlangen.

1291 Angriff der Genuesen auf Elba. Eine Flotte von 40 Galeeren landet auf der Insel. Nur gegen ein hohes Lösegeld zeigt sich Genua bereit, Elba als pisanischen Besitz anzuerkennen.

49

Barbarossa
Pirat ohne Gnade

Er war der Schrecken des christlichen Mittelmeeres: Chaireddin, genannt Barbarossa, auf Lesbos geborener Korsarenführer, der im 16. Jh. bis nach Norditalien vordrang, raubte, brandschatzte und mordete. Die Bevölkerung kleinerer Inseln hatte keine Chance, ins Landesinnere zu flüchten, und war den Piraten schutzlos ausgeliefert. Der rotbärtige Seeräuber, der die Spanier aus Algier vertrieb, aus politischem Kalkül dann seine Kämpfer dem türkischen Reich unterstellte und dafür vom Sultan zum Pascha und Oberbefehlshaber über 10 000 Janitscharen ernannt wurde, hatte auf seinen Beutezügen unermeßliche Schätze zusammengetragen, die es ihm ermöglichten, eine bestausgerüstete Flotte aufzubauen.

Um 1534 kreuzte Barbarossa mit 84 Schiffen auch im nördlichen Tyrrhenischen Meer und hinterließ dort seine blutigen Spuren. Zweimal landete er mit seinen Horden auf Elba, zunächst in Rio Marina, dann in Capoliveri. Die im Schlaf überraschten Einwohner wurden entweder niedergemetzelt oder in die Sklaverei verschleppt. Noch heute kennt jeder das alte Volkslied mit dem Warnschrei *Mamma, li turchi* – »Mutter, die Türken kommen«, dessen letzte beiden Verse lauten: »Wer kaputte Schuhe hat, soll sie neu besohlen, ich habe sie heute morgen besohlt«. Dies stellte die unmißverständliche Aufforderung dar, als einzigen möglichen Ausweg vor den Korsaren die Flucht zu ergreifen.

Jahrzehntelang konnte sich Barbarossa auf dem Mittelmeer ungehindert bewegen. Dabei nützte der schlaue Pirat auch die Rivalitäten

Viele Herren, wenig Glück

1392 Der in ganz Norditalien tobende Kampf zwischen Guelfen und Ghibellinen erfaßt auch die Geschlechter Pisas, die um die Macht im Stadtstaat ringen. Der Kanzler Jacopo Appiani tötet Pietro Gambacorti, den ersten Mann der Republik, um sich selbst an die Spitze Pisas zu stellen.

1398 Jacopos Sohn Gherardo verschleudert Pisa an Mailand und behält nur die Inseln Elba, Pianosa und Montecristo sowie die Hafenstadt Piombino, die er zu einem eigenen Fürstentum vereint. Zwei Jahrhunderte lang regiert das Haus

»Sarazenentürme« wie der Torre San Giovanni sollten vor Piratenüberfällen warnen

unter den europäischen Mächten geschickt aus. Kaiser Karl V. (»In meinem Reich geht die Sonne nicht unter«) riß schließlich die Geduld, 1535 besiegte er mit einer gewaltigen Streitmacht den Korsarenherrscher, der freilich damit nur eine Schlacht, nicht aber Macht und Schrecken verloren hatte. Bis 1544 setzte der Rotbart seine Raubzüge fort, ehe er sich in Konstantinopel zur Ruhe setzte und dort zwei Jahre später friedlich im Bett starb.

der Appiani in der Folge über den »Staat von Piombino« – allerdings mehr schlecht als recht. Nicht nur wirtschaftlich geht es rapide bergab, seit die schützende Hand der Pisaner fehlt, sehen die wiedererstarkten sarazenischen Seeräuber im Toskanischen Archipel auch wieder leichte Beute.

1509 Die Appiani stellen sich unter den Schutz der Spanier, ihr kleiner Staat wird mit Billigung des römisch-deutschen Kaisers Maximilian in ein Reichslehen umgewandelt. Von Stund an darf das Fürstenhaus eigene Münzen prägen und sogar den kaiserlichen Adler im Wappen führen – hübsche

Privilegien in Friedenszeiten, doch nutzloser Firlefanz angesichts der drohenden Piratengefahr.

1534 Chaireddin Barbarossa, der berühmteste Pirat seiner Zeit und Oberbefehlshaber über die türkische Flotte, überfällt Rio Marina und verschleppt hunderte Menschen aus Rio, dem nahen Grassera und den umliegenden Dörfern in die Gefangenschaft. Weder Kinder noch Frauen bleiben verschont, erzielt man doch auch mit ihnen auf den Sklavenmärkten Nordafrikas gutes Geld.

1535 Kaiser Karl V. nimmt den Kampf gegen das Piratenunwesen auf, indem er Tunis, den Haupthafen der Sarazenen, angreift und mit einem Schlag 22 000 christliche Sklaven befreit. Auch viele Elbaner verdanken dem Habsburger ihr Leben.

Das Haus Medici

1548 Die kaiserlichen Säuberungsaktionen im Mittelmeer verschlingen Unsummen, die selbst der mächtige Herrscher allmählich nicht mehr allein aufbringen kann. Er leiht sich daher von Cosimo I. de'Medici, Großherzog der Toskana, eine beträchtliche Summe und spricht ihm im Gegenzug die Insel Elba zu. Als leidenschaftlicher Bauherr macht dieser sich sogleich ans Werk, die Insel zu befestigen. Portoferraio, im Mittelalter *Ferraia* und ab sofort *Cosmopoli*, die »Stadt des Cosimo«, genannt, verwandelt er

mit zwei Festungen – Forte Stella und Forte Falcone – in ein uneinnehmbares Bollwerk.

1553 Portoferraios neue Forts halten einem neuerlichen Angriff der Sarazenen bravourös stand. Die Piraten wüten daraufhin jedoch um so grausamer in Rio und Marciana.

1557 Die Appiani gelangen wieder in den Besitz Elbas, nur Portoferraio bleibt in der Hand der Medici. Die spanischen Habsburger behalten sich das Recht vor, auf der Insel Zitadellen zu erbauen.

1561 Zur Sicherung des Friedens auf dem Meer gründet Cosimo – nach dem Vorbild der Johanniter auf Malta – in Portoferraio den Ritterorden St. Stephan.

1603 Die Spanier errichten die Festung San Giacomo, die Porto Longone (heute Porto Azzurro) beherrscht. Jetzt sind die Elbaner Diener dreier Herren: Die Medici verschanzen sich in Portoferraio, die Appiani prägen in Marciana weiterhin ihre Münzen, die Spanier sitzen auf San Giacomo.

Zerrieben zwischen Madrid, Wien, London und Paris

1634 Die Appiani verkaufen ihren Besitz auf Elba an Nicolo Ludovisi, den Gatten einer Appiani-Tochter.

1646 Nach der Kriegserklärung der Franzosen an Spanien im Verlaufe des Dreißigjährigen Krieges (1635) stürmen französische Truppen auf der Suche nach strategisch günstigen Stützpunkten im Tyrrhenischen Meer das Bollwerk von Porto Longone. Vier Jahre später werfen die Spanier ihre Feinde wieder hinaus.

1678 Karl II., letzter spanischer König aus dem Hause Habsburg, läßt den Golf von Porto Azzurro mit einer zweiten Befestigungsanlage – Forte Focardo – sichern.

1701–1713 England, die Niederlande und Österreich kämpfen im »Spanischen Erbfolgekrieg« gegen Frankreich, Bayern und Köln um die europäische Vorherrschaft zu Lande und zur See. Regimenter der Donaumonarchie landen im Jahre 1708 auch auf Elba und nehmen Capoliveri ein, der Sturm auf die spanischen Zitadellen aber endet im Tal von Monserrato mit einem Desaster für die Österreicher.

1733–1738 Das Großherzogtum Toskana, zu dem auch die Besitze der inzwischen ausgestorbenen Medici auf Elba zählten, fällt an den Ehemann der österreichischen Kaiserin Maria Theresia, den späteren deutschen Kaiser Franz von Lothringen.

1759 Das spanische Hoheitsgebiet Elbas geht an das nunmehr von den Bourbonen regierte Königreich Neapel.

1768 Korsika wird französisch, was den Engländern, die den wachsenden Einfluß Frankreichs mit Mißtrauen beobachten, ganz und gar nicht gefällt. Im Gegenzug besetzen sie wiederholte Male Elba.

Cosimo I. de`Medici

1802 Der »Friede von Amiens« beendet das Tauziehen im Mare Tirreno: Die seit mehr als 250 Jahren in verschiedene Machtbereiche zerstückelte »Eiseninsel« befindet sich nun ungeteilt in französischer Hand. Elba unterliegt damit französischer Verwaltung und Gesetzgebung, die Besteuerung wird reformiert, Straßen werden gebaut.

Von Napoleon bis Victor Emanuel

1805 Napoleon, seit 1802 »Konsul auf Lebenszeit« und seit 1804 »erblicher Kaiser der Franzosen«, macht das Fürstentum Piombino seiner ältesten Schwester zum Geschenk. Elisa Marianna Bonaparte, verehelichte Baciocca, Fürstin von Lucca und nunmehr auch Herrin über Elba, weiß, was sie ihrem martialischen Bruder schuldig ist. Wer Kriege führt, benötigte Eisen – und davon gibt es auf der Insel wahrlich genug. Tag und Nacht brennen nun wieder die Schmelzöfen, 24 Stunden am Tag schuften die Elbaner in den Erzgruben.

1814 Im »Vertrag von Fontainebleau« wird das gesamte Toskanische Archipel zum Fürstentum erhoben und dem entmachteten Kaiser der Franzosen zugesprochen. Am 4. Mai geht Napoleon an Land.

1815 Der Korse erlebt sein Waterloo und die endgültige Verbannung nach St. Helena.

1815–1859 Der Wiener Kongreß stellt die alten Besitzverhältnisse wieder her und gibt die Toskana und damit Elba an das Haus Habsburg-Lothringen zurück. Die Großherzöge der Toskana scheren sich kein Deut darum, daß Bonaparte seinen Inselbesitz der Bevölkerung überantwortet hatte. Was aus dem napoleonischen Erbe nicht niet- und nagelfest ist, wird abtransportiert. Statt die erfolgreich begonnenen Reformen zum Wohl des Eilandes fortzuführen, versucht der in Florenz aufgewachsene Habsburgersproß Ferdinand III., sein toskanisches Reich auf Kosten Elbas zu sanieren.

1860 Leopold II., der letzte souveräne Großherzog der Toskana, verliert sein Land samt Inseln an das neue Königreich Italien des Victor Emanuel II.

1860–1914 Regelmäßiger Postschiffverkehr mit dem Festland und das Projekt, Elba zu einem Zentrum der Eisenverhüttung zu machen, lassen die Bewohner im ausklingenden 19. Jh. Hoffnung auf einen Anschluß an Italien schöpfen, der nicht nur auf dem Papier steht. Tatsächlich schafft das Hüttenwerk Ilva mit der Installation von drei Hochöfen in Portoferraio 2000 neue Arbeitsplätze, doch die hochfliegenden Träume der etwa 13 000 Insulaner weichen alsbald bitterer Realität. Schlimmer als je zuvor werden die Arbeiter ausgebeutet, für kargen Lohn schuften sie unter katastrophalen Arbeitsbedingungen. Und daß sich das Königreich Italien seiner Verbrecher und politischen Störenfriede nach antiker Tradition durch Deportation auf die umliegenden Inseln entledigt und auch das Toskanische Archipel dabei keine Ausnahme bildet, verschlimmert die ohnedies bereits triste Situation. Als Gefangenenort abgestempelt, gerät Elba samt seinen Trabanten erneut in Isolation.

Das 20. Jahrhundert: Neues Leben blüht aus den Ruinen

1914–1918 Im Ersten Weltkrieg erleidet Elba nur einen einzigen direkten Angriff: Am 23. Mai 1916 nimmt ein österreichisches Unterseeboot im Morgengrauen Portoferraio unter Beschuß. Hunderte junge Elbaner müssen dennoch ihr Leben lassen: Als Zwangsrekrutierte kämpfen sie auf den Schlachtfeldern aller Fronten. Die Daheimgebliebenen leisten ihren Kriegsdienst an den Hochöfen und produzieren neben Roheisen nun auch Stahl nach dem damals neuentwickelten Bessemer-Verfahren.

1943/44 Im September 1943, nach Landung der Alliierten und dem Zusammenbruch des Faschismus in Italien, wird Elba von der deutschen Luftwaffe bombardiert und besetzt. Luftangriffe der Alliierten – der schwerste am 19. März – richten immense Zerstörungen an, von den Eisen- und Stahlwerken in Portoferraio bleiben nur Ruinen.

1947 Beschluß des italienischen Staates, Elbas Hochöfen für immer stillzulegen. Trotz heftiger Proteste der Bevölkerung, die sich ihrer Existenzbasis beraubt sieht, fließt keine Lira in einen industriellen Wiederaufbau.

1950 Dank einer Ausnahmeregelung kann die als Entwicklungshilfe für den Süden Italiens gegründete *Cassa per il Mezzogiorno* Milliardenbeträge zum Aufbau einer Tourismuswirtschaft auf Elba vergeben.

60er/70er Jahre Die staatlichen Subventionen zeigen Wirkung: Durch einen gewaltigen Bauboom und großzügige Infrastrukturen gelingt Elba der Sprung von der Schwer- zur Tourismusindustrie.

1994 Elba übersteht die italienische Tourismuskrise seit den 80er Jahren ohne spürbare Einbußen.

1998 Der Nationalpark-Verband, zuständig für den gesamten Toskanischen Archipel, nimmt seine Tätigkeit sieben Jahre nach Beschluß des entsprechenden Gesetzes endlich auf. Italien und zehn weitere Länder einigen sich auf die gemeinsame Währung, den Euro.

2000 Der rigorose Sparkurs von Italiens Mitte-Links-Regierung trägt Früchte: Das Budgetdefizit sinkt unter 2 %, der Nullpunkt wird für 2003 angestrebt.

Die Etrusker: Tausendsassas der Antike

Sie kannten sich aus und machten alles, was man vor 2500 Jahren nur machen konnte: Die Etrusker hatten Know-how, in allen Bereichen. Wahre Teufelskerle.
Sie entdeckten Marktnischen und wurden reich.
Sie krempelten die Landwirtschaft um, gründeten einen Montankonzern und organisierten den Welthandel mit Hilfe der Phönizier.
Sie sponserten Künstler aus Griechenland und aus dem Orient. Ihre Frauen waren hochgeachtete, gleichgestellte Partner. In die Kunstlandschaft brachten sie eine aggressive Note.
Sie erfanden das schwarze Bucchero-Geschirr, das zum wichtigsten Exportartikel wurde, und mit ihren Weinlieferungen brachen sie in den gallischen Biermarkt ein.
Sie waren ein friedliches Volk, aber sie wußten auch zu kämpfen. Und nebenbei glaubten sie an ein Leben nach dem Tod.

Als 1985 in Italien das »Jahr der Etrusker« ausgerufen wurde und sich im Kielwasser von Sonderausstellungen, Kongressen und Besichtigungsreisen eine wahre Flut von einschlägigen Publikationen über Europa ergoß, formulierte der Wiener Kulturjournalist Robert Kalmar bewußt schnoddrig die wichtigsten Fakten über die erstaunlichen Menschen, die 3000 Jahre zuvor aus Kleinasien nach Europa gekommen waren. Denn nicht nur wurde – und wird – bis zum Überdruß die Phrase vom »geheimnisvollen Volk, dessen eigentliche Herkunft im dunkeln liegt« gedroschen, zu oft verschleiert eine allzu distanzierte, respektvolle Diktion ein klares Geschichtsverständnis.

Zweifellos waren die Etrusker »Teufelskerle«, über die freilich heute mehr bekannt ist, als die überkommene Schulbuchweisheit eingestehen will. Diese wagt sich nämlich über einen antiken Gelehrtenstreit nach wie vor nur selten hinaus: Laut dem griechischen Historiker Herodot (5. Jh. v. Chr.) stammen die *Tyrsenoi* oder *Tyrrhenoi,* wie die Hellenen die Angehörigen der von den Römern *Tusci* oder *Etruski* bezeichneten Kultur nannten, aus Lydien im westlichen Kleinasien. Im Land der Umbrer sollen sie, so Herodot, bereits im 13. Jh. v. Chr. Städte gegründet und sich nach ihrem Anführer *Rasenna* genannt haben. Dieser Version widersprach Dinonysios von Halikarnassos (1. Jh. v. Chr.), der behauptete, daß die Etrusker von nirgendwo kamen, sondern schon immer zwischen Arno und Tiber gelebt hätten. Wie so oft liegt die Wahrheit in der Mitte. Es gilt inzwischen als gesichert, daß sich das Etruski-sche etwa um 1000 v. Chr. aus an-gestammten Völkerschaften und Zu-wanderern entwickelte.

Zwar gibt es so gut wie keine schriftlichen Zeugnisse der Etrus-ker, deren Sprache bereits in römi-scher Zeit in Vergessenheit geraten war und die bis heute nicht ent-schlüsselt werden konnte. Doch finden sich Hinterlassenschaften der »Teufelskerle« auf der Apenni-nenhalbinsel an nahezu allen Ek-ken und Enden. Livius (59 v. Chr.–17. n. Chr.), Verfasser von 142 historischen Büchern, betonte aus-drücklich Macht, Reichtum und Ruhm dieses Volkes, welches das Land von den Alpen bis zur Meer-enge von Messina besiedelte, auch wenn das eigentliche Etrurien zwi-schen Mare Tirreno, Tiber und Arno lag. Wer jedoch auf Elba Bei-spiele etruskischer Kunst erwartet, wird bitter enttäuscht sein. Im In-dustriegebiet der antiken Montan-manager bestand kein Bedarf an prächtigen Tempeln oder fresken-geschmückten Gräbern. Die einzi-ge Bronzestatuette von Rang, 1764 von einem Bauern auf einem Feld in der Nähe von Le Trane zufällig entdeckt, requirierte der Bourbone Karl III., König von Neapel und Ini-tiator der ersten Ausgrabungen von Pompeji und Herculaneum, sofort für sich. Unter dem Namen »Op-ferbringer von Elba« – *Bronzetto di offente* – findet sich die kleine Bronzeskulptur aus dem 6. Jh. v. Chr. nunmehr im Archäologischen Museum von Neapel.

Ein paar Keramikscherben, lie-bevoll in den kleinen Inselmuseen zur Schau gestellt, ein paar Schmuckstücke, einige wenige Waffen, Helme, Amphoren und Vasen, das ist bis auf die Überreste von Schmelzöfen nahezu alles, was Elba aus der Etruskerzeit blieb. In Italienführern findet sich die In-sel bei der Auflistung etruskischer Fundorte von A wie Acquarossa bis V wie Vulci nicht einmal erwähnt. Zu Unrecht, wie die Elbaner mei-nen, denn nur auf ihrem ehernen Heimatboden läßt sich die antike Technik der Erzgewinnung (s. S. 58) oder das komplizierte Ver-fahren der Bucchero-Keramik (s. S. 74) auf unvergleichliche Weise bis zum heutigen Tag nachvollzie-hen.

Die Bemühungen Elbas in allen Ehren, doch wer seinem Inselur-laub die richtige kulturelle Würze verleihen möchte, für den ist das nahe Populonia ein idealer Zwi-schenstopp bei der An- oder Ab-reise. Nur wenige Kilometer vom unfaßbar häßlichen Fährhafen Piombino entfernt, erhebt sich am großzügig geschwungenen Golf von Baratti auf einer Anhöhe ein malerisches Städtchen von mittel-alterlichem Flair: Das antike *Pupluna,* im 5. Jh. v. Chr. eines der bedeu-tendsten metallurgischen Zentren der Etrusker und ihre einzige Me-tropole direkt am Meer, zeigt mit seiner zinnengekrönten Burg aus dem 14. Jh. heutzutage eine Idylle, wie sie die Alten mit Sicherheit nicht kannten. Auch inmitten die-

Neues Feuer in antiken Öfen

In seinen Adern fließt lombardisches Blut, sein Herz jedoch schlägt für die Etrusker: Gino Brambilla, Jahrgang 1926, Hobby-Archäologe und wissenschaftlicher Autodidakt, hat sein Leben seit Anfang der 70er Jahre der Erforschung antiker Erzverarbeitung gewidmet. Als Praktiker setzte er seine Erfahrungen auch in die Tat um und baute die primitiven »Hochöfen« der Etrusker originalgetreu nach. Und diese funktionieren auch, wie sich Elba-Besucher seit 1994 auf dem Landgut »La Chiusa« überzeugen können. Dort sind die Rekonstruktionen in einem kleinen archäologischen Park zu besichtigen.

Er ist ein echtes Original, der bullige Gino, 1962–64 italienischer Ringermeister im griechisch-römischen Stil und gleichzeitig Herr über eine Glasbläserei, deren Produkte, vorwiegend Weihnachtsdekorationen im Mickymaus-Stil, in alle Welt exportiert wurden. »Ich bin mir vorgekommen wie ein Ballett-Tänzer, der auch Fußball spielt«, blickt der am Comer See Geborene auf seine damaligen so unterschiedlichen Tätigkeiten zurück. So sanft er heute ein antikes Fundstück in seinen riesenhaften Händen hält, so sorgsam ging er mit dem heiklen Glas um, während er im Ring die Muskeln spielen ließ. Als seine Leidenschaft für die Archäologie wuchs, hing er Sport und Geschäft an den Nagel und konzentrierte sich fortan auf die Vergangenheit. In der Bucht von Procchio entdeckte er die Reste eines versunkenen römischen Schiffes, in nahezu allen Landesteilen der Insel legte er historische Funde frei. Das besondere Interesse des ehrenamtlichen Inspektors der italienischen Denkmalbehörde galt jedoch der Eisenerzverarbeitung der Etrusker. »Mit der Theorie gab ich mich nicht zufrieden. Ich wollte das Verfahren nicht nur verstehen, sondern auch ausprobieren.«

Bei der Rekonstruktion kam ihm die Entdeckung verfallener etruskischer Schmelzöfen unter einem Schlackenfeld in einem Tal bei Portoferraio zugute. Aus den Bruchstücken ersah Brambilla die Krümmung der Wände und errechnete danach den Umfang der Originale, eine der grundlegenden Voraussetzungen für das klaglose Funktionieren der etwa 1,5 m hohen Öfen, deren Feuer übrigens mit einem von Hand oder von einem Wasserrad betriebenen Blasebalg kontinuierlich angefacht wird.

Wenn Gino Brambilla Touristen das etruskische Schmelzverfahren vorführt, muß er den Ofen bereits am Abend zuvor in Betrieb nehmen und die Temperaturen langsam steigern. Dafür wird zuerst durch die

obere Öffnung ein Eimer Holzkohle eingebracht, deren Glut dann eine dünne Schicht Eisenerz bedeckt. In der Folge füllt man den Ofen erneut mit Holzkohle und schließlich mit etwa 10 kg in nußgroße Stücke zerschlagenes Erz. Dieser Vorgang wiederholt sich fünf- bis sechsmal jede halbe Stunde. Das Schmelzfeuer – sein lebhaftes Rot ging bei 500 Grad in Orange über – leuchtet nun bei 1400 Grad in gleißendem Weiß. Jetzt ist der Zeitpunkt des ersten Anstichs gekommen: Die rötlich glühende Schlacke tritt aus einem der Löcher der Ofentür heraus, Zeichen für eine gelungene Schmelze. Im Inneren des »Vulkans« befindet sich der »Eisenschwamm«, das halbreine Mineral, das erst in der Schmiede gereinigt und weiterverarbeitet werden kann. Dieser »direkte« Prozeß, der sofort schmiedbares Eisen neben einer eisenreichen Schlacke erbrachte, blieb in Italien bis zum Ende des 18. Jh. gebräuchlich. Während die Etrusker zur Herstellung von 1 kg schmiedbarem Rauheisen aus dem Elba-Erz etwa 5–10 kg Holzkohle benötigten, wird in den modernen Hochöfen für 1 kg Roheisen nur mehr 0,4 kg Koks verwendet. Nach Berechnungen Brambillas wurden zwischen dem 5. Jh. v. Chr. und dem 1. Jh. n. Chr. auf der Insel jährlich 500 t Erz verarbeitet. Aus dem Eisen schmiedeten die antiken Handwerker vor allem Kriegs- und Haushaltsgeräte, die im gesamten Mittelmeerraum begehrte Handelswaren darstellten.

ser lieblichen Landschaft qualmten dereinst die Schmelzöfen, wovon meterhohe Schlackenhalden deutlich Zeugnis ablegen. Nur selten erweist sich Pietätlosigkeit als Glücksfall, doch daß die Römer nach der Übernahme der etruskischen Erzgruben keinerlei Rücksicht auf die damals bereits jahrhundertealten Nekropolen nahmen und diese bedenkenlos zuschütteten, zählt zu diesen Ausnahmen. Denn als man im 19. Jh. daranging, den überaus eisenhaltigen antiken Industriemüll erneut auszuwerten, kamen die Totenstädte der Etrusker unversehrt zum Vorschein.

Unweit von Populonia, umgeben von wogenden Getreidefeldern, geschützt durch eine Umzäunung, liegt die größte und interessanteste Nekropole **San Cerbone.** Charakteristisch sind die sogenannten *Tumuli,* Hügelgräber mit mehreren Totenkammern, die den Wohnhäusern oft bis ins kleinste Detail nachgebildet waren. Solche konnten

sich freilich bloß die großen, aristokratischen Familien leisten. Wie reich das etruskische Populonia gewesen sein muß, zeigt nicht zuletzt die große Zahl dieser Tumuli, die nach den luxuriösen Beigaben benannt wurden. Im *Tumulo dei Carri* – mit 28 m Durchmesser das größte Hügelgrab – fand sich sogar ein hochrädriger Wagen, im *Tumolo dei Lette Funebri* entdeckten die Archäologen mehrere Totenbetten. In der ebenfalls nahen Nekropole Porcareccia blieben vor allem zwei Hügelgräber außerordentlich gut erhalten: der *Tumulo dei Flabelli* (»Grab der Fächer«) und der *Tumulo dell'Oreficerie* (»Grab des Goldschmucks«). Sämtliche kostbaren Funde von Populonia vervollständigen die etruskische Sammlung des Archäologischen Museums von Florenz, nur die »Dutzendware« sowie einige zufällig ans Tageslicht gekommene Gegenstände verblieben im kleinen Stadtmuseum im Zentrum der mittelalterlichen Gassen.

»Guter Vater Napoleon« Herr über Elba für 300 Tage

Auch Ereignisse, die nicht stattfinden, können mitunter recht bezeichnend sein. Um die Elbaner für alle Zeiten an den Todestag von Napoleon Bonaparte zu erinnern, wird seit dem 5. Mai 1821 alljährlich in der Chiesa della Misericordia von Portoferraio eine Seelenmesse gehalten. Dies hatte Fürst Anatol Demidoff, Sohn des russischen Botschafters in Florenz, Ehemann einer Nichte Napoleons und glühender

Verehrer des Korsen, testamentarisch bestimmt. Als Gegenleistung hinterließ er der 1677 gegründeten Kirche einige eher dürftige Erinnerungsstücke an den Ex-Kaiser, die in einem Nebenraum zu besichtigen sind. Mehr als eineinhalb Jahrhunderte lang zelebrierte die gesamte Insel tatsächlich diese Gedenkfeier, pompös und mit mediterraner Grandezza. Die »Oberen Hundert« fanden sich mit schöner Regelmäßigkeit ebenso zur Messe ein wie Krethi und Plethi, Soldaten in Paradeuniformen standen Spalier, Musikkapellen spielten auf, Marktfahrer machten das Geschäft des Jahres und der Bürgermeister hielt eine dem Anlaß würdige Ansprache.

»Die Totenfeier für Napoleon? Einen Moment, bitte.« Ratlos greift die junge Angestellte der Tourismusinformation in Portoferraio zum Telefon. Sie hat davon noch nie etwas gehört, aber zumindest ihr Chef weiß Bescheid. »Ja, ja, das stimmt schon, heute abend um sechs Uhr, in der Misericordia-Kirche.« Entsprechend gekleidet und mit Fotoapparaten bewaffnet, finden sich die Urlauber in Erwartung des Spektakels anläßlich des in vielen Reiseführern nach wie vor versprochenen »besonderen Festtages auf Elba« in dem steilen Gäßchen vor dem Gotteshaus ein – und blicken verwundert um sich. Noch fünf Minuten vor dem angekündigten Beginn der Zeremonie schlendern die Einheimischen wie an jedem anderen Tag vorbei, auch im Kircheninneren herrscht bis auf einen einsamen Touristen gähnende Leere. Man wird doch nicht auf der falschen Hochzeit – pardon Trauerfeier – sein? Mitnichten. Pünktlich um 18 Uhr treten Priester, Mesner und Ministrant vor den Altar und beginnen vor gezählten fünf Personen mit der Messe »für unseren Bruder Napoleon«, *per nostro fratello Napoleone.*

Besser ließe sich jedenfalls nicht demonstrieren, welchen Stellenwert die Napoleon-Verehrung heutzutage einnimmt. Man ist froh darüber, Verbannungsschauplatz gewesen zu sein und somit ein paar historische Sehenswürdigkeiten vermarkten zu können, im übrigen interessiert die Einheimischen dieses kurze Kapitel ihrer langen Geschichte in keiner Weise mehr. Um so kurioser nehmen sich die Texte mancher lokaler Broschüren aus, die noch immer in Euphemismen schwelgen: »Der Aufenthalt Bonapartes von 1814–1815 auf Elba gehört zu den berühmtesten Heldentaten Napoleons«, lautet beispielsweise gleich der erste Satz des erst 1990 erneut in Druck gelegten »Bestsellers« über die »Napoleonischen Residenzen in Portoferraio«. Offenbar aber bekamen die Autoren schließlich doch noch Angst vor der eigenen Courage, heißt es doch im Resümee ihres Einführungskapitels: »Trotzdem ist es unangebracht zu denken, daß die kaiserlichen Sitze auf Elba mit jenen von Paris vergleichbar wären.«

Napoleon auf Elba, über seine Rückkehr sinnierend (1830)

Solcherart vorgewarnt begibt sich der Kulturtourist auf eine Reise in die Vergangenheit und versucht, das Elba zu Beginn des 19. Jh. heraufzubeschwören: Seit 1802 befindet sich die Insel in französischem Besitz (s. S. 53), untersteht einem *Commissaire général* sowie einem *Conseil d'Administration* und ist in Gemeinden aufgeteilt. Als Bonaparte am 6. April 1814 in Paris abdanken und damit auf den Thron von Frankreich und Italien verzichten muß, wartet auf ihn das Exil. Zur Auswahl stehen dem Verbannten Korsika, Korfu und Elba. Warum der entmachtete Kaiser der Franzosen, der diesen Titel weiterhin führen durfte, das kleine Eiland seiner Heimatinsel vorzog, wird trotz einer Reihe plausibler Spekulationen und historischer Deutungsversuche für immer sein Geheimnis bleiben. Die Engländer übernehmen es im Auftrag der Alliierten, den gestürzten Monarchen zum »Ort des Aufenthalts für sein weiteres Leben« zu eskortieren.

Am 3. Mai 1814 geht Napoleon in Portoferraio von Bord des englischen Segelschiffes »Undaunted« (= »Unverzagt«). Erstmals setzt er seinen Fuß auf sein eigenes Fürstentum, und zwar als freier Souverän und nicht etwa als gedemütigter Gefangener (wenn auch natürlich unter diskreter Aufsicht). Dementsprechend fällt auch der offizielle

Empfang der weltlichen und kirchlichen Repräsentanten Elbas aus. Beide Seiten streuen einander mit höflichen Phrasen Blumen. So lautet die kaiserliche Botschaft an die künftigen Untertanen, überbracht vom Kommandanten Portoferraios:

»Einwohner von Elba! Schicksalsschläge haben Kaiser Napoleon in Eure Mitte geleitet. Nach seinem eigenen Willen wird er zu Eurem Herrscher. Vor Überschreiten der Mauern Eurer Stadt hat Euer neuer und erhabener Monarch an mich die folgenden Worte gerichtet: ›General, ich habe meine Rechte im Interesse des Vaterlandes geopfert und ich habe mir das Eigentum und die Herrschaft über Elba vorbehalten: damit waren alle Mächte einverstanden. Habt die Güte, den neuen Stand der Dinge den Einwohnern mitzuteilen. Und auch daß die Wahl für meinen neuen Aufenthaltsort aufgrund der Sanftheit ihrer Sitten und der Milde des Klimas auf ihre Insel gefallen ist. Sagt ihnen, daß sie der Gegenstand meines größten Interesses sein werden.‹«

Auch die Antwort des Unterpräfekten blieb der Nachwelt erhalten: »Das erfreulichste Ereignis, das je die Geschichte Elbas berühmt hätte machen können, ist heute Wirklichkeit geworden. Unser erhabener Herrscher, Kaiser Napoleon, ist zu uns gekommen. Gebt ruhig der Freude ihren Lauf, die Eure Seele überschwemmen muß. Hört die ersten denkwürdigen Worte, die er an Euch alle gerichtet hat, während er mit den Beamten sprach, die Euch vertreten: ›Ich werde Euch ein guter Vater sein, seid ihr mir gute Söhne‹.«

Tatsächlich brach unter den »guten Söhnen« ungeheurer Jubel aus, sobald sie Napoleons am Nachmittag des 4. Mai 1814 ansichtig wurden. Solch ein Spektakel erlebt man ja wahrlich nicht alle Tage, daß ein echter Kaiser im Gefolge von 700 Infanteristen und 150 Kavalleristen von einer kleinen Mittelmeerinsel Besitz nimmt. Was spielt da schon die kleine Panne mit dem Schlüssel der Stadt eine Rolle, über die Geschichtsforscher noch heute schmunzeln. Statt des unauffindbaren Originals mußte Bürgermeister Traditi dem Korsen nämlich seinen eilends vergoldeten Kellerschlüssel überreichen. Mit großartiger Geste – und ohne die Pointe zu ahnen – gab der Meister politischer Showeffekte das gute Stück in die sorgsame Obhut von »Monsieur le Maire, der bestens darüber wacht« zurück. Über Portoferraio wehte bereits eine neue Flagge, die Napoleon angeblich höchstpersönlich noch während der viertägigen Überfahrt von Frejus entworfen haben soll: drei Bienen in einem roten diagonalen Streifen auf weißem Feld.

Während am nächsten Morgen die gesamte Insel noch in tiefem Schlaf lag und sich von den Feierlichkeiten erholte, ging der »gute Vater« wie gewohnt schon um 4 Uhr morgens ans Werk. Mit seinem provisorischen Quartier im Rathaus höchst unzufrieden, inspizierte der Kaiser in aller Herrgottsfrühe in Begleitung des von Trommeln unsanft geweckten Bürgermeisters die »Villa dei Mulini«. Das einstöckige Offiziershaus in luftiger Höhe zwischen den Festungen aus der Medici-Zeit stach Napoleon nicht zuletzt aufgrund der sicheren Lage ins Auge. Noch zur selben Stunde mußte sich ein Architekt um die Umgestaltung der Villa zur Residenz kümmern, die kaum zwei Wochen später bezugsfertig war (s. S. 93).

Im einmal vorgegebenen Tempo ging es weiter. Der nächste Besuch des mit erst 44 Jahren aufs Altenteil gesetzten Energiebündels galt Maurice Pons de l'Hérault, der als Verwalter der Erzminen von Rio auf jenem Goldschatz saß, den Napoleon bitter benötigte. Von der jährlichen Apanage von zwei Millionen Francs, die Napoleon und seiner Gemahlin Marie-Louise laut Vertrag von Fontainebleau aus der Schatulle Ludwigs XVIII. zustanden, sah nämlich keiner der beiden Eheleute je einen Centime. Wenigstens ein Zehntel davon – und zwar jene 200 000 Francs, die Pons de l'Hérault im Auftrag des französischen Ordens der Ehrenlegion seit 1809 erwirtschaftet hatte – beanspruchte der Verbannte jetzt für sich. Gerade noch rechtzeitig rückte der Franzose den Schatz heraus, denn Ende Mai folgten 600 Mann der ehemaligen napoleonischen Leibgarde ihrem Herrn freiwillig ins Exil. So großartig der Kaiser diesen Treuebeweis auch fand, die Männer mußten untergebracht, verpflegt und auch entlohnt werden.

Einem Wirbelwind gleich fegte der Mann, der Europa ins Unglück gestürzt und Hunderttausende das Leben gekostet hatte, über die kleine Insel. Was durchaus auch wörtlich zu verstehen ist, denn bei seinen überfallsartigen Inspektionsritten tauchte Bonaparte selbst in den entlegensten Winkeln auf. Deutlicher aber noch zeigte sich seine allgegenwärtige Anwesenheit in seinen Reformen. Wirtschaft und Administration, Fiskus und Zölle, Straßenbau und Gesundheitswesen, kein Bereich entging Napoleons Aufmerksamkeit. Mit der Anpflanzung von mehr als 32 Mio. Rebstöcken trieb er den Weinertrag in schwindelnde – und danach nie mehr erreichte – Rekordhöhen. Aus Korsika importierte er Kastaniensetzlinge, die Seidenproduktion versuchte er anzukurbeln, indem er Tausende Maulbeerbäume entlang erstmals befestigter Straßen für die Raupenzucht pflanzen ließ. Um buchstäblich jeden Dreck kümmerte er sich persönlich – und richtete die Müllabfuhr in Portoferraio ein. Tagtäglich hagelte es eine Fülle neuer Verordnungen, mit einem beschaulichen Beamtendasein war es bis auf weiteres vorbei.

Daß all diese Maßnahmen Unsummen verschlangen, stellte sich nur allzubald heraus. Trotz des Hochbetriebs in Erzbergwerken und in Salinen konnten weder Eisen noch Salz die Kosten des Hofstaats, geschweige denn des Sanierungsprogramms decken. Die Bevölkerung stöhnte unter der Steuerlast,

Kaiserliche
Insignien vor der
Napoleonvilla
San Martino

doch Widerstand erwies sich als zwecklos. Als die Gemeinde Capoliveri eines Tages aufbegehrte und die Bezahlung der Abgaben verweigerte, machte der »gute Vater« strenge Miene. Per kaiserlichem Haftbefehl wanderten vom Bürgermeister bis zum hohen Klerus alle aufmüpfigen Honoratioren der Stadt in den Kerker. Erst als alle Schulden bezahlt waren, durften die hochkarätigen Gefangenen heimkehren.

Sofern es um sein eigenes Wohlergehen ging, dachte der Monarch jedoch nicht ans Sparen. Im Gegenteil: Als er eines Tages durch das Tal von San Martino ritt, entdeckte er endlich den idealen Platz für eine Sommerresidenz. Nur wenige Kilometer von Portoferraio entfernt, bot sich die versteckte und dennoch überschaubare Ebene als Standort geradezu an. Wie glück-

lich fügte es sich, daß erst vor kurzem Napoleons Mutter und auch seine Schwester Paolina zu einem Besuch von unbestimmter Dauer auf Elba eingetroffen waren. Um den Kaufpreis für das Haus samt Grundstück aufzubringen, mußten die Damen einige Schmuckstücke veräußern. Der Erlös reichte für die Umbaukosten des Landhäuschens zu einem respektablen Wohnsitz, wenn auch nicht gerade für ein »Versailles von Elba«, wie Ferdinand Gregorovius die Villa di San Martino (s. S. 126) anläßlich eines Lokalaugenscheins im Jahre 1852 spöttisch nannte. Die Kommentare dieses Napoleonverachters erschienen den Nationalsozialisten übrigens dermaßen brisant, daß in einer 1937 gedruckten Ausgabe der »Wanderjahre in Italien« nicht nur das Kapitel »Der Ghetto und die Juden in Rom«, sondern auch jenes über die Insel Elba »aufgrund der veränderten Zeitumstände« (Nachwort) fehlen. Grund genug nachzulesen, was unter Hitler offenbar ganz bewußt verschwiegen wurde:

»Aber gestehen wir es, das Bild Napoleons auf Elba erhebt uns nicht allzusehr. Die Heldenkraft eines einzelnen Menschen, welcher gegen die Welt kämpft und trotzig das Schicksal herausfordert, ist immer bewundernswert; aber sie läßt kalt, wenn sie nicht mehr den sittlichen Ideen und Zwecken der Geschichte, sondern nur dem eigenen und kleinen Egoismus dient. Die Geschichte hatte Napoleon beseitigt; wie er sich von Elba erhob, erschien er als ein Mann, der in der Welt nichts mehr zu tun hatte und von ihren Interessen abgelöst war. Sein Kampf war titanisch, wie der des einzelnen gegen die Weltordnung sein mußte; sie zerbrach ihn wie ein Rohr, das ein rollendes Rad zerknickt. Dies ist der tragische Sinn von Elba und den Hundert Tagen.«

Seinen 45. Geburtstag am 15. August 1814 beging der Kaiser bereits im neuen Sommerdomizil. Mit ihm feierte die gesamte Insel, fügte es sich doch, daß Napoleon gerade zu Mariä Himmelfahrt, einem der höchsten kirchlichen Festtage, zur Welt gekommen war. Kurz darauf, vom 23. August bis zum 5. September, begab sich Napoleon in die Einsiedelei von Madonna del Monte im Westen der Insel (s. S. 146). Romantische Gemüter begeistert das Bild, wie der Korse von diesem Fleck aus sehnsüchtig Stunde um Stunde aufs Meer blickte, bis sich die Dunstschleier hoben und am fernen Horizont die Umrisse seiner Heimatinsel auftauchten. Pragmatiker hingegen sehen in der luftigen Eremitage ein bequemes Versteck für das Zusammentreffen mit einer ehemaligen Geliebten.

Von Spähern längst schon angekündigt, landete am 1. September eine tiefverschleierte Dame mit einem Knaben an der Hand auf Elba. Sie ging nicht in Portoferraio, sondern in dem kleinen Hafen San Giovanni gegenüber der Hauptstadt von Bord, wo Ankünfte Fremder nicht gleich zum Tagesgespräch wurden. Diskret brachte eine bereitstehende Kutsche die beiden nach Marciana Marina. Dort wartete bereits Napoleon, um sie in Empfang zu nehmen und in sein provisorisches Quartier in den Bergen zu bringen. Doch nur für wenige Stunden konnte er die Gesellschaft der polnischen Gräfin Maria Walewska genießen, die ihm den gemeinsamen Sohn Alexander mitgebracht hatte, dann erging es dem Kaiser wie so manchem verheirateten Mann auf Abwegen: Die Ehefrau drohte jeden Moment aufzutauchen, die Freundin mußte schleunigst das Weite suchen. In Wirklichkeit jedoch dachte die kaiserliche Gemahlin Marie-Louise gar nicht daran, den ungeliebten Gatten in seinem Exil aufzusuchen, zumal sie damals schon in glücklicher Liaison mit ihrem Adjutanten und späteren Ehemann Adam Adalbert

Graf Neipperg lebte. Napoleon war auf seinen eigenen Plan hereingefallen, denn die überbrodelnde Gerüchteküche von Portoferraio hatte aus der geheimnisvollen Dame und ihrem Sohn mangels konkreter Informationen die »kaiserliche Gemahlin und den König von Rom« gemacht, deren Ankunft nun dem überraschten Bonaparte gemeldet wurde. Die Nachricht war so glaubhaft und so detailreich ausgeschmückt – sogar von einem großen Fest war die Rede –, daß Napoleon die Nerven verlor und die Geliebte schon am 3. September wieder hinauswarf.

Nach diesen Aufregungen besaß die Einsamkeit nur noch wenig Reiz. Voll Tatendurst begab sich der Monarch zwei Tage später ins heutige Porto Azzurro und begann, die spanische Festung von Porto Longone ebenfalls in einen Palast umzuwandeln. Rückblickend betrachtet lieferte der Kaiser mit diesen Aktivitäten vermutlich bereits Ablenkungsmanöver, wahrscheinlich stand sein Entschluß zu einem Comeback zu dem Zeitpunkt schon längst fest. Das Inselleben entpuppte sich zunehmend als reizlos, die Andeutungen über geplante Attentate auf seine Person häuften sich, andererseits trafen immer wieder neue Nachrichten über die glücklose Regierung Ludwigs XVIII. ein.

Im November übersiedelte Paolina Borghese in die ursprünglich für Marie-Louise vorgesehenen Gemächer in der Villa Mulini. Als brillante Gastgeberin organisierte die Schwester des Kaisers glanzvolle Gastmähler und Soireen, zu ihrem Vergnügen ebenso wie zu seiner Tarnung. In Portoferraio wimmelte es in diesen Tagen von Spionen der Alliierten, nur während großer Feste und Theatervorstellungen konnten des Kaisers Agenten unbemerkt zu ihm vordringen. So kam es, daß Oberst Campbell, der englische Bewacher des Verbannten, nichts Böses ahnte, als er seinen Schützling für kurze Zeit aus den Augen ließ und zu einer achttägigen Reise nach Livorno aufbrach. Endlich schlug für Napoleon die Stunde: Am 26. Februar 1815, nach der Sonntagsmesse, verkündete der Mann, der noch einmal nach den Sternen greifen wollte, öffentlich seine noch für denselben Abend geplante Abreise. Vorsorglich hatte er bereits zwei Tage zuvor kein Schiff mehr aus Portoferraio auslaufen lassen, damit niemand seine Flucht vorzeitig verraten konnte.

Mit Jubel war der Korse empfangen worden, jubelnd gaben ihm die Elbaner 9 Monate und 22 Tage später das Geleit, als er in Begleitung von 120 Mann mit dem Flaggschiff »L'Inconstant« in See stach. Kurs auf Frankreich nahmen mit ihm auch 600 kaiserliche Leibgardisten, ein 300 Mann starkes korsisch-polnisches Bataillon und 70 Zivilisten. Von allen Kirchen der Insel läuteten die Glocken, aus Tausenden von Kehlen stieg die Marseillaise zum nächtlichen Himmel empor, doch am lautesten klangen

den Menschen die Abschiedsworte
ihres Herrn für 300 Tage im Ohr:
»Ich hinterlasse euch Frieden. Ich
hinterlasse euch Wohlstand. Ich
hinterlasse euch eine saubere,
schöne Stadt. Ich hinterlasse euch
meine Straßen und Bäume, für die
eure Kinder mir danken werden.«

Sie tun es, die Kindeskinder,
Sire, keine Frage. Allerdings ohne
den Ihnen zu Lebzeiten entgegen-
gebrachten Respekt. Zwar betet
kaum mehr jemand für Ihr Seelen-
heil, und deshalb werden Sie wohl
noch eine ganze Weile im Fegefeuer
brutzeln müssen. Doch vergessen
sind Sie wahrlich nicht. Die Gemeinden kassieren freudig horren-
de Eintrittsgebühren für die Besichtigung Ihrer Residenzen, wenn sie
auch kaum eine Lira für deren Erhaltung lockermachen. Natürlich

leistet auch die Souvenirindustrie
einiges für Ihre Unsterblichkeit, Na-
poleonfiguren in jeder nur denkba-
ren Größe und Ausführung gehen
weg wie warme Semmeln. Zu den
Verkaufsschlagern zählen übrigens
nicht nur die klassischen Gipsbü-
sten, sondern neuerdings auch die
Nacktmodelle mit dem Dreispitz.
In den Supermärkten stapeln sich
Sardinen- und Thunfischdosen der
Marke Napoleon in den Regalen,
auch Napoleon-Wasser aus der
gleichnamigen Quelle wird gern
konsumiert.

»Ubicumque Felix Napoleo« –
»Überall ist Napoleon glücklich«!
Eigenhändig soll Bonaparte diese
wie trotzig hervorgestoßen klingen-
den Worte an die Wand seines
»Ägyptischen Zimmers« in der Villa San Martino geschrieben haben.

Hoffen wir's für ihn, auch wenn nicht nur am Wahrheitsgehalt dieser Aussage berechtigte Zweifel angebracht scheinen. Denn wie seit den gründlichen Renovierungsarbeiten von 1992 hinter vorgehaltener Hand unter den Museumswärtern gemunkelt wird, dürfte sogar die Inschrift selbst eine viel später angebrachte Fälschung sein. Angeblich ist die Farbschicht viel zu jung und der ganze Spruch somit nichts anderes als ein romantischer Schwindel.

Ob falsch oder echt, eigentlich spielt das kaum eine Rolle mehr. Unaufhaltsam bröckelt Napoleons Ruhm selbst auf Elba allmählich ab. So mancher kann nämlich die Mär vom großen Korsen, dem alles Gute auf der Insel zu verdanken sei, nicht mehr hören. »Hier hat Napoleon nie gegessen«, ließ schon vor Jahren ein Wirt in Procchio seine Gäste unmißverständlich in großen Lettern wissen. Diesem Beispiel sind mittlerweile schon viele gefolgt.

Mythen und Feste

Ortsfehde um einen Heiligen vom Festland

Der Toskanische Archipel galt zu allen Zeiten bei Verfolgten als idealer Zufluchtsort: Die Inseln liegen nahe genug zum Festland, um rasch erreichbar zu sein, vor Ort aber bieten ihre unzähligen Schluchten nur schwer aufzuspürende Verstecke. So entstanden in frühchristlicher Zeit eine Reihe von Einsiedeleien, von denen einige wenige noch zu finden sind. Wie die Eremitage San Cerbone, die über dem Bergstädtchen Poggio thront.

Ein etwa 40minütiger Spaziergang über eine beim Friedhof beginnende Forststraße führt zu jenem Ort, an dem im 6. Jh. der Bischof von Populonia sein Leben in Einsamkeit beendete. Wie mehr als hundert Jahre zuvor sein Amtskollege Mamilanus aus Palermo stand auch Cerbone auf der Todesliste langobardischer Glaubensfanatiker (s. S. 47), wie der sizilianische Bischof floh er vor seinen Häschern nach Elba. Ohne zu klagen, nahm der einstige Kirchenfürst demütig sein Schicksal auf sich, er tröstete Verzweifelte und heilte Kranke. Als er starb, eilten die Menschen aus allen Teilen der Insel herbei, um ihrem San Cerbone die letzte Ehre zu erweisen. Doch kam alles vergebens, seinem Wunsch entsprechend wurde der Heilige nicht in den dichten Kastanienwäldern des Monte Capanne, sondern in seiner Heimatdiözese bestattet. Eine weise

Entscheidung, wie sich bald herausstellen sollte, denn somit konnten die rivalisierenden Städte Poggio und Marciana wenigstens nicht über den Verbleib der sterblichen Überreste streiten. Denn kaum hatte der fromme Mann seine Augen für immer geschlossen, tobte bereits eine Fehde um den »heiligen Platz« seines Wirkens.

Erst 850 Jahre später (!) endete der Konflikt mit einem Kompromiß: Als die Fürsten Appiani 1421 eine Gedenkkapelle für San Cerbone errichteten, legten sie den Eingang nach Marciana Alta und den Altar auf Poggio-Grund. Von der ursprünglichen Eremitage ist nichts mehr erhalten, doch das mit einem Wappen der Appiani geschmückte Kirchlein wurde 1990 vorbildlich renoviert.

Vergnügte Weihnachten, ernste Ostern

Eine Religion und doch zwei grundverschiedene Auffassungen: Während jenseits der Alpen Weihnachten weit aufwendiger gefeiert wird als Ostern, gelten in Italien das Martyrium und die Wiederauferstehung als das wichtigste Ereignis des Kirchenjahres. Die Geburt des Herrn wird nicht im engsten Familienkreis begrüßt, Freunde, Nachbarn, alle sollen an der Freude über die Ankunft des Messias teilhaben. *Auguri, auguri* – auf festlich beleuchteten Plätzen und Straßen wünschen die Menschen nach einem stundenlangen Mahl in größtmöglicher Runde einander Glück. Freudenfeuer werden entzündet, die Fröhlichkeit explodiert wie die Raketen am Himmel, ganz Italien ist bis weit nach Mitternacht auf den Beinen. Unverkennbar schimmert der uralte Ritus durch eine nur dünne Tünche, die 2000 Jahre Christentum über das heidnische Fest zur Wintersonnenwende gelegt hat.

Ganz anders zu Ostern, wenn auch da bisweilen noch Reste eines längst vergessenen Fruchtbarkeitszaubers zutage kommen. Wenn nach dem Palmsonntag die *settimana santa*, die »Heilige Woche«, beginnt, legt sich eine feierliche Stimmung über das Land. Die Bräuche variieren nach Regionen, doch spätestens am Karfreitag erklingt ein Trauerlied in ganz Italien, das am Ostersonntag in frenetischen Jubel übergeht.

Auf Elba pflegen vor allem die kleinen Bergstädtchen noch die traditionellen christlichen Riten. So beginnen beispielsweise in San Piero die Feierlichkeiten bereits am Freitagabend vor der Karwoche mit einer Prozession, bei der eine Statue der schmerzensreichen Madonna durch die Straßen getragen wird. Am darauffolgenden Palmsonntag findet dann in der Chiesa San Nicolo die Segnung des Ölbaums statt, nach der Messe verteilen die Gläubigen auf dem Domplatz die geweihten Olivenzweige mit daran angebundenen Geschenken. In den frühen Morgenstunden des Karfreitags pilgern die Bewohner von San Piero und Sant'Ilario, von Chören begleitet, in stundenlangen Fußmärschen auf die Friedhöfe des jeweiligen Nachbarortes. Wie es der Brauch verlangt, ziehen die beiden Züge bei ihrer Begegnung auf halbem Weg schweigend aneinander vorbei.

Erst nach der Rückkehr in ihre Heimatdörfer dürfen die Bußgänger Speis und Trank zu sich nehmen, und zwar eine *Stoccafissa*, die dem strengen Karfreitagsgebot entspricht: Stockfisch mit Kartoffeln, Tomaten, Oliven und scharfem Paprika. Von der deftigen Mahlzeit gestärkt, begeben sich die Gläubigen zur Karfreitagsprozession. Bis zum Morgengrauen tragen die kräftigsten Ortsbewohner eine lebensgroße Figur des toten Heilands durch die Straßen von San Piero, Musikkapellen spielen schwermütige Weisen, und nicht selten schluchzen die Menschen vor Ergriffenheit, wenn die Trauerprozession an ihnen vorüberzieht. Um so jubelnder feiern sie nach der Stille des Karsamstags die Wiederauferstehung, von allen Kirchtürmen läuten die aus Rom endlich heimgekehrten Glocken die Messen am Ostersonntag ein.

Der Ostermontag steht auf Elba im Zeichen des *Sportella*-Festes, das Rio nell'Elba sogar mit einer weiteren Prozession begeht, die zur Chiesa Santa Caterina außerhalb der Stadt führt. Ein Volksfest auf dem

Die Madonna ist auch auf Elba allgegenwärtig

Kirchenvorplatz beschließt den Tag, an dem nach alter Sitte Mädchen und junge Frauen einen *Sportella*-Kuchen erhalten. *Sportella* bedeutet »kleine Türöffnung«, die sexuelle Anspielung ist keineswegs versteckt: Gemeinsam mit den Männern werden die Symbole weiblicher Fruchtbarkeit verzehrt.

Jungfernkranz aus süßem Backwerk

In dem kleinen Bergdörfchen San Piero in Campo zieht in der Nacht

zum 1. Mai alljährlich ein Männer-
chor durch die Gassen, um jeder
Jungfrau ihres Ortes ein Ständchen
zu bringen. Die Mädchen dürfen sich
jedoch bei der Darbietung nicht
zeigen, sondern müssen sich solange hinter geschlossenen Fensterlä-
den verborgen halten, bis das aus
zwei Vierzeilern bestehende Lied
verklungen ist. Erst am Sonntag
darauf fordern die Musikanten ihr
Honorar ein: Wein und *Corolli*. Unter *Corollo* versteht man auf Elba

ein süßes Gebäck in Kringelform,
das wie die zu Ostern fabrizierte
Sportella unmißverständlich ein
Fruchtbarkeitssymbol darstellt. Die
Corolli werden vorerst jedoch
nicht verzehrt, sondern gesammelt,
auf einen mit bunten Bändern
geschmückten Stock gesteckt und
in einem von derben Scherzen
begleiteten Triumphzug durch das
Dorf getragen. Am Nachmittag findet dann bei Musik und Tanz die
Festa dei Corolli statt.

Impulse aus dem Norden

Santa Caterina –
Einsiedelei für Künstler

Kein Treffpunkt für Schicki-Micki-
Pinsler, sondern ein Ort ernsthafter
Arbeit, wissenschaftlichen Studiums
und der Kontemplation ist die
Künstler-Einsiedelei in dem kleinen
ehemaligen Kloster Santa Caterina
Vergine e Martire auf einem Plateau oberhalb der Ortschaft Rio
nell'Elba, 260 m über dem Meeresspiegel. Der deutsche Schriftsteller,
Theatermacher und Fotokünstler
Hans-Georg Berger, Jahrgang 1951,
hat hier in privater Initiative ein
geistiges Zentrum geschaffen, das,
wie er selbst sagt, »aus der Kreativi-
tät seiner Gäste lebt«. Seit 1990
werden die Aktivitäten der Einsiedelei von einem gemeinnützigen

Verein getragen, der sich auch um
die Erhaltung und Restaurierung
des bescheidenen, zwischen dem
13. und 17. Jh. entstandenen En-
sembles – ein einschiffiger Kir-
chenbau, die ehemaligen Mönchs-
wohnungen und ein in Terrassen
angelegter Klostergarten – bemüht.

Der abseits der großen Touri-
stenpfade in idyllischer Einsamkeit
am Hang des Monte Serra liegende
Ort dürfte bereits von alters her als
Kultplatz gedient haben, den Etruskern (in Sichtweite der Eisenminen)
ebenso wie den Römern, wie das
auf dem Platz vor der Kirche freige-
legte Marmor-Relief eines Medu-
senhauptes beweist. Legenden über
Wunder und Erscheinungen der hl.
Caterina begleiten die wechselvolle Geschichte des Klosters, dessen Patronin als Beschützerin der

Liebevoll restauriert: Santa Caterina

Seeleute gilt. Im 19. Jh. bestattete man auf dem winzigen Friedhof jungfräulich verstorbene Mädchen, während des Zweiten Weltkriegs, als schon längst keine Einsiedler mehr hier wohnten, versteckten sich in dem verfallenden Gemäuer Mitglieder der Widerstandsbewegung, die vor allem unter den Minenarbeitern viele Anhänger rekrutierte.

Noch heute findet alljährlich am Ostermontag auf dem Kirchenplatz ein Volksfest statt, in dem der Pfarrer zu Blasmusik-Klängen kleine, mit bunten Zuckerperlen bestreute Hefekuchen in Form des weiblichen Geschlechts segnet, ein in Italien häufig anzutreffender Überrest eines heidnischen Fruchtbarkeitskults.

Hans-Georg Bergers Kulturprojekt vereint seit Beginn der 80er Jahre jeden Sommer namhafte europäische Künstler – Maler, Bildhauer, Musiker, Schriftsteller, Film- und Theaterleute, Fotografen und Wissenschaftler. Die Ergebnisse ihrer Arbeiten finden in den von Bauer veröffentlichten »Quaderni di S. Caterina« ihren dokumentarischen Niederschlag. Internationales Aufsehen erregte das von dem deutschen Historiker Peter Zahn 1991 im Gemeindearchiv von Rio nell' Elba entdeckte Handschriften-Fragment, eine gegen Ende des 10. Jh. entstandene Abschrift eines Psalmenkommentars des hl. Augustinus Aurelius, eines der großen Kirchenlehrer des Abendlandes (354–430). Die inzwischen in Rom sorgsam restaurierten Blätter gehören nach Angaben Zahns zu den 50 ältesten Psalmen-Kommentartexten der Welt.

Jahrtausendealte Keramikkunst neu belebt

Das Angebot, alljährlich mindestens 12 000 buntbemalte Napoleon-Köpfe aus Keramik herzustellen, hätte sie von allen finanziellen Sorgen befreit. Aber Iskra und Oreste May wollten sich nicht des schnöden Mammons wegen verkaufen. Das deutsche Künstlerpaar, seit vielen Jahren auf Elba ansässig, widerstand den Verlockungen der Souvenir-Industrie und blieb seinen Grundsätzen treu, neue Wege der Kunst zu suchen bzw. alte Techniken neu zu beleben. Heute zählen die beiden auf der Insel zu den anerkanntesten Keramikern, deren Objekte auch international geschätzt werden. Ihr in jahrelanger Arbeit aus einer Ruine ohne Wasser und Strom wiederaufgebautes Haus, die »Casa Castiglioncello« im Tal von San Martino, ist zu einem Treffpunkt von Künstlern aus ganz Europa geworden.

Warum gerade Elba? Horst Oreste (kein Künstlername, sein Vater war ein glühender Verehrer der Griechen) zögert nicht mit der Antwort: »Auf einer Italienreise bin ich auch auf diese Insel gekommen und plötzlich habe ich gewußt: Das

ist es, hier bleibe ich!« Ähnlich ist es Irene Iskra (ihr zweiter Name bedeutet im Russischen »Funke«) ergangen: »Die europäische ·Kultur hat ihre Wurzeln in Griechenland und Italien, nur hier kann man sie nachvollziehen.« Als sich das Paar (Jahrgang 1937 und 1931) auf Elba fand, brachte er neun und sie vier Kinder in die Verbindung mit. »Daß das so gut geht, hätte wohl keiner gedacht«, schmunzelt der bärtige Oreste. Auch daß er mit seiner Keramik auf Elba so Fuß fassen sollte, hätte er anfangs nicht zu träumen gewagt. Denn diese Kunst hat hier keine Tradition, weil es keinen Ton gibt. Alle Materialien müssen vom Festland – vornehmlich aus Tongruben entlang des Arno – geholt werden. »Was auf Elba erzeugt wird, ist vor allem Massenware, abgedroschen, tot. Die Maler pinseln im Akkord ihre Motive, nur einige wenige Keramiker gehen eigene Wege.«

Für Iskra und Oreste stellt die Keramik ein »Bilderbuch der Geschichte« dar. Als Archäologen in der Nähe ihres Hauses die Überreste einer Etruskersiedlung entdeckten, unter denen sich auch verfallene Brennöfen befanden, kamen sie auf die Idee, die alten Verfahren wiederzubeleben. Im Frühjahr 1986 war es so weit: 30 Keramik-Spezialisten, Historiker und Etrusker-Fachleute aus ganz Europa trafen in der Casa Castigloncello zu einem aufregenden Experiment zusammen. Es galt, einen etruskischen Brennofen nachzubauen und her-

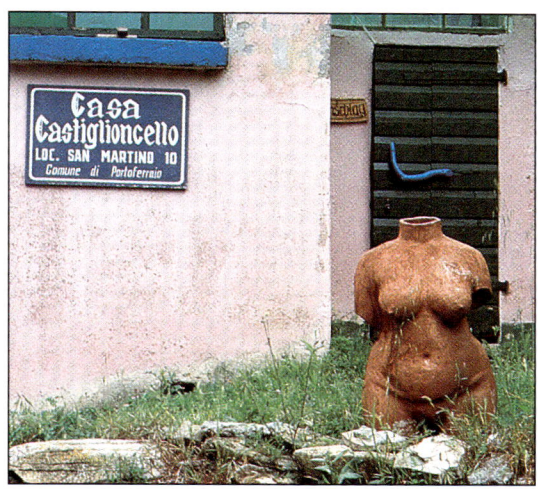

Keramikkünstlerin
Iskra May

auszufinden, ob Ton unter den Bedingungen, welche dem geheimnisvollen Volk seinerzeit vorgegeben waren, auch heute noch fachgerecht gebrannt und die für die sogenannte »Bucchero-Keramik« so typische schwarze Farbe erlangt werden könnte. »Diese Keramik«, erklärt Oreste, »ist die erste der Welt mit Primärreduktion gewesen, das heißt, der aufgrund des Eisengehaltes rote Ton wurde sauerstoffreduzierend gebrannt, dadurch verwandelte sich das Eisen in Hämatit, die Objekte wurden anthrazitfarben oder im optimalen Fall gänzlich schwarz.«

Der Versuch, es den Alten nachzumachen, gelang. »Ein etruskischer Brennofen besteht aus Felssteinen, Gras und Lehm und erreicht eine Höhe von 2 m. Geheizt wird mit Holz, wobei es stets darauf ankommt, die Sauerstoffzufuhr genau zu regeln. Nach etwa neunstündigem Feuer muß einerseits der Kamin von oben mit Lehm luftdicht verschlossen, andererseits der Brennschacht mit frischen Pinienzweigen zugestopft werden, um eine Reduktion des Brandes zu bewirken. Dann verschließt man auch den Brennschacht hermetisch mit Ziegelsteinen und Sand und überläßt den Ofen und die darin befindlichen Objekte bei einer Temperatur von 900 Grad zwei Tage lang ihrem Schicksal. Bei unserem ersten Experiment vor all den Fachleuten waren wir so aufgeregt, daß wir kaum schlafen konnten«, schildern Iskra und Oreste die Spannung, die sich in lautstarke Gratulationen auflöste, als das Künstlerpaar schließlich den Ofen wieder öffnete und die gebrannten Stücke herausholte – sie waren schwarz wie ihre etruskischen Vorbilder.

Inzwischen haben die beiden bereits zahlreiche Buccero-Keramiken hergestellt, außerdem entstehen in ihrem Studio Skulpturen und außergewöhnliche Schmuckobjekte.

Ihr Wissen und ihre Kunstfertigkeit vermitteln Iskra und Oreste May in ihrem Haus auf Elba nahezu das ganze Jahr über in Workshops und Kursen an professionelle Künstler wie an Laien, in den Monaten Januar bis März auch in Deutschland. An die Napoleon-Köpfe denken sie schon lange nicht mehr.

Aus Küche und Keller

In der Stunde, die auf eine reichliche Mahlzeit folgt, tritt so etwas wie eine wohltuende Pause im Gebrauch des Verstandes und der Willenskraft ein, in der das Verharren im Nichtstun ein Empfinden von Lebensfülle gibt.

Marcel Proust

Um die Siesta, jene lebenserneuernden Mittagsstunden, wirklich genießen zu können, will erst einmal der Magen verwöhnt sein. Wie alle Italiener legen auch die Elbaner großen Wert auf ein gepflegtes Mahl, wobei nicht immer teuer sein muß, was besonders gut mundet. Im Gegenteil, auf den Tisch kam einst bloß, was Land und Meer den Insulanern bescherte. Daran hat sich bis heute nicht viel geändert, auch wenn das reichhaltige Sortiment der zahlreichen Supermärkte mit ihren Warenimporten aus aller Welt einen anderen Eindruck vermittelt. Zum Großteil sind es jedoch die Fremden, die sich auf Campingplätzen oder in Privatquartieren von den schnell zuzubereitenden Fertigmahlzeiten aus den Regalen und Tiefkühltruhen ernähren.

Die Einheimischen hingegen ziehen das frische Angebot der Märkte für ihre Kochtöpfe vor, in denen freilich keine wirklich typische Insel-Spezialität zu finden ist. Einzige Ausnahme: *Cacciucco,* doch auch dahinter verbirgt sich in Wahrheit bloß eine Variante der rund ums Mittelmeer bekannten und beliebten Fischsuppe (s. S. 163). So gern nämlich die Elbaner auch sonst auf ihre Eigenständigkeit pochen mögen, kulinarisch hängen sie fest am Schürzenzipfel des Festlandes.

Obwohl eine elbanische Küche im engeren Sinn gar nicht existiert, gibt es ein »Kochbuch der Insel Elba«, in dem es allerdings gleich zu Beginn heißt: »Besteht auf Elba eine eigenständige oder zumindest eine charakteristische gastronomische Tradition? Genaugenommen nicht. Wie sich Elba unter linguistischem Aspekt im Laufe der Jahrhunderte den verschiedensten Einflüssen öffnete, die zu der auffälligen Verschiedenheit der elbanischen Dialekte führten, so setzten sich auch, was die Zubereitung von Speisen betrifft, nach und nach ligurische, neapolitanische, vielleicht auch korsische Gepflogenheiten und solche aus den Maremma-Gebieten durch und veränderten das ursprünglich florentinische und west-toskanische Koch-Rezept.«

Begnügen wir uns also vorerst einmal damit, jene Speisen aufzuzählen, die am ehesten die Attribute »charakteristisch« und »traditionell« verdienen. Da wären beispielsweise die Gemüseeintöpfe *Gurguglione* und *Puttanaio,* die im wesentlichen grüne Paprikaschoten, Auberginen, Zucchini, Zwiebeln und Tomaten enthalten. Dem *Cacciucco* leisten die zwei Fischsuppen *L'Acqua pazza* und *Sburrita* Gesellschaft, bei den Süßspeisen finden sich *Il Puggnico* (ein leichter Kuchen mit Anislikör, der zu Ostern in Poggio auf jeden Tisch kommt), *La Schiacciunta* (ein schwerverdaulicher Schmalzkuchen) und *La Schiaccia briacca* (Mandellikör und Aleatico-Wein sorgen bei dem mit zerkleinerten Walnüssen, Haselnüssen, Mandeln

und Rosinen angerührten Kuchen für besonders feines Aroma).

Ein hübscher Brauch ist außerdem das Backen einer *Sportella* aus Bierhefeteig, versetzt mit Anislikör, Cognac und Rosenwasser. Aus dem promillehaltigen Teig werden Körbchen mit schleifchenverzierten Henkeln gebildet, in die jeweils ein rohes Ei samt Schale gelegt und mitgebacken wird. Eine Sportella erhalten Mädchen, die sich am Ostermontag in der Kirche segnen lassen, zum Geschenk (s. S. 71). Aus dem gleichen Rezept werden ebenfalls zu Ostern die *Schiacca*-Küchlein gebacken.

Nur zu hohen kirchlichen Festtagen finden Elbas Hausfrauen bisweilen noch Zeit für solche Spielereien, im Alltag aber halten sie sich lieber an die einfachen Rezepte ihrer Mütter und Großmütter, sind diese doch heute aktueller denn je. Wie mittlerweile auch die größten Kochkünstler unserer Tage gibt man auf der Insel einer bescheidenen, gesunden Ernährung den Vorrang. Exotische Gewürze – mit Ausnahme von Pfeffer und Zimt – oder gar raffinierte Saucen haben nie Ein-

»La Chiusa«
Weingut der Superlative

Eine hohe Mauer rund um das gesamte Anwesen verlieh dem wohl stilvollsten Weingut der Insel den Namen: »La Chiusa«, die »Eingeschlossene«. Doch für vier Stunden am Tag gewährt die wohlverborgene Schöne aus dem 18. Jh. Audienz, Besucher sind herzlich willkommen. Bereits hinter der schmiedeeisernen Pforte beginnt eine andere Welt, in der die Zeit stillzustehen scheint. Ein schnurgerader Pfad durchschneidet die rote Erde der Weingärten, die sich hinter einer Allee aus uralten Olivenbäumen wie ein zartgemusterter Teppich bis zum Meer ausdehnen. Nicht für die Verkehrsmittel unserer Tage war einstmals dieser schmale, schattige Weg angelegt worden, auf dem sich Autos seltsam deplaziert ausnehmen. Für elegante Kutschen wurde er geschaffen, die ohne Eile dem schon von weitem sichtbaren Herrenhaus zurollten. Wie die Equipage Napoleons, der sogar zweimal auf »La Chiusa« weilte – unmittelbar nach seiner Ankunft in Portoferraio und einige Monate später nach einem Jagdausflug auf den Monte Fabrello.

Bereits damals befand sich das wahrgewordene Märchen eines toskanischen Landsitzes an der Bucht von Portoferraio im Besitz der Familie Foresi, die rund um die Herrschaftsvilla samt Hauskapelle und tiefen Kellergewölben 8 ha Weinberge ihr eigen nennt und den unbestritten besten Wein der Insel keltert. Um optimale Qualität zu erzielen, hält die derzeitige Hausherrin, Gräfin Giuliana Foresi Taddei Castelli, die Rebstöcke nach altbewährter Tradition im wahrsten Sinn des Wortes kurz: Sie werden beschnitten, damit sie weniger Trauben tragen. Aus demselben Grund dünnt man im Frühjahr auch die Reben aus. Ähnlich rigoros geht es schließlich bei der Lese zu, bei der alle nicht ganz einwandfreien Trauben aussortiert werden. Eine Mühe, der sich nur noch wenige Gutsbesitzer Italiens unterziehen. Sämtliche Weine von »La Chiusa« stammen ausschließlich aus eigenen Gärten, daher könnte man sie – falls dies gestattet wäre – wie in Frankreich als »Cru«-Weine (beste Qualität aus Trauben eines fest umgrenzten Gebietes) bezeichnen.

Bleibt dieses Gütesiegel auch den Franzosen vorbehalten, so tragen sämtliche Erzeugnisse des elbanischen Gutes das Markenzeichen D. O. C. *(Denominazione di Origine Controllata)*, das für »Kontrollier-

te Ursprungsbezeichnung« steht. Zur Auswahl stehen *Elba Bianco* und *Elba Rosso, Rosé, Aleatico, Passito* (aus getrockneten oder geschrumpften Trauben, sehr süß) sowie *Ansonica Passita* (ebenfalls ein Dessertwein, aber nur leicht süß). Hervorragend wie die Weine ist auch das Olivenöl extra vergine, das ausschließlich aus per Hand geernteten Früchten gepreßt wird.

Selbstverständlich hat Qualität ihren Preis, und schon so mancher verließ nach der Weinprobe den bereits aus dem frühen 18. Jh. stammenden Keller von »La Chiusa« mit vollgefülltem Kofferraum und geplünderter Brieftasche. Doch wer dann das eine oder andere Fläschchen zu Hause leert oder seinem Salat mit dem Öl der elbanischen Oliven besondere Würze verleiht, den reut nicht eine einzige Lira. Denn mit dem exquisiten Geschmack auf der Zunge läßt sich noch einmal die unvergleichliche Atmosphäre eines der hinreißendsten Refugien Elbas heraufbeschwören.

»La Chiusa di Magazzini«, 57037 Portoferraio, ☎ 05 65-93 30 46. Öffnungszeiten: Sommerhalbjahr 9.30–11.30 und 17.00–19.00 Uhr; Winterhalbjahr: 9.30–11.30 und 15.00–17.00 Uhr.

gang gefunden; um sich einen exquisiten Gaumenkitzel leisten zu können, war Elba stets zu arm. Daß Fisch oder Fleisch dennoch nicht langweilig schmecken, dafür sorgt der Kräutergarten der Natur – die Macchia. Rosmarin, Bergminze, Fenchel, Salbei und Lorbeer, all diese duftenden Ingredienzien gibt es in Hülle und Fülle und ganz und gar gratis. Und was nicht wild wächst, sprießt üppig in Vorgärtlein oder in Blumentöpfen auf den Balkonen: Majoran und Oregano, Basilikum und Thymian, Liebstökkel, Kresse und Rucola.

Wem jetzt das Wasser beim Gedanken an elbanischen Tafelfreuden zusammenläuft, der sollte sich jedoch schleunigst um einheimische Freunde bemühen. Bei aller Schlichtheit, geschmackvoll kocht man – von einigen wenigen Spitzenlokalen oder als Geheimadressen gehandelten Landgasthäusern abgesehen – bloß in Privathaushalten. Im Gegensatz zum toskanischen Festland, wo sich bisweilen selbst die einfachsten Trattorien mit renommierten Gourmet-Tempeln messen können, erweist sich das kulinarische Repertoire der Inselrestaurants meistens als kläglich. Für teures Geld bieten elbanische Gastwirte nur allzu oft phantasielose Allerweltskost an, wie sie sich in Touristenzentren von ganz Italien findet: Spaghetti Bolognese oder Carbonara, frittierte Meeresfrüchte mit den sattsam bekannten zähen Calamari-Ringen, Fisch oder Fleisch vom Grill und grünen oder gemischten Salat. Zum Nachtisch gibt es bestenfalls *Tiramisù,* jene venezianische Süßspeise aus Mascarpone, Eiern und Biskuits, die nach ihrem Siegeszug durch die Küchen jenseits der Alpen nun auch in allen nur erdenklichen Variationen die gesamte Apenninenhalbinsel erobert hat.

Doch wie überall in Italien kann eine kleine Konferenz mit dem Wirt auch auf Elba wahre Wunder wirken. In jedem Fall lohnt es sich nach einem kurzen (unbefriedigten) Blick auf die Menükarte, eine Empfehlung des Chefs einzuholen, wobei Sprachbarrieren kein Hindernis darstellen. Ist ein Gast *simpatico,* so wird der Hausherr schon beim schüchtern gemurmelten Wörtchen *antipasti* gleich einmal eine *Bruscetta* herbeizaubern, die sich als geröstete Weißbrotscheibe, bestrichen mit Knoblauch und Olivenöl, erweist. Oder es werden *Crostini* – mit würzigen Aufstrichen belegte Brote – oder gar eine *Panzanella* – Brotsalat mit Zwiebeln, Tomaten, Gurken und Basilikum – serviert. Apropos: Typisches toskanisches Landbrot besteht aus ungesalzenem Teig mit ziemlich grobem Mehl und schmeckt dank seiner harten Kruste auch altbacken noch hervorragend.

Als *Primo piatto* sollte man sich nun besser nicht eine *Pasta* erwarten, zählen doch die Toskaner zu jener raren Spezies Italiener, die durchaus ohne Nudeln ihr Auslangen finden können. Dafür essen sie Suppen, und zwar zu jeder Jahreszeit: *Zuppa di fagioli* (Bohnensuppe), *Tagliatini ai fegatini* (Nudelsuppe mit Geflügelleber), *Cipollata* (Zwiebelsuppe), *Zuppa alla grossetana* (Gemüsesuppe mit Paprikaschoten und Sellerie), *Acqua cotta con funghi* (Pilzsuppe) oder *Minestra di ceci* (Kichererbsensuppe), um nur eine kleine Auswahl zu nennen. Doch auch als Suppenkasper kommt man durchaus auf seine Rechnung, zählt doch das Risotto in mannigfaltigen Zubereitungsarten ebenfalls zu den beliebtesten warmen Vorspeisen der Region. Dritte im Bunde der kalorienreichen Ouvertüren eines toskanischen Mahls ist die *Polenta*. Wie wäre es mit *Polenta con cavolo* (Maisbrei mit Weißkohl und Schweinefleisch) oder gar *Gnocchi di polenta* (Nok-

kerl aus Maisgries), bestreut mit *cacio* (würzigem Schafskäse) und mit zerlassener Butter begossen?

Zum folgenden Hauptgang, *Secondo piatto*, könnte dem Küchenchef nun nicht weniger Üppiges einfallen: *Merluzzo alla livornese* (knusprig braun gebratene Kabeljaustücke in würziger Tomatensauce), *Stocafisso e patate* (Stockfisch mit Kartoffeln) oder *Tonno del vinaio* (Frischer Thunfisch in Weinsauce), wenn es ein Meeresgericht sein soll, *Coniglio alla contadina* (Kaninchen mit schwarzen Oliven), *Agnello in umido* (Lamm mit Rosmarin und Tomaten) oder *Ossobuco alla toscana* (Kalbshaxe in Tomaten-Wein-Sauce), wenn man fleischliche Gelüste hegt. Die Beilagen, *contorni*, variieren nach Sai-

son: Artischocken, Zucchini, Mangold, Spinat.

Gewarnt sei jedoch an dieser Stelle vor dem berühmten *Bistecca alla fiorentina* (T-Bone-Steak auf florentinische Art), selbst wenn das gute Stück alle Voraussetzungen erfüllt (es darf streng genommen nur von einer ganz bestimmten Rinderrasse aus dem Chiana-Tal stammen und muß allerbeste Qualität sowie gut abgelagert sein): Eine *Bistecca* wiegt bis zu 1000 Gramm! Wer also Magen und Brieftasche gleichermaßen schonen möchte, ordert eine Portion für mindestens zwei Personen, was kein Gastwirt mittlerweile mehr übelnimmt.

Vor dem obligaten *Caffè* (Espresso, schwarz und stark, niemals *Cappuccino,* Milchkaffee trinkt man nur zum Frühstück!) rundet Käse, Obst oder vielleicht gar süßes Hausgemachtes das lukullische Mahl ab: *Biscottini di Prato* (Mandelschnittchen), ein Stück *Monaca* (Nonnenkuchen aus Hefebrotteig) oder eine *Zabaione al Vin Santo* (Toskanische Weinschaumcreme) wären das non plus ultra.

Stichwort »Wein«, endlich ist es gefallen! Denn selbstverständlich gehört zu einem toskanischen Menü auch der entsprechende Rebensaft. Es muß jedoch keineswegs immer ein *Chianti* sein, auch Elbas Eigenbau kann sich durchaus sehen lassen. Selbst der offene Hauswein *(Vino di casa)* mundet vorzüglich, er ist ehrlich, leicht und nicht zu süß. Zu den empfehlenswerten Markenprodukten zählt an erster Stelle der strohgelbe weiße *Procanico* (trocken, mäßiger Alkoholgehalt; er stammt von der gleichnamigen Rebe und wird mit einem kleinen Prozentsatz von elbanischen Biancone-Trauben gemischt; paßt gut zu Krustentieren und Fisch). Unter den Roten verdient der leicht bitter schmeckende *Sangioveto* eine Erwähnung (trokken, schwer; eignet sich gut zu Fleischgerichten). Als Dessertwein hat sich der rubinrote likörartige *Aleatico di Portoferraio* einen internationalen Namen gemacht (hoher Alkoholgehalt, intensiver Duft, harmonisch, samtig), während der *Elba Spumante* (ein Schaumwein mit nur hundertjähriger Tradition, trocken, halb-trocken oder süß) aus gutem Grund der Insel vorbehalten bleibt.

UNTERWEGS
AUF ELBA

»... mit einemmal zeigt sich der große schöne Golf von Porto Ferrajo, ein herrliches Halbrund, amphitheatralisch von hohen Bergen eingefaßt, deren Abhänge bis zum Meer bedeckt sind mit Gartenhainen und Villen, mit Landgütern und Kapellen ...«

Ferdinand Gregorovius, 1852

Orte und Reiserouten

Blick von Marciana Alta auf Marciana Marina

Portoferraio: Inselmetropole mit Flair

Flankiert von zwei mächtigen Festungsanlagen in der Höhe schmiegt sich die Altstadt von Portoferraio wie ein Amphitheater mit dem Hafenbecken als Bühne und dem Golf als Kulisse an einen steinigen Hang. Die stetig ansteigenden schmalen Straßen münden recht bald in mehr oder minder großzügigen Treppenanlagen, die allesamt hinauf zum obersten Rang auf dem Felsrücken führen. Das Schauspiel des städtischen Lebens zu Füßen, fühlt man sich hier geborgen und frei zugleich.

Alle sagen es mit Gregorovius – also auch wir. Als der gebürtige Preuße und für nahezu zwei Jahrzehnte begeisterte Wahlrömer im Alter von 31 Jahren zum ersten Mal die Hafenstadt Portoferraio sah, war es Liebe auf den ersten Blick: »Ich betrat die Stadt mit dem Gefühl, in eine historische Idylle einzutreten. Die großen und ernsten Linien des schönen Golfs haben etwas Feierliches von majestätischer Ruhe, die Stadt auf der Halbinsel, so graziös toskanisch, so lieblich und so klein, hat alles von ländlicher Einsamkeit und weltabgeschiedenem Wohlbehagen. Die Straßen sind zusammengedrängt, doch überschaulich; die kleinen Plätze und grünen Orangengärten, die sich frei und luftig den Berg hinaufziehen, laden zum Bleiben ein. Die ganze Stadt schimmert in einer hellen Grundfarbe, welche zu dem frischen Grün der Bäume und dem tiefen Blau des Meeres heiter stimmt.«

Eineinhalb Jahrhunderte später paßt dieses verführerische Wortgemälde nur noch bedingt. Viel Grün mußte seit 1852 dem Grau der Bauten weichen, die Motorisierung forderte lärmend ihren Tribut, und nach bukolischen Impressionen im Weichbild der Inselmetropole wird man vergeblich Ausschau halten. Was blieb, ist dennoch erfreulich genug: Nach wie vor strahlt die Hafenstadt eine Atmosphäre von Frieden und Behaglichkeit aus, die vom ersten Augenblick an zum Verweilen einlädt. Trotz aller Konzessionen an unser hektisches Zeitalter, trotz des Autoverkehrs und auch so manch gräßlicher Bausünde bewahrten die Gäßchen, Freitreppen und Plätze ihren altmodischen Charme.

Stadtspaziergang

Der im Norden steil zum Meer abfallende Felsrücken, auf dem die Stadt errichtet wurde, ist bereits seit der Altsteinzeit besiedelt. Auch die Griechen kannten die Stadt, die sie *Argoos* nannten, bereits, die Römer gaben dem sicheren »Eisenhafen« den Namen *Fabricia*. Ihr heutiges Gesicht erhielt die Stadt im 16. Jh. durch Cosimo de'Medici, der die beiden Wehranlagen Forte Falcone und Forte Stella sowie den Wehrturm Torre della Linguella errichten ließ. Ein erst 1919 zugeschütteter Wassergraben machte *Cosmopoli*, die »Stadt des Cosimo«, zu einer sicheren Insel. In Erinnerung an die Zugbrücken heißt das Viertel um die Via Manzoni im Volksmund noch immer Ponticello, Brückchen. (Stadtplan in der hinteren Umschlagklappe.)

In perfekter Hufeisenform umschließt eine großzügig angelegte Promenade den alten Hafen **Darsena**, der seit Jahrzehnten ausschließlich Fischerbooten und Jachten vorbehalten bleibt. Die großen Fährschiffe hingegen legen vor dem modernsten Teil von Portoferraio in der weit offener angelegten neuen Bucht an. Gleich bei den Landestellen findet der Tourist alles, was er benötigt: Der Busbahnhof liegt an der Kreuzung der Calata Italia mit der Viale Elba, gegenüber hat das Busbüro ATL in unmittelbarer Nachbarschaft der Büros der diversen Fährgesellschaften seine Niederlassung. Ein besonders häßliches Hochhaus, in dem sich im ersten Stock Elbas mit Prospektmaterial gut ausgestattetes Fremdenverkehrsamt befindet, überragt die im Zweiten Weltkrieg am heftigsten bombardierte und großteils in Billigbauweise wiedererrichtete Neustadt.

Aufgefädelt wie auf einer Perlenschnur reihen sich gleich hinter dem **Molo del Gallo**, der sich wie ein Schutzschild zwischen das große und das kleine Hafenbecken legt, hübsche Restaurants, gemütliche Straßencafés und Eisdielen, Modeboutiquen, Antiquitätenläden, Souvenirshops und eine (exzellent sortierte) Buchhandlung bis zur Calata Buccari aneinander. Den Schlußpunkt der farbenfrohen Hafenpromenade setzt schließlich der Wehrturm **Torre della Linguella** (*linguella*, das Zünglein), auch Torre del Martello, »Hammerturm«, oder Torre del Pessanante nach dem hier inhaftierten Attentäter des Königs Umberto I. genannt.

1988 wurde im ehemaligen Salzmagazin neben dem Hammerturm das neue **Archäologische Museum** eröffnet, das Funde zu Lande und zu Wasser von der Steinzeit bis zum Mittelalter präsentiert. Darunter befinden sich u. a. ein Relief aus der Villa delle Grotte (s. S. 112), Amphoren, deren Inhalt noch erhalten ist, Waffen und Schmuckstücke. (Geöffnet tgl. außer So, Feiertag 9.30–12.30 und 16–19, im Hochsommer 18–24 Uhr.) Daneben, unmittelbar am Strand, wurden die Reste einer Römervilla aus dem 1. Jh. v. Chr. ausgegraben. Vor dem Turm finden im Sommer Freilichtkonzerte statt.

Seit der Renaissance betreten Besucher die Altstadt von Portoferraio durch die **Porta a Mare**, das altehrwürdige Stadttor exakt am Scheitelpunkt der Darsena. Eine Gedenktafel erinnert an Cosimo de'Medici, eine weitere an die Umgestaltung des damals einzigen Zugangs zur Stadt durch Ferdinand II., Großherzog der Toskana, anläßlich seiner Eheschließung 1647.

Unmittelbar hinter der Pforte breitet sich die langgestreckte Piazza Cavour aus, das zu allen Jahreszeiten lebendige Zentrum der Inselhauptstadt. Bis noch vor wenigen Jahren konzentrierte sich das geschäftigste Treiben am östlichen Ende des Platzes, an dem sich die **Galeazze**, das ehemalige Marinearsenal und Stapelhaus der toskanischen Galeerenflotte, befindet.

Das zu einer Markthalle umgebaute historische Gebäude bietet heute leider ein trauriges Bild: Nicht länger quellen die Stände von frischem Meeresgetier oder farbenprächtigem Obst und Gemüse über, kaum nennenswert ist das Angebot der noch verbliebenen zwei Dutzend Händler. Gähnend leere Pulte machen die Krise überdeutlich, in der Elbas traditionsreichste Markthalle steckt. Zum einen verlieren die Fischer und Bauern ihre Kunden mehr und mehr an die großen Supermarktketten, zum

anderen bedarf die bereits bedenklich verfallene Galeazze dringend einer Restaurierung.

Ein kurzes Sträßchen verbindet in der Direttissima die Piazza Cavour mit der etwas höher liegenden Piazza della Repubblica, die man freilich auch durch die winkeligen Gäßchen hinter der Markthalle erreichen kann. Als Napoleon im Schatten ehrwürdiger Platanen seine mehr als 1000 Mann starke Privatarmee exerzieren ließ, trug der von Waffengeklirr erfüllte Platz sinnigerweise den Namen *Piazza d'Armi*. Jetzt könnte man ihn getrost erneut umtaufen, und zwar zur *Piazza di Parcheggio* – Parkplatz. Dicht drängt sich von früh bis spät Auto an Auto, eine bunte Kette aus Blech, die sich zwischen Elbas ältestem Hotel »Ape Elbana«, der danebenstehenden Pfarrkirche, dem sogenannten **Duomo,** und der am gegenüberliegenden Ende emporragenden Hauptpost aufreiht. Wie die in ihren hübschen Proportionen kaum noch zu würdigende Piazza hat auch der nunmehr gutbürgerliche Gasthof, der in napoleonischer Zeit »Auberge Bonroux« hieß und als Nobelhotel schlechthin galt, wahrlich bessere Tage gesehen. Auch über das Gotteshaus läßt sich wenig mehr sagen, als daß in seinen Mauern bei Bonapartes Ankunft am 4. Mai 1814 ein feierliches Tedeum gesungen wurde,

Die Festung von Portoferraio

Das alte Hafenbecken La Darsena

kunsthistorisch ist die von Cosimo I. 1548 errichtete und mehrfach umgestaltete Kirche – die Fassade wurde im 18. Jh. errichtet – nämlich recht uninteressant.

Gegenüber der Hauptpost erinnert eine Inschrift am **Municipio**, dem Rathaus, an die Bombardierung der Stadt durch die Deutschen im Jahr 1943. Wie ein Blick in den Innenhof zeigt, hat das offizielle Elba für in Stein gravierte Denkwürdigkeiten überhaupt viel übrig: Die Wände sind mit Marmortafeln geradezu gepflastert. Selbst die eher belanglose Tatsache, daß der Dichter Victor Hugo als Kind hier gespielt hat, während sein Vater als französischer Gouverneur beschäftigt war, soll die Nachwelt erfahren. Antike Zeiten hingegen beschwört als Blickfang in der Hofmitte die Kopie des bei Seccheto aufgefundenen römischen Opferaltars aus Granit (Original im Archäologischen Museum). Seinen wahren Schatz aber hütet das Rathaus im Verborgenen: Im dritten Stock befindet sich die 27 000 Bände umfassende Foresi-Bibliothek, eine kostbare Sammlung über die Geschichte der Insel.

An der Via Garibaldi macht die 1551 von den Medici gegründete **Chiesa del SS. Sacramento** nur flüchtig auf sich aufmerksam, läßt sich die 1943 weitgehend zerstörte Kirche doch nicht unbedingt als Meisterwerk der Restaurierungskunst bezeichnen. Um so mehr hat das **Centro Comte de Laugier** an der in Treppen ansteigenden Salita Napoleone zu bieten. Hinter einem großzügig angelegten Vorplatz, der einen der schönsten Ausblicke auf das alte Hafenviertel ge-

währt, lohnt das im 16. Jh. erbaute und im 18. Jh. zu einer Kaserne umfunktionierte Franziskanerkloster den Besuch. Im Sommer 1991 wurde der lange Zeit geschlossene Konvent seiner neuen Bestimmung als Kultur- und Kongreßzentrum übergeben, in welchem ein kleiner Teil der insgesamt rund 500 Objekte umfassenden Bildersammlung **Pinacoteca Foresiana** besichtigt werden kann (tgl. außer So, Feiertag 9.30–12.30, 16–19, Mitte Juni–Ende Aug. 18–24 Uhr).

1914 hatte Mario Foresi der Gemeinde Portoferraio die umfangreiche Kunstkollektion seiner Familie zum Geschenk gemacht. In Ermangelung geeigneter Ausstellungsräume wanderten die Gemälde, Stiche und Radierungen sowie einige wertvolle Möbelstücke vorerst in Magazine, in denen der Großteil heute noch lagert. Etwa ein Fünftel wurde von Fachleuten auf dem Festland restauriert, die Bilder sind nunmehr in neun kleinen Sälen des ehemaligen Klosters ausgestellt.

Bescheiden schmiegt sich die 1677 gegründete **Chiesa della Misericordia** an die als Treppenaufgang emporstrebende Via Garibaldi. Wiederum verdient die Kirche nicht aus kunsthistorischer Sicht, sondern vielmehr nur im Zusammenhang mit Bonaparte Beachtung. Sie ist der Schauplatz der alljährlich am 5. Mai abgehaltenen Totenmesse für den Kaiser, die heute allerdings vor fast leeren Bänken gefeiert wird (s. S. 60). In dem angeschlossenen kleinen Napoleon-Museum kann man unter anderem den Bronzeabdruck seiner Totenmaske, eine Bronzehand und eine Kopie seines Sarkophags im Pariser Invalidendom betrachten.

Nach einem steilen Aufstieg bis zum Ende der Salita Napoleone führt die Via della Stella nun zu dem in 48 m Höhe auf dem östlichsten Felssporn der Stadt thronenden **Forte Stella** (»Sternfestung«). Ihr Grundriß ist ein fünfzackiger Stern. Wo heute Familien wohnen, war in den Jahren 1814/15 Napoleons Garde einquartiert. Eine leere Nische über dem Eingang barg

einst die von Benvenuto Cellini geschaffene Büste des Cosimo de'Medici, die 1768 vom toskanischen Großherzog Leopold I. nach Florenz verschleppt wurde. Der Leuchtturm, der sich seit 1789 innerhalb der Mauern des Forts erhebt, ist mit Linsen aus kostbarem böhmischem Kristall ausgestattet.

Vom Fort führt der Weg zurück bis zur Piazzale Napoleone, an der die kaiserliche Stadtresidenz **Villa dei Mulini** (ganzjährig, Mo–Sa 9–19, So, Feiertag 9–13 Uhr) steht, die Winterresidenz Bonapartes. Schließlich gelangt man durch die Via del Falcone, die hoch über den Dächern der Stadt hinreißende Ausblicke gewährt, zum 79 m hoch gelegenen **Forte Falcone**, der »Falkenfestung«. Sie ist heute Sitz der Militärmarine, Wehrmauern und Bastionen sind aber zugänglich. Wie in der »Sternenfestung« findet sich auch hier eine Marmortafel mit dem Hinweis auf den Bauherrn, Cosimo de'Medici.

Der Besichtigungsrundgang sollte auch das **Teatro dei Vigilanti** in der Via del Carmine (unweit des Spitals) beinhalten. Das von Napoleon begründete »Theater der Wachen« steht seit 1997, originalgetreu restauriert, wieder dem Kulturleben Elbas zur Verfügung. Zur Zeit des Korsen nannte der Volksmund das 1616 als Karmeliterkirche gegründete und bereits vor seiner Ankunft als Lagerhalle entweihte Gebäude *Teatro dei Fortunati*, »Theater der Glücklichen«, weil sich als ein solcher jeder pries, der einen

Palazzo dei Mulini
Residenz mit Strategie

Andere mögen diesen Platz der hinreißenden Aussicht wegen gewählt haben, für einen erfahrenen Strategen wie Napoleon zählten andere Kriterien: Als der Kaiser den »Palast der Mühlen« hoch über den Dächern von Portoferraio zur künftigen Winterresidenz erkor, gab für seine Entscheidung in erster Linie der Sicherheitsfaktor den Ausschlag. Das 1724 errichtete Gerichtsgebäude zwischen den zwei Medici-Festungen gleicht nämlich selbst einem Bollwerk: Zum Meer hin fällt eine Gartenterrasse jäh ab, während die landwärts gerichtete Front durch die Zitadellen problemlos zu sichern ist. Aus dem alten Gemäuer ließe sich durchaus etwas Respektables machen, meinte der Kaiser, zumal die erst ein Jahrzehnt zuvor abgerissenen Mühlen den angestrebten imperialen Eindruck nicht mehr stören konnten.

Dem eingeschossigen Haupttrakt setzten der toskanische Architekt Paolo Bargigli und sein Elbaner Kollege Luigi Bettarini ein Stockwerk auf, die beiden Seitenflügel hingegen beließen sie in der ursprünglichen Form. Nur im Inneren drehten die Baumeister das Unterste zuoberst, innerhalb weniger Tage legten sie Mauern um und Gänge an, bis ihr kaiserlicher Auftraggeber all jene Räumlichkeiten vorfand, die er benötigte.

Im Erdgeschoß betrat Napoleon durch ein kleines Vorzimmer – Verzeihung, »Vorhalle« hieß es damals – den **Großen Salon**, in dem heute nicht nur Möbel aus einer späteren Epoche verstauben, sondern auch eine (schlechte) Kopie von Jacques Louis Davids bombastischem Gemälde »Bonaparte auf dem großen St. Bernhard« hängt. Ein hübscher Raum mit gefälligen Proportionen, nur von der ursprünglichen Deckenmalerei ließ die Feuchtigkeit wenig übrig, und auch die nachträgliche Überpinselung blättert bereits ab. Einige interessante Stiche von Portoferraio mit den längst aufgelassenen Salinen schmücken das anschließende Arbeitszimmer. Dem zum Großteil mit Originalen möblierten **Gabinetto dell'Imperatore** folgt der **Empfangssalon**, dem lieblos entlang der Wände aneinandergereihte Stühle mit Goldanstrich heute den Charme einer aufgelassenen Tanzschule verleihen.

Besonders hat sich die Oberintendantur für Altertum und Kunst in Pisa, aus deren Fundus das meiste Mobiliar stammt, offensichtlich nicht angestrengt. Als die napoleonische Residenz zu Beginn der 50er Jahre als Museum der Öffentlichkeit zugänglich gemacht wurde, ergab sich für die Elbaner das Problem, daß die meisten Gemächer gähnend leer standen. Die toskanischen Habsburger hatten nämlich sämtliche Schenkungen Bonapartes an die Gemeinde von Portoferraio mit einem Federstrich annulliert und alles weggeschleppt, was nach dem Auszug von Napoleons Schwester Paolina noch übriggeblieben war. Erst die

Wiedereinsetzung der Güter in italienischen Staatsbesitz beendete die Streitigkeiten mit dem Hause Habsburg-Lothringen, die meisten der von Bonaparte liebevoll ausgesuchten Einrichtungsgegenstände blieben jedoch für immer verschwunden. Ein herber Verlust, denn die Tapeten, Stoffbezüge, Vorhänge, Bilder und Möbel, jedes einzelne Stück in den beiden Residenzen, spiegelten einst den Geschmack Bonapartes ebenso wider wie seine ebenfalls ihrer kostbarsten Exemplare beraubte Bibliothek.

An den Salone dell'Imperatore schließen das **Schlafzimmer** mit **Kammerdienerzimmer** und **Umkleideraum** an. Auch hier viel falscher Goldglanz, ein wenig altes englisches Porzellan, einige Stiche und zeitgenössische Karikaturen, Briefe und drittklassige Ölgemälde, unter anderem ein Portrait des Erzminen-Verwalters Pons de l'Herault. Außer einem Exemplar der napoleonischen Flaggenkreation mit drei aufgestickten Bienen erscheint bloß noch eine Glasvitrine erwähnenswert, in der neben einem Schwert der Bonaparte überreichte »Stadtschlüssel« von Portoferraio liegt (s. S. 63). Durch einen Vorraum gelangt man ins privateste Gemach des Palastes, das anhand des Originalbettes zeigt, wie ein Kaiser zu schlafen pflegte: Nicht nur prunkvoll unter einem mit güldener Leier und anderem Schnickschnack gekrönten Baldachin, sondern auch auf überraschend bequemen Matratzen. Bis vor kurzem verlieh ein dekorativ auf dem Bettüberwurf ausgebreitetes grünes Samtkleid von Napoleons erster Frau Josephine dem kaiserlichen Schlafgemach eine zusätzliche erotische Note. Weshalb das Stück nunmehr fehlt, ob es einen heimlichen Liebhaber gefunden hat, in die Reinigung getragen oder gar von Motten gefressen wurde, weiß leider niemand zu sagen.

Ein Blick noch in die persönliche Bibliothek des Hausherrn respektive auf jene Bücher, die nicht das Interesse des Großherzogs Ferdinand III. von Lothringen erweckt haben und deshalb der Insel verblieben sind: Voltaire, Rousseau und La Fontaine las Napoleon offenbar gern, aber auch Cervantes oder Plutarch, wenn er nicht in den alten Nummern der Zeitschrift »Le Moniteur Universel« schmökerte. Zu 24 Bänden zusammengefaßt, stellen die gesammelten Jahrgänge von 1789 bis 1813 eine wahre Fundgrube für Historiker dar.

Vom Erdgeschoß führt eine schmale Marmortreppe in verwaschenem Rosa zu dem repräsentativen **Ballsaal**, in dem Paolina Borghese für ihren Bruder rauschende Feste ausrichtete. Unter dem schweren Empire-Deckenleuchter tanzte in den Winternächten 1814/15 nicht nur die Insel-Prominenz, auch Gäste aus mancher Herren Länder erwiesen dem verbannten Kaiser in diesem Salon ihre Reverenz. Wie viele Spione und Agenten, Glücksritter und Trittbrettfahrer mögen sich in jenen Tagen in dem großen Wandspiegel betrachtet haben, der, wenn auch ein wenig blind geworden, in verschnörkeltem Rahmen noch immer vor den Seidentapeten prunkt!

Keine Frage, die in einen Palast verwandelte Mühle konnte sich sehen lassen. Nicht minder repräsentativ fiel der Umbau des ehemaligen Kornspeichers zu einem Theater aus, das nicht nur Aufführungen, sondern auch Tanzbelustigungen diente. Es ist jedoch ebenso wie der dahinterliegende einstige Taubenturm für die Öffentlichkeit nicht zugänglich. Wohl aber dürfen Besucher dort lustwandeln, wo sich auch Napoleon vorzugsweise aufhielt: Im Schatten von Palmen und Zypressen, betört vom Duft der Myrten und Orangenblüten, läßt sich ahnen, welche Gedanken den gescheiterten Emporkömmling dazu bewegt haben könnten, das Rad des Schicksals noch einmal herumzureißen. In dem kleinen Garten hoch über dem Meer zeichnen sich mit sanftem Schwung die Konturen der toskanischen Küste ab, während auf der anderen Seite von Ferne die Silhouette der Insel Capraia grüßt. Zum Greifen nah lag für den Verbannten die Versuchung zurückzuholen, was er einst besaß.

Torre della
Linguella

der 65 Logenplätze ergattern konnte.

Einem jungen Elbaner Architekten ist die in jeder Hinsicht geglückte Wiederherstellung des durch Weltkriegsbomben beschädigten Theatergebäudes zu verdanken, dessen Wiedereröffnung Jahrzehnte auf sich hatte warten lassen.

ℹ Information: Azienda di Promozione Turistica dell'Arcipelago Toscano, Calata Italia 26, 57037 Portoferraio (Hochhaus am Hafen, 1. Stock), ☎ 05 65-91 46 71

🛏 Hotels: ****Airone, 57037 San Giovanni-Portoferraio, ☎ 05 65-92 91 11, Fax 91 74 84: Neues Hotel in Panoramalage am Meer neben den Thermenanlagen von San Giovanni. ***Acquaviva Park Hotel, 57037 Acquaviva-Portoferraio, ☎ 05 65-91 53 92 (Winter: 05 86/50 41 57), Fax 05 65-91 69 03: Ehemaliges Bauernhaus in ruhiger Lage über dem Meer.

**Pensione Scoglio Bianco, Viticcio-Portoferraio, ☎ 05 65-93 90 36 (Winter: 05 65-93 90 48): Einfaches, gastfreundliches Haus auf Terrasse über dem Meer. ***Massimo, 57037 Portoferraio, Calata Italia 23, ☎ 05 65-91 47 66: Stadthotel am Hafen. ***Touring, 57037 Portoferraio, Via Roma 13, ☎ 05 65-91 58 51: Stadthotel, auch nicht sehr ruhig. **Nobel, 57037 Portoferraio, Via Manganaro 72, ☎ 05 65-91 52 17: Einfach, zentral und preisgünstig.

✕ Restaurant: Il Castagnacciaio, Via Mercato Vecchio, ☎ 05 65-91 58 45: Traumhafte Pizze sowie preiswerte Kichererbsen- und Kastanienfladen, ideal für den Hunger zwischendurch; sehr einfaches Lokal.

⛴ Fähre: Fährverbindung von und nach Piombino zwischen 6 und 22 Uhr fast stündlich.

🚌 Bus: Busverbindung zu allen Orten der Insel vom Busbahnhof beim Fährhafen aus.

Im Nordosten

Wie in einem Bilderbuch der Geschichte läßt es sich in jenem Teil der Insel blättern, der dem Festland am nächsten liegt. Im bergigen Hinterland der heiteren Hafenstadt Porto Azzurro kontrastiert das Grün der Macchia mit dem Ocker der verlassenen Erzgruben und dem tiefen Blau des Meeres. Einsam auf einem Hügel thront das Bergwerksstädtchen Rio nell'Elba und kündet ebenso von eisernen Zeiten wie die Verladestege von Rio Marina oder die schmucken Patriziervillen von Cavo. Vom Schrecken der Piratenüberfälle erzählt die Fluchtburg Volterraio, während die Überreste einer Römervilla noch einmal den luxuriösen Lebensstil der Spätantike heraufbeschwören.

Aus Portoferraio herauszufinden erweist sich als einfach, bietet doch die großzügig geschwungene Hafenbucht stets eine Orientierungshilfe. Erst 3 km außerhalb, im verwirrend ausgeschilderten Kreisverkehr von Bivio Boni, gilt es aufzupassen und ohne allzuviele unfreiwillige Ehrenrunden dem Richtungspfeil Porto Azzurro zu folgen. Durch die Ebene von San Giovanni, vorderhand noch vorbei an den gleichnamigen Thermen (s. S. 114) sowie an den Ausgrabungen der Villa Romana (s. S. 112), für deren Besuch man die Stunden vor Sonnenuntergang einplanen sollte, zieht sich die Strecke nach einigen wenigen Kurven schnurgerade durch Weingärten

und fruchtbares Ackerland. Nicht selten bieten die Bauern Gemüse oder Obst gleich am Wegesrand an, nicht unbedingt billiger als in den Supermärkten, dafür aber garantiert erntefrisch.

Allmählich senkt sich die Straße in die Ebene von **Mola** hinab, um schließlich den Blick auf eine tiefblaue Meeresbucht freizugeben. Dutzende und Aberdutzende Agaven, festgekrallt an die steil abfallenden Hänge des Golfes, in der Tiefe glitzerndes Sonnenlicht auf azurfarbenen Wellen – eine letzte Kurve noch, dann zeigt sich endlich Porto Azzurro, das vielleicht charmanteste Hafenstädtchen der Insel.

Porto Azzurro: Wo die Piazza zum Salon wird

Den Namen Porto Azzurro – Azurblauer Hafen – trägt das Städtchen erst seit 1947, als die Elbaner mit gutem Grund nach einer neuen Bezeichnung für das einstige *Porto Longone* suchten. Von 1858 bis zum heutigen Tag dient nämlich die von den Spaniern im Jahre 1604 nach dem Vorbild der Zitadelle von Antwerpen errichtete Festungsanlage **Piazzaforte di Longone** als Gefängnis. Wenn auch die größten Kaliber der Verbrecherszene seit einiger Zeit auf der kleinen Insel Pianosa in noch sichererem Gewahrsam sitzen, so läßt sich die flächenmäßig größte und nach der Kapazität drittgrößte Haftanstalt Italiens nicht unbedingt als Touristenattraktion bezeichnen. Mit dem Slogan, man solle doch »einen Besuch in Porto Longone« machen, könnte das Städtchen keinesfalls um Gäste werben, steht dieser Ausdruck doch nach wie vor im Sprachgebrauch synonym für das Gegenteil eines Urlaubs in freier Natur.

Bringen wir unseren »Besuch in Porto Longone« gleich zu Beginn hinter uns. Wer jedoch darauf verzichtet, das steile Sträßchen emporzuklimmen, um vor einer schwerbewachten Schranke auf meterdicke Mauern jenseits des Burggrabens zu starren, versäumt auch nicht allzuviel. Denn wie grandios der Blick von der Zitadelle zweifellos

sein mag, die beste Aussicht läßt sich leider nur hinter Gittern »genießen«. Wenig Attraktives bietet auch der vor den Toren des Gefängnisses plazierte Souvenirladen, in dem ein mißmutiger Verkäufer Erzeugnisse der Häftlinge – gestrickte oder gehäkelte Schals und Schultertücher, Laubsägearbeiten, Töpferwaren sowie einige besonders häßliche Ölbilder – um teures Geld feilhält.

Zurück ins Leben, zurück ins Gewirr der alten Gäßchen hinter der zum Verlieben schönen **Piazza**. Auf drei Seiten von geschmackvollen Boutiquen, Andenkengeschäften, Eissalons und Cafés flankiert, öffnet sich der Hauptplatz mit elegantem Schwung zum Meer. Einheimische und Fremde promenieren in bunter Mischung über das helle, blankpolierte Pflaster, auf dem keine unsichtbare Grenze zwischen Touristenfalle und Insiderlokal verläuft. Statt dessen strahlt Porto Azzurro trotz all seiner Hotelanlagen und Andenkenläden jene Atmosphäre selbstverständlicher Gastfreundschaft aus, wie sie sich sonst nur noch die Westseite der Insel bewahrte. Die Preise der Restaurantschiffe im Hafen halten sich durchaus in Grenzen, die Qualität des Gebotenen überzeugt auch in den meisten anderen Speiselokalen.

Reizvoll wie das Städtchen erweist sich auch die Umgebung. Für eine rasche Abkühlung bieten sich die Bucht von Mola oder der Strand von Naregno unterhalb von **Forte**

Im Nordosten

Focardo an, das seinerseits einen Spaziergang wert ist. Die 1678 unter dem spanischen Gouverneur Don Foscardo (man vergaß später einfach das S) auf der gegenüberliegenden Seite des Hafens angelegte Festung ist allerdings heute im Besitz der Küstenwache, eine Besichtigung im Inneren daher nicht möglich. Doch allein wegen der romantischen Stimmung lohnt sich ein Besuch. Auf bröckelndem Mauerwerk wachsen Kapern, Zistrosen und Ginster, eine sanfte Brise weht den Blütenduft über den Golf. Und von Ferne grüßt die Piazzaforte di

Longone, aus der Distanz nicht länger bedrückend, sondern beeindruckend in ihrer Mächtigkeit.

Barbarossa-Strand und Terranera-See

Der wohl hübscheste Strand von Porto Azzurro liegt im Nordosten, wo eine kleine Sandstraße zur **Spiaggia del Barbarossa** nach rechts abbiegt. Ein verwunschener Winkel ist jene Bucht, in welcher der berüchtigte Korsar (s. S. 50) vor bald einem halben Jahrtausend mit seiner Flotte landete, zwar nicht mehr. Dafür sorgen schon einige kleine Campingplätze und eine deutschsprachige Tauchschule, doch der Trubel hält sich sogar in der Hauptsaison vergleichsweise in Grenzen. Eine wahre Idylle hingegen verbirgt sich im Hinterland, das einige wenige Feinspitze unter Elbas Hausbesitzern entdeckt haben. Zwischen Privatstraßen zu wohlverborgenen Villen schlängelt sich oberhalb des Barbarossa-Strandes ein schmaler, befahrbarer Pfad zu einer Anhöhe, die den Blick auf einen seltsamen See freigibt.

Wie ein grünes Auge funkelt der **Laghetto Terranera** inmitten von schwefelgelbem Sand – und schwefelhaltig ist auch tatsächlich sein heilkräftiges Wasser. Nur ein schmaler Streifen Land trennt die einzige Süßwasserlagune der Insel vom Meer, selbst ungeübte Schwimmer

können den »Schwarzerde-See« von den Barbarossa-Klippen innerhalb weniger Minuten erreichen. Autofahrer hingegen passieren nach der Abzweigung »Capo d'Arco« 2 km hinter Porto Azzurro den Campingplatz »Reale« und gehen das letzte Stück (etwa 5 Min.) zu Fuß. Als Lohn winkt nicht nur ein hautverschönerndes Bad im gelbgrünen Wasser, Mineraliensammler kommen in dem bereits zur Römerzeit abgebauten Erzgebiet – *Miniera di Terranera* – ebenfalls auf ihre Rechnung: Mit ein wenig Glück brauchen sie Hämatite, Pyrite, Magnetite oder Limonite bloß aufzuklauben.

Information: Ufficio Turistico Arrighi, Banchina IV. Novembre, ☎ 05 65-9 50 00, Fax 05 65-95 82 45

Hotels: ***Belmare, 57036 Porto Azzurro, Banch. IV. Novembre 21, ☎ 05 65-9 50 12: Blick auf den malerischen Hafen. ***Due Torri, 57036 Porto Azzurro, Via XXV. Aprile, ☎/Fax 05 65-95 77 97: Zentrale Ortslage nahe Piazza. **Bel Tramonto, 57036 Generinco-Porto Azzurro, ☎ 05 65-94 01 92: Preisgünstige Familienpension im Herzen Elbas. **Villa Rosa, 57036 Barbarossa-Porto Azzurro, ☎ 05 65-9 54 18: Für Leute, die nichts gegen Campingtouristen haben. *Villa Wanda, 57036 Generinco-Porto Azzurro, ☎ 05 65-94 00 25: Für Sparsame.
Apartments: ***Residence Reale, 57036 Porto Azzurro, Via Reale 5, ☎ 05 65-9 55 60, Fax 05 65-95 80 67 (Winter: ☎ 0 50-3 25 28): Komfortable Wohnungen, 2–5 Pers., Grünlage, 100 m zum Strand. **Arrighi, 57036 Barbarossa-Porto Azzurro, ☎ 05 65-9 55 68,

Fax 05 65-95 78 22: Kleine Apartments innerhalb einer modernen Campinganlage direkt am Strand von Barbarossa.

🔺 *Da Mario, 57036 Porto Azzurro, Loc. Barbarossa, ☏ 05 65-95 80 32: Schattiger Platz 50 m vom Sandstrand der Barbarossa-Bucht; auch Ferienwohnungen, Möglichkeiten zu Tauch- und Windsurfkursen. Arrighi, 57036 Porto Azzurro, Loc. Barbarossa, ☏ 05 65-9 55 68, Fax 05 65-95 78 22: Ruhige Lage direkt am Strand von Barbarossa; Trinkwasser und warme Duschen, Minimarkt, Café-Bar, Vermietung von Apartments. Sole e Mare, 57039 Rio nell'Elba/Nisporto, ☏ 05 65-96 10 59: Naturbelassene Anlage in einer schönen Bucht mit Kiesstrand; gute, einfache Ausstattung mit Minimarkt und Restaurant. Vermietung von Hütten und Caravans; Zufahrt auf Bergstraßen.

❌ **Restaurants**: Il Delfino Verde Porto Azzurro, Via Vitaliani, ☏ 05 65-9 51 97: Schiffs-Restaurant am Hafen, Meeres-Spezialitäten.

⛴ **Fähre**: Fährverbindung von und nach Piombino zwischen 6 und 22 Uhr mehrmals täglich.

Schlechtwetter-Tip: »La Piccola Miniera« 1 km außerhalb Richtung Rio nell'Elba am rechten Straßenrand; die »kleine Mine« zeigt die naturgetreue Nachbildung eines elbanischen Bergwerksstollens; eine Miniaturbahn führt an Schürfstellen, Felsen und Grotten mit allerlei »bunten Steinen« vorbei, mehrsprachige Erklärungen der ausgestellten Objekte; in einer Werkstätte Demonstration der Mineralienbearbeitung, weiters Ausstellungsräume und ein riesiger Souvenirshop voll Kitsch und Handwerkskunst (billige Mitbringsel, aber auch sündteurer Schmuck).

Madonna di Monserrato: Ein Gruß aus Katalonien

Im Hinterland von Porto Azzurro steht eine der beeindruckendsten Wallfahrtskirchen Elbas. 1 km hinter der Stadt, etwa 500 m hinter dem Friedhof, biegt von der Straße Richtung Rio nell'Elba ein Stichsträßchen ins Inselinnere zur Madonna di Monserrato ab, das jedoch bald endet. Das hinreißende Panorama der Bergszenerie macht den kurzen Spaziergang von etwa 10 Minuten durch das kühle, schattige Tal zum reinen Vergnügen, erst unmittelbar vor dem Ziel windet sich der Pfad steil hinauf zu der kleinen Wallfahrtskapelle auf einem Plateau aus dunkelrotem Gestein.

Vor der schroffen Kulisse des Monte Castello (390 m) und der Cima del Monte (516 m) bewachen zwei windzerzauste Zypressen das Marienheiligtum, das im 17. Jh. auf Anordnung des spanischen Gouverneurs von Porto Longone, Don José Pons y Leon, errichtet wurde. Wie es in den Chroniken heißt, erinnerten die zerklüfteten Berge des jäh aufsteigenden Gebirgsmassivs den Katalanen so eindringlich an den »Heiligen Berg« seiner Heimat, den »zersägten« Montserrat mit seinem berühmten Kloster, daß er eine Kopie der dortigen wundertätigen schwarzen Madonna anfertigen und die – heute leider meist verschlossene – Kapelle erbauen ließ. Zu sehen ist das Innere mit dem berühmten Bild alljährlich am

Madonna di Monserrato

8. September, wenn Hunderte Wallfahrer zu der auf ganz Elba glühend verehrten katalanischen Muttergottes pilgern. Zu allen anderen Zeiten tröstet sich der Besucher mit dem herben Reiz dieser grandiosen Landschaft.

Rio nell'Elba: Alt, arm und verlassen

Das wehrhafte Städtchen Rio nell' Elba steht seit Jahrhunderten im Wettstreit mit Marciana Alta, die älteste Niederlassung auf der Insel zu sein. Wie die »Konkurrenz« galt Rio schon vor urdenklichen Zeiten als Zentrum des Bergbaus, wie Marciana und andere Ansiedlungen in vermeintlich sicherer Höhe – Capoliveri, Poggio, San Piero oder Sant'Ilario – kann es auf eine wechselvolle und meist blutige Vergangenheit zurückblicken. Von der tiefverwurzelten Angst vor Belagerungen und Piratengreuel erzählen heute noch die engen Gäßchen zwischen abweisenden Fassaden, selbst die bescheidensten Häuschen wirken wie kleine Festungen. Auch an Rios Pfarrkirche **San Quirino** lassen sich – trotz vielfacher und oft stümperhafter Renovierungsversuche – noch die Wehrmauern aus dem 16. Jh. erkennen. Welch sichere Zuflucht das Gotteshaus einst darstellte, soll die jüngste Restaurierung zeigen, die den ursprünglichen Charakter des im 11. Jh. von den Pisanern gegründeten und wiederholte Male niedergebrannten Bauwerks zutage bringen will.

Bereits die Römer nannten den an einen Abhang geschmiegten Ort seiner ergiebigen Quellen wegen *Rivus* – »Fluß«. Reichlich fließt auch heute noch das Wasser von Rio, nur der Strom des einstigen Wohlstands ist seit Beginn des 19. Jh. versiegt. Damals verlegte man nämlich die Verwaltung der Minen nach Rio Marina. Während in der Folge aus der Erzverladestation ein prosperierender Hafen erwuchs, entvölkerte sich das zur Zeit seiner Blüte 5000 Seelen zählende Bergstädtchen in erschreckendem Ausmaß. Erst wanderten die Bergleute ab, dann ließen auch die Bauern ihre Felder und Weingärten im Stich, um an der Küste nach Broterwerb Ausschau zu halten. Mittlerweile leben die knapp 1000 Bewohner von Rio wieder größtenteils von der Landwirtschaft, denn vom Tourismuskuchen konnten sie sich bisher nur ein unwesentliches Stückchen abschneiden. Fremde machen bestenfalls einen Zwischenstopp, um sich nach dem Abstecher zum **Santuario di Santa Caterina** in einer der wenigen Bars eine Erfrischung zu genehmigen. Das im 15. Jh. errichtete Kirchlein der hl. Katherina von Alexandrien, ein einschiffiger Bau mit angrenzendem Glockenturm, liegt etwa 3 km außerhalb von Rio. Messen werden dort nur noch zweimal im Jahr, zum Tag der Heiligen am 25. November und am Ostermontag, gelesen. Die restaurierten Klosterräume hingegen dienen den gesamten Sommer über als Kulturzentrum (s. S. 72).

Rio Marina:
Rostrote Reminiszenzen

Rio Marina, die nächste Station, ist bald erreicht, denn das überdimensionierte Hinweisschild nach Ortano gleich nach dem Ortsende von Rio nell'Elba Richtung Küste kann getrost unbeachtet bleiben.

Der etwa 4 km weite Abstecher führt durch eine längst verwaiste Erzgrube und mündet in einer Ferienanlage. Trotz Swimmingpools und einiger Tennisplätze mit dem Charme eines Gewerkschaftsheims ausgestattet, bietet diese Billigausführung einer auf dem Zeichenbrett konzipierten Siedlung bloß den Vorteil eines recht hübschen – und auch öffentlich zugänglichen – Strandes, an dem vor sich hinrostende Verladerampen als Mahnmale nutzlos gewordener Industriearchitektur weit hinaus ins Meer ragen.

Industrielle Schäbigkeit umgibt den Besucher freilich auch gleich bei der Einfahrt nach Rio Marina. Ungewohnt hoch ragen die Wohnhäuser entlang der von Platanen gesäumten Hauptstraße des heute 2500 Einwohner zählenden Ortes in den Himmel. So seltsam es klingt, auch diese Steinbauten blieben vom Rost der Zeit nicht verschont, bestehen sie doch zum Großteil aus eisenhaltigem Material. »Alles, was uns begegnete, trug diese Eisenfarben, die Arbeiter von Rio, rot gefärbt an Kleid, Gesicht und Händen, selbst die Hunde, die uns entgegenliefen. Auch der Hafen, zu dem wir hinabstiegen, ist rot von Eisenstaub, und am Ufer liegen Haufen von Eisenerz, welche dort in Schiffe verladen wird«, notierte 1852 Gregorovius in seinen Reiseaufzeichnungen.

130 Jahre danach läuteten die Glocken den letzten Erztransport nach Piombino ein. Erst ab 1982,

Rio Marina

später als sonstwo auf der Insel, begann auch an der Ostküste Elbas der Fremdenverkehr Fuß zu fassen, doch abgerissen hat man die Relikte von zwei Jahrhunderten eiserner Schwerarbeit nach wie vor nicht. Gespenstisch starren die dunklen Fensteröffnungen der Lagerhäuser ins Land, nur vereinzelt bricht sich die Sonne in den Resten zersplitterter Scheiben. Langen dürren Fingern gleich greifen stählerne Lastenstege nach den weißen Schaumkronen des tintenfarbenen Wassers. Eine seltsame Traurigkeit umgibt diese Brücken ins Gestern, eine gänzlich unangebrachte Melancholie, denn

gut war die alte Zeit für die Minenarbeiter und Seeleute mit Sicherheit nicht.

Ein realistisches Bild des Alltags zeichnet eine Schilderung aus der Stadtchronik von 1922, die Zukunftsprognose traf jedoch glücklicherweise nicht ein: »Rio Marina zeigt seine ehrwürdigen Gebäude, deren Fassaden mit rötlichem Staub wie geschminkt aussehen, den alten, schlanken Kirchturm, die in ihrer Plumpheit doch fast komisch aussehende kleine Mole und den auf dem Felsen wie aufgepflanzten Leuchtturm, der in der Nacht das stets unruhige Meer beleuchtet für die Schiffe, die im Pendelverkehr das Erz holen. An der Hafenrampe rollen die langen, mit Erz beladenen Lorenzüge durch rostige Bahnen hinab und schütten mit höllischem Lärm ihre Ladung in die Fülltrichter. So geht es seit Jahrhunderten und es wird Jahrhunderte noch so weitergehen, bis die elbanischen Erzgruben erschöpft sind.«

Der dekorativste Blickfang und gleichzeitig der Kern des erst seit 1882 als eigene Gemeinde etablierten Rio Marina ist zweifellos der 1534 von den Appiani errichtete achteckige **Wehrturm** mit einem erst später aufgesetzten Uhrtürmchen. Linker Hand eine kleine, durch eine Mole mit der Stadt verbundene Insel, um die sich eine Napoleon-Anekdote rankt. Eigenhändig soll nämlich der Kaiser die Distanz zwischen Wachturm und Felsklippe ausgelotet und den erst Jahre später realisierten Plan einer Verbindungsmauer entworfen haben.

Souvenirsammler finden in Rio Marina eine reichhaltige und preiswerte Auswahl an Mineralien, vor den Andenkenläden funkeln und glitzern Pyrite und Hämatite in Wühlkisten und Pappkartons um die Wette. Wer seine Mitbringsel im 1 km entfernten stillgelegten Tagebau selbst auflesen möchte, benötigt dazu eine Bewilligung. Diese erteilen erstaunlich unbürokratisch besonders freundliche Beamte des **Museo dei Minerali Elbani** im Rathaus an der Hauptstraße (Mo–Sa 9–12, 15–18 Uhr, So 9–12 Uhr). Weit besser ausgeschildert

als diese wirklich gut sortierten Schauräume ist ein privates Mineralienmuseum unweit des Hafens. Für ein recht gesalzenes Eintrittsgeld bekommt der Besucher dort freilich weder eine Schürferlaubnis noch mehr zu sehen als in der städtischen Kollektion, die zudem am Wochenende Führungen durch die Erzbergwerke von Rio Marina veranstaltet (✆ 05 65-96 27 47).

ℹ️ **Information:** Ufficio Turistico Forti, Rio Marina, Via Palestro 25, ✆ 05 65-96 23 92, Fax 05 65-96 23 59

🛏️ **Hotels:** ****Ortano Mare, 57038 Ortano-Rio Marina, ✆ 05 65-93 91 59: Große Hotelanlage mit vielen Sportmöglichkeiten. ***Cristallo, 57038 Cavo-Rio Marina, ✆ 05 65-94 98 98. ***Marelba, 57039 Cavo-Rio Marina, ✆ 05 65-94 99 20, und ***Maristella, 57038 Cavo-Rio Marina, ✆ 05 65-94 98 59: Drei Häuser der mittleren Preiskategorie in hübscher Lage. ***Rio, 57038 Rio Marina, Via Palestro 31, ✆ 05 65-96 27 22. Das beste Hotel in der Stadt für Mineralienfreunde. **Ginevra, 57038 Cavo-Rio Marina, ✆ 05 65-94 98 45: Familiär und preisgünstig.

🍴 **Restaurant:** Il Mare, Rio Marina, Via del Pozzo, ✆ 05 65-96 21 17: Pasta- und Fischspezialitäten.

Cavo:
Refugium mit Tradition

Nördlich von Rio Marina wechselt das Land seine Farben. Tiefgrüne

Cavo

Macchia bedeckt mit einem Mal wieder die rote Erde, das Hügelland hinter dem felsigen Strand zeigt sich nicht länger nackt, sondern im üppigen Kleid mediterraner Vegetation. Nur zweimal noch holt uns die Vergangenheit ein: Nach dem Motto Eisen zu Eisen und Rost zu Rost stapeln sich Aberdutzende Wracks in einem Autofriedhof am Wegesrand, 5 km danach gibt die Küstenstraße den Blick auf das unterhalb liegende **Capo Pero** mit seiner aufgelassenen Erzverladeanlage frei. Doch nicht nur das 20. Jh. hat auf dem Kap einen Rosthaufen hinterlassen, Archäologen gruben in unmittelbarer Nähe des Meeres auf einem

(der Öffentlichkeit nicht zugänglichen) Privatgrundstück zwei etruskische Schmelzöfen aus. 3 km weiter, noch vor Cavo, sind wir schließlich dem Festland so nahe wie an keinem anderen Flecken des Eilands, an klaren Tagen zeigen sich die Fabrikschlote von Piombino am Horizont.

An der langgezogenen, breiten Bucht von Cavo reihen sich feudale Herrschaftssitze aus der Belle Epoque aneinander. Denn um 1900 vergoldete sich hier die Führungsspitze der Erzgruben den Alltag in prachtvollen Residenzen – nicht anders als 2000 Jahre zuvor ihre Kollegen, wie die aufgefundenen Mauerreste einer Römervilla beweisen. Auch Garibaldi weilte 1849 in Cavo, verkündet eine Marmortafel an einem Haus gleich am Ortseingang voll Stolz, doch das will weiter nichts sagen, rastete doch der Freiheitsheld in nahezu jedem Winkel Italiens angeblich zumindest einige Stunden. Am **Capo Castello** endet die Straße in einem schattigen Pinienwäldchen, ein beliebter Picknickplatz der Elbaner, die auch um die relative Einsamkeit des bis zum **Capo Vita** reichenden Badestrandes mit dem vorgelagerten Mäuseinselchen **Isola dei Topi** wissen.

Als wirklich einsam und zudem landschaftlich ungemein reizvoll erweist sich nun die 10 km lange Strecke Richtung Rio nell'Elba durch das Landesinnere. Das glatte Asphaltband, bis Mitte der 90er Jahre noch eine ruppige Sandstraße, führt durch lichte Wälder, vorbei an einsamen Gehöften inmitten duftender Macchia und mannshoher Farne. Ab und zu verheißt eine verwaschene Tafel, daß es nach einer Abzweigung von wenigen hundert Metern Honig oder Wein ab Hof zu kaufen gibt, so billig und köstlich wie nirgendwo anders. Nach etwa der Hälfte des Weges gilt es, auf einer kleinen Paßhöhe anzuhalten: Links im Tal leuchten die Minen von Rio Albano als tiefe rötlich-gelbe Narbe aus dem Grün des Hügellandes, über dem sich die Ruine eines mittelalterlichen Wachturms auf dem Gipfel des 352 m hohen Monte Giove erhebt. 40 Minuten Gehzeit muß man rechnen, um den im Jahre 1460 zur Warnung vor Piratenüberfällen auf dem »Berg des Jupiter« errichteten **Torre del Giove** zu erreichen.

Abrupt wechselt nach dem Paß die Szenerie, statt sattem Grün bedeckt nur noch struppige Garrigue die Erde, der menschliche Wühlmäuse in ihrer unerschöpflichen Gier nach Eisen unzählige Wunden schlugen. Das Minengebiet von Rio Marina zeigt sich hier von seiner häßlichsten Seite. Erschüttert von dem tristen Anblick schrieb Gregorovius 1852: »Vor diesen schauerlichen Minen, von woher die Furie des Krieges fort und fort Schwerter, Speere, Kugeln in die Welt getragen hat, und von denen das Eiserne Zeitalter ausgegangen zu sein scheint, wie es die Dichter besungen haben, sollte man Napoleon ein Denkmal errichten, ganz aus Eisen, einen Koloß von Elba, und man sollte auf das Piedestal jenen Befehl des Etruskerkönigs Posenna schreiben, daß fortan das Eisen nur zu Geräten des Landbaues und der Industrie zu verwenden sei.«

Wieviele Waffen aus elbanischem Erz im Laufe der Geschichte wohl gegossen wurden? Freilich, nicht alle fanden ihren Weg auf das Festland, die Insulaner benötigten sie zur Verteidigung ihrer Heimat nur allzu oft selbst. Immer wieder gibt der Boden um Rio nell'Elba Lanzen und Schwerter frei, die an den vergeblichen Kampf des Dörfchens Grassera gegen Barbarossas Piratenhorden im Jahr 1534 erinnern. 2 km vor der Stadteinfahrt lag dieser Ort, von dem nicht mehr übrig blieb als die heute an der linken Seite noch sichtbaren Mauerreste. An die Vergänglichkeit menschlichen Seins gemahnt auch der vor den Toren liegende Friedhof von Rio, der sich auf ungewöhnliche Weise in zwei nebeneinanderliegenden Halbkreisen an den Hang schmiegt.

Nisporto, Bagnaia, Magazzini: Badeparadiese und Segeldorado

Sofern kein Gewitter droht und die Stoßdämpfer noch einigermaßen ihren Dienst erfüllen, empfiehlt sich die Weiterfahrt über Nisporto. Allerdings muß man damit rechnen, auf der kurvenreichen Straße zu Füßen des Monte Strega ein wenig durchgerüttelt zu werden. Vor den ersten Häusern von Rio biegt der Pfad zur Küste in scharfem Winkel ab. Nach etwa 3 km durch dichten Niederwald gabelt sich die Strecke und führt rechter Hand zur **Cala del Nisportino**, einer kleinen Sandbucht mit angrenzendem Campingplatz, und nach links zum Strand von **Nisporto**, hinter dem sich ebenfalls ein Camp sowie eine Feriensiedlung befindet. Ein versteckter Winkel fernab jeglichen Rummels und landschaftlich ungemein reizvoll, wenn auch für viele zu abgelegen.

Weiter geht es auf dem Sträßchen entlang der steilen Felsküste zum malerischen Badeort **Bagnaia**. In dem winzigen Fischerdorf an ei-

nem Kiesstrand gehen die Uhren ebenfalls ein wenig langsamer als in den fashionablen Ferienzentren der Insel, doch herrscht hier auch außerhalb der Hauptsaison ein wenig Leben und Treiben. Nicht zuletzt sorgt dafür das deutsche »Segel-Zentrum Elba« (s. S. 190), das mit gutem Grund diesen Standort am Ostufer des Golfs von Portoferraio gewählt hat: In der geschützten Bucht können die Jollen und Jachten problemlos dümpeln, genügend preiswerte Unterkünfte und Lokale sorgen für das leibliche Wohl der künftigen Freizeitkapitäne, und nicht zuletzt liegt die Metropole bloß einen Katzensprung entfernt.

Gleich hinter dem ebenfalls mit einer deutschsprachigen Segelschule ausgestatteten Nachbarort **Magazzini** versteckt sich in einem prachtvollen Park ein Hotel, wie es seinesgleichen auf der Insel kein zweites gibt: Im Schatten uralter Palmen und hundertjähriger Eukalyptusbäume hält die **»Villa Ottone«** direkt am Meer ihre Pforten für eine noble Klientel geöffnet. Eine grandiose Aussicht auf Portoferraio sowie einen bemerkenswerten botanischen Garten bietet zu entsprechend niedrigeren Preisen der Campingplatz »Rosselba« auf der anderen Straßenseite. Imposant heben sich die beiden Befestigungsanlagen vom zarten Dunst des Himmels ab, während sich ihnen zu Füßen hochaufspritzend die Gischt an der winzigen Leuchtturm-Klippe **Scoglietto** bricht und

Der Palmengarten von Ottone

Botanische Gärten kannte man bereits in der Antike, spätestens seit den Kriegszügen Alexanders des Großen (331–324 v. Chr.) beschenkte der Orient den mediterranen Raum mit seinen schönsten Pflanzen. Eroberer aller Zeiten brachten seither fremdartige Gewächse in die Heimat mit, was sich auf mannigfaltige Weise in der Kulturgeschichte der Menschheit niederschlug. Bloß um das Auge zu erfreuen, legten bereits die Römer die prächtigsten Parkanlagen an. Erst ab dem 18. Jh. sah man in Europa die Aufgabe nicht mehr ausschließlich darin, die kostbaren »Exoten« ornamental zu präsentieren, man wollte sie nun auch erforschen und allmählich an das Klima anpassen. Es entstanden sogenannte »Akklimatisationsgärten«, von denen nach dem ungewöhnlich kalten Winter 1900/01 in Italien jedoch nur einige überlebten. Einer dieser wenigen – und noch dazu der artenreichste in der Toskana – ist der »Palmengarten von Ottone«, der sich nicht auf dem Gelände des gleichnamigen Hotels, sondern im Zentrum des Campingplatzes »Rosselba Le Palme« unweit von Bagnaia befindet.

Aus fast aller Herren Länder rekrutiert sich der großteils noch im 19. Jh. zusammengetragene Bestand dieses *Orto Botanico*. Die auf einem 2 ha großen Areal kultivierte Vegetation stammt aus Argentinien, Mexiko, Brasilien, Uruguay, Chile, Peru und Bolivien, aus dem Himalayagebiet, Pakistan, Persien und Afghanistan, aus Südafrika, Kalifornien und Australien.

Zu den Prunkstücken der Anlage zählen die äußerst seltene Blaue Palme, ein mehr als 2,45 m hoher Feigenkaktus und der wegen seines intensiven Dufts berühmt gewordene Kalifornische Berglorbeer. Aber auch all die anderen exotischen Gewächse bieten einen interessanten Anschauungsunterricht. Wie sich aus dem deutschsprachigen Katalog entnehmen läßt, sind beispielsweise nicht nur die Früchte der bekannten Dattelpalme, sondern auch jene der Geleepalme, Fejoa-Myrte oder Strauchpalme sehr schmackhaft, während die Zwergpalme bekömmliche Sprossen aufzuweisen hat. Aus der Kartoffelbrotpalme gewinnt man Stärke für die Brotzubereitung, die Blüten des Korallenbaums wiederum schmecken gut im Salat. Aus der Rinde der letztgenannten lassen sich übrigens auch ein Mittel gegen Fieber sowie Augentropfen herstellen, der Saft seiner Zweige soll sogar gegen das Gift von Skorpionen immun machen.

weiße Spitzenborten auf das Dunkelblau des Wassers zaubert.

🛏 **Hotels:** ****Villa Ottone, 57037 Ottone-Portoferraio, ✆ 05 65-93 30 42: Allein der Park ist einen Besuch wert. ***Hotel Mare, 57037 Magazzini-Portoferraio, ✆ 05 65-93 30 69, Fax 05 65-93 34 08.

Apartments: ***Villa Mare Residence, 57037 Bagnaia-Portoferraio, ✆ 05 65-96 10 09 (Winter: 05 65-91 81 75), Fax 05 65-96 11 91 (im Winter: 05 65-91 83 08): Wohnungen für 2–8 Pers. in Grünlage, auch Zimmer mit Halbpension; Segelschule vor dem Haus. ***Residence La Pergola, 57037, Magazzini-Portoferraio, ✆ 05 65-93 32 29: 18 Wohnungen für 4–6 Pers., jede mit eigenem Garten. ***Nisporting Residence Hotel, 57039 Nisporto-Rio nell' Elba, ✆ 05 65-93 49 28, Fax 05 65-93 49 24: Komfortable Wohnungen für 4 Pers. abseits der großen Touristenzentren, 300 m zum Strand. **Villaggio Cala di Nisportino, 57039 Nisportino-Rio nell' Elba, ✆ 05 65-93 49 08 Fax 05 65-93 49 14: Ruhige, einfache Anlage.

🏕 **Camping:** Rosselba Le Palme, 57037 Portoferraio, Loc. Ottone 3, ✆ 05 65-93 31 01, Fax 05 65-93 30 41 (Winteradresse: 37100 Verona, Stradone S. Fermo 11, ✆ 0 45-59 24 88, Fax 0 45-8 00 71 76): Großer Terrassenplatz mit subtropischer Vegetation. Ruhige Lage, moderne Ausstattung mit Supermarkt, Café-Bar, Restaurant, Swimmingpool und Tennisplätzen. Vermietung von Wohnwagen und Bungalows. 400 m bis zum Meer.

Blick von Volterraio auf Portoferraio

Fluchtburg Volterraio: Nur von der Zeit besiegt

Wenige hundert Meter vor Magazzini zweigt noch einmal eine Straße Richtung Rio nell'Elba ab und führt nach Volterraio, dem weithin sichtbaren Wahrzeichen Elbas. Das Auto bleibt nach 2 km neben einem verlassenen Schafstall auf einem kleinen Parkplatz zurück. Von hier aus führt ein ungefährlicher, wenn auch etwas mühevoller Weg in 40 Minuten quer durch die Mac-

chia zu den Überresten der Fluchtburg auf dem 394 m hohen Gipfel.

! **Vorsicht:** Ohne festes Schuhwerk
gerät man auf dem mitunter rutschigen Pfad in ernste Schwierigkeiten.
Keinesfalls empfehlenswert ist es selbst
für geübte Wanderer, die Ruine von der
anderen Seite aus zu erklimmen. Allzu
oft schon verleitete die von dieser Stelle
aus zum Greifen nah erscheinende Festung und der anfänglich sicher schei-
nende Hohlweg Leichtsinnige zu einer
Kletterei, die nicht selten im Spital oder
gar am Friedhof endete. Und daß man
vor allem im Hochsommer die Tour ent-

weder gleich am Morgen oder erst in
den späten Nachmittagsstunden unternehmen sollte, versteht sich eigentlich
von selbst. Ins Schwitzen gerät man
noch früh genug, also lieber ein wenig
abwarten, solange die Sonne vom Himmel brennt, um im kühlen Schatten die
Geschichte Revue passieren zu lassen.

Als sich im 13. Jh. die Piratenüberfälle auf Elba in erschreckendem
Ausmaße häuften, versprachen die
Pisaner der verzweifelten Inselbe-
völkerung, Abhilfe zu schaffen und
eine uneinnehmbare Burg zu er-

richten. Gleichzeitig wollte man damit das seit der Antike praktizierte Frühwarnsystem verstärken und der bereits vorhandenen Kette von Wachtürmen ein neues Glied hinzufügen. Das Herannahen feindlicher Schiffe signalisierten Feuerzeichen von Turm zu Turm, eine ebenso simple wie bewährte Methode der Nachrichtenübermittlung. Die Römer hatten diese Methode übrigens so perfektioniert, daß eine Botschaft aus Sizilien innerhalb von nur 24 Stunden am Tiber eintraf. Ein Sohn Pisas, Gherardo Rau, erhielt 1284 den Bauauftrag für Volterraio, eine ausgezeichnete Wahl, denn selbst der gefürchtete Piratenkönig Barbarossa scheiterte – wie alle Marodeure vor und nach ihm – an der Einnahme der Feste. Die Fluchtburg bot mehr als ein halbes Jahrtausend lang allen Feinden trotzig die Stirn, bis sie schließlich still und leise verfiel. Was von ihr übrig blieb, sind – abgesehen von den Überresten eines im Barock hinzugefügten Kirchleins – einige Mauern, Wehrgänge und Zinnen.

Daß Souvenirsammler der ehrwürdigen Festung noch nicht endgültig den Garaus gemacht haben, spricht ebenfalls für die Widerstandskraft des alten Gemäuers. Seit Jahr und Tag schleppen Andenkensammler Stein um Stein zu Tal, ein Unfug, dem die Denkmalschützer nahezu machtlos gegenüberstehen. Dagegen erscheint die wohl an allen Orten verbreitete Unsitte, der Nachwelt seine Anwesenheit durch Sgrafitti kundzutun, vergleichsweise geradezu harmlos. Wie man sich erzählt, konnte sogar Napoleon dieser kindischen Versuchung nicht widerstehen, doch zum Leidwesen der Gemeinde ging der Stein mit den von Kaiserhand eingravierten Initialen irgendwann verloren. Den Gelehrten wiederum bereitet Volterraio ganz andere Sorgen, sie streiten nach wie vor über die Herkunft des Namens von Berg und Burg. Die einen meinen, er leite sich von *ful-tur*, dem Wort der Etrusker für »Hohefeste« ab und beweise damit auch die ebenfalls umstrittene Hypothese, daß bereits diese hier eine Wehranlage besaßen. Andere wiederum sehen in der Bezeichnung einfach eine Würdigung der »über die Erde dahinfliegenden« Etruskerstadt Volterra. Die dritte Theorie besagt, Geier – *vultures* – standen bei der Namensgebung Pate, was angesichts des schroffen Felsenhorstes auch recht plausibel klingt.

Villa Romana delle Grotte: Römisches vom Feinsten

Zurück auf der Straße nach Portoferraio biegt nach links ein Seitensträßchen ab, das zum romanischen Kirchlein **Santo Stefano alle Trane** führt. Eine weitere Abzweigung unmittelbar nach der Straße nach Magazzini führt nach **La Chi-**

112

Villa Romana

usa. Das weit über Elba hinaus bekannte Weingut der Familie Foresi zählt zum Schönsten und Stilvollsten, was die Insel zu bieten hat (s. S. 78).

Unübersehbar weist vor den letzten scharfen Kurven vor der langen Geraden durch die Ebene von San Giovanni ein Pfeil zu einem großzügig angelegten Parkplatz vor der **Villa Romana delle Grotte,** einer Römervilla aus dem frühen 2. Jh. n. Chr. Als Besitzer des komfortablen Landhauses geben lokale Historiker gerne den Präfekten Publius Acilius Attianus an, obwohl sich bisher kein einziger Hinweis auf den einstigen Eigentümer fand. Ob der höchste Beamte Kaiser Hadrians auf Elba in diesem Herrschaftssitz tatsächlich

residiert hat, wird vermutlich nie zu klären sein, seiner würdig gewesen wäre das Anwesen allemal, denn selbst die spärlichen Reste lassen eine luxuriöse Lebensführung erkennen. Wenn sich etwa der römische Hausherr nicht in seinen weitläufigen Ziergärten erging, dann nahm er vielleicht gerade ein warmes Bad in seinem 2 m tiefen, mit Bodenheizung ausgestatteten Bassin und erfreute sich an den Fresken der Arkaden rund um das Becken. Bedeutende Gäste empfing er in einer 11 x 18 m großen Halle, sein Privatleben spielte sich in mosaikgeschmückten Gemächern ab, wie die Anordnung von abwechselnd dunkelgrünem Serpentit und weißlichem Kalkstein, jeweils 10 x 10 cm im Quadrat, zeigt. Die Domestiken lebten in kleinen, durch eine Mauer von den Herrschaftsräumen getrennten Zimmern und kümmerten sich um Küche und Keller, die neben mehreren Brunnenschächten in den Hang gegraben waren. Ginster und Dornenbüsche überwuchern heute diese höhlenartigen Gewölbe, denen das Areal seinen Namen *Le Grotte* verdankt.

Von all der Pracht blieben freilich nur Reste erhalten. Unkraut wächst aus den Ruinen, Eidechsen huschen über sonnenwarmes Mauerwerk. Frühmorgens, bevor die ersten Busse eintreffen, oder kurz vor der Dämmerung zeigt sich dieser Ort in seiner unvergänglichen Schönheit. Das von den letzten Sonnenstrahlen vergoldete Häusermeer der uralten Hafenstadt leuchtet über dem Blau des Wassers, während eine Fähre wie ein stolzer Schwan durch die Wellen der Bucht gleitet.

Die Thermen von San Giovanni: Roßkur im Schlamm

Fremdenverkehr macht erfinderisch: Weil ihre Insel als konkurrenzfähiges Urlauberparadies mehr bieten sollte als nur Sonne, Strand und Meer, besannen sich die Elbaner in den 50er Jahren auf ihre brachliegenden Salinen bei San Giovanni. Das Ufer, an dem jahrhundertelang die Schlacken aus den Hochöfen abgelagert wurden, sah zwar nicht besonders attraktiv aus. Doch die Bauern brachten

seit jeher lahme Pferde an diesen schlammigen Strand, um Gelenkentzündungen oder Geschwülste ihrer Tiere zu heilen. Was Rösser kuriert, könnte vielleicht auch Menschen helfen, überlegten die findigen Insulaner und gaben eine Studie in Auftrag. 1957 lag das Untersuchungsergebnis eines Ärztegremiums vor: Der dank des Abfalls aus der Erzgewinnung mit Schwefel und Eisen angereicherte Lagunenschlamm stellt eine begehrte Rarität dar, die man sonst nur noch am Schwarzen Meer findet und die man in der Humanmedizin anwendet. Bäder in dieser Brühe helfen bei Rheuma, Gicht, Nervenentzündungen, Hautkrankheiten und Frauenleiden.

Gründe genug also, daß Elba nun auch als Kurort Furore machen könnte, zumal es auf einer Fläche von nicht weniger als 5 ha ausreichende Mengen dieses Heilmittels besitzt. Weitere Analysen besiegelten den Entschluß zum Bau eines Thermalbades, das neben der Gesundheit auch der Schönheit dient: Der beachtliche Anteil an Meeresalgen reichert den Schlamm nämlich zusätzlich mit Jod an, und ein hochkonzentriertes flüssiges Extrakt daraus wirkt nicht nur als »Weichspüler« für die Haut, sondern auch gegen Zellulitis. Auf der einstigen Schutthalde steht heute ein elegantes Kurhaus inmitten eines gepflegten Parks, in dem kein Hotelbetrieb die Ruhe stört und Verkehrslärm nur von Ferne zu hören ist.

Zur Halbinsel Calamita

Das pittoreske Bergstädtchen Capoliveri hütete einst das Tor zur Schatzkammer Elbas. Im Innern der Halbinsel Calamita ruhen auch heute noch unzählige wertvolle Steine, so daß sich vor allem Mineralienfreunde von der herben Landschaft mit den treppenförmig zum Meer abfallenden, stillgelegten Bergwerken magnetisch angezogen fühlen. Nur die schrillen Schreie der Möwen zerreißen die Stille der einsamen Küsten, die einstmals so vielen Schiffen zum Verhängnis wurden. Süß duftet der Ginster an den Hängen des Monte Calamita, verführerisch glitzert das Meer zwischen winzigen Inselchen und versteckten Buchten, von denen so manche Geschichten aus uralter Zeit zu erzählen wissen.

Auch für die Fahrt zur Halbinsel Calamita im äußersten Südosten nehmen wir beim Kreisverkehr von Bivio Boni in Portoferraio zunächst die Abfahrt Richtung Porto Azzurro. Nach etwa 1 km besteht jedoch die Möglichkeit zu einem kleinen, durchaus lohnenden Umweg. In nahezu rechtem Winkel biegt ein Nebensträßchen zu den Steinbrüchen am **Colle Reciso** ab, das sich kurvenreich durch würzig duftende Pinienwälder bergwärts windet und kurz nach der Paßhöhe nach links wieder zur Hauptstrecke führt. Früher kultivierten Bauern dieses fruchtbare Hügelland zwischen der Ebene von San Giovanni im Norden und der Ebene von Lacona im

Süden, seit dem Bauboom der 70er Jahre kam die Landwirtschaft in diesem mittlerweile begehrten Wohngebiet aber nahezu gänzlich zum Erliegen. Gerade noch rechtzeitig verhinderte die zuständige Gemeinde von Portoferraio damals den restlosen Ausverkauf der Gegend an wohlhabende Bauherren. Strenge Bestimmungen machen seither Grundstücksspekulationen nahezu unmöglich, so daß ein wunderschönes Wandergebiet erhalten blieb. Sorgsam gepflegte Forstwege führen auf den Gipfel des 377 m hohen Monte Orello, wo noch immer Festungsbauten aus dem Zweiten Weltkrieg Zeit und Witterung trotzen.

Durch die Halbinsel Calamita

Capoliveri:
Freiheit um jeden Preis

Nach der Rückkehr zur Schnell-
straße ist nun die Abzweigung
nach Capoliveri (2 km vor Porto
Azzuro nach rechts) zu beachten.
Caput liberum – »Freiheitsgipfel« –
hieß in der Römerzeit die kleine

Bergsiedlung in 167 m Höhe, die
sich nicht nur zu einem der hüb-
schesten, sondern auch eigenwil-
ligsten Städtchen der Insel mausern
sollte. Getreu seinem Namen stand
Capoliveri an vorderster Front, wann
immer es galt, Widerstand gegen
Behördenwillkür und Obrigkeits-
denken zu leisten. In der Antike
garantierten seine Stadtmauern jedem Verfolgten Schutz, gleichgül-
tig, gegen welches Gesetz sich dieser vergangen hatte. Zu Beginn des
17. Jh. stellte es sich auf die Seite

des Hauses Habsburg, das die Spanier aus Elba vertreiben wollte, und bot den Invasoren Zuflucht und Hilfe. Die Strafe folgte auf dem Fuße: Nach der Entscheidungsschlacht ließ der siegreiche spanische Gouverneur die Mauern der Stadt bis auf die Grundfesten schleifen. Und Napoleon mußte die Erfahrung machen, daß Capoliveri auch von einem Kaiser nicht alles widerspruchslos hinnahm. Als einzige Gemeinde verweigerte es die Bezahlung neuer Steuern so lange, bis Bischof und Bürgermeister samt Anhang als Geiseln des erbosten Korsen im Gefängnis saßen (s. S. 65). Für ihre Freiheit war ihnen kein Preis zu hoch.

Frei schweift auch heute noch der Blick über die ziegelroten Dächer des Dorfes, in dem sich vor allem Feriengäste aus der Bundesrepublik wohl fühlen. Viele kauften sich ein und sanierten die alten, vom Verfall bedrohten Stadthäuser. Doch trotz der zahlreichen Zweitwohnsitze in deutscher Hand ging nichts von der zutiefst italienischen Atmosphäre verloren. Nach wie vor leben gut und gern 2500 Elbaner im Winkelwerk der malerischen, steilen Gassen, in denen auch außerhalb der Touristensaison munteres Treiben herrscht. Treffpunkt ist natürlich die **Piazza** mit ihrem einzigartigen Panoramablick auf die Bucht von Porto Azzurro und den Golfo Stella bis zu den Inseln Pianosa, Giglio und Montecristo. Zu diesem Augenschmaus paßt nun ein Glas des gerühmten Capoliveri-

Weins, der seine Güte dem mineralreichen Boden der Halbinsel Calamita verdankt. An dem edlen Tropfen ergötzte sich schon Papst Gregor XII., als er 1377 bei seiner Rückkehr von Avignon nach Rom in der Bucht von Porto Longone vor einem Sturm Zuflucht suchte und in Capoliveris **Chiesa San Michele** eine Messe las. Ein verlassener Friedhof befindet sich heute an der Stelle des Gotteshauses aus dem 12. Jh., von Elbas ältester romanischen Kirche blieben nur das Presbyterium und die Apsis erhalten.

Das Wallfahrtskirchlein **Madonna delle Grazie** aus dem 16. Jh. zu Füßen der Stadt überdauerte die Jahrhunderte unversehrt. Zu der einstigen Einsiedelei führt die Ortsumfahrung in Richtung Punta Morcone, nach 1 km zweigt rechts der Weg zur Küste mit dem hübschen Badestrand von Pareti ab. Das Kirchlein liegt freilich nicht direkt am Meer, sondern inmitten von Weingärten neben einer Grotte aus Tuffstein. Wie es sich für eine Wallfahrtsstätte gebührt, rankt sich eine Legende um das Marienheiligtum. Bis heute erzählt man sich, daß türkische Piraten nach einem ihrer häufigen Raubzüge ein erbeutetes Madonnenbild über Bord warfen. Wie durch ein Wunder konnte das Salzwasser dem Kunstwerk aus der Schule Raffaels jedoch nichts an-

Capoliveri ▷

haben. Unversehrt bargen Fischer das Gemälde aus den Fluten, doch als sie es nach Mola bringen wollten, gerieten sie in Seenot und strandeten in der kleinen Bucht. Ein Fingerzeig des Himmels, just an dieser Stelle eine Kapelle zu Ehren der heiligen Jungfrau zu errichten. Leider stehen Besucher heutzutage meist vor verschlossenen Toren und können weder das wundertätige Altarbild noch die kostbar bemalte Decke bewundern. Doch allein schon der Romantik des Ortes wegen sollte man auf den kurzen Abstecher nicht verzichten.

ℹ️ **Information:** Ufficio Turistico Della Lucia, Capoliveri, Via Mellini 9, ☎ 05 65-93 51 84, Fax 05 65-93 51 84

🍴 **Restaurants:** Il Chiasso, Via N. Sauro, ☎ 05 65-96 87 09: Szene-Wirt Luciano kocht persönlich. Osteria delle Grazie, Via delle Grazie 2, ☎ 05 65-96 80 44: Originelles Ambiente, phantasiereiche Küche. Summertime, Via Roma 56, ☎ 05 65-93 51 80. Tre Archi, Strada per Camping Stella Mare, ☎ 05 65-96 41 68.

Halbinsel Calamita: Magnet für Mineralienfreunde

Unerwartet romantisch beginnt auch die Rundfahrt um die von herber Schönheit geprägte Halbinsel, wenn man am südlichen Ortsende von Capoliveri der Beschilderung »Calamita Miniere« folgt und 10 km weit über die mitunter mühsam zu befahrende Sandpiste bis zur **Costa dei Gabbiani**, der »Möwenküste« an der äußersten Spitze, fährt. Unterhalb des Weges kommt rechter Hand zuerst der von Weingärten und Pinienhainen flankierte Sandstrand von **Pareti** in Sicht, bis schließlich die Zwillingsinselchen **Isole Gemini** vor der **Cala dell' Innamorata**, der »Bucht der Liebenden«, aus dem dunklen Spiegel des Meeres auftauchen. Es heißt, ein verzweifeltes Mädchen habe sich von dieser Küste in die Wellen gestürzt, um sich im Tode mit ihrem von Piraten entführten Herzallerliebsten zu vereinen.

Noch ein kurzer Schwenk ins Landesinnere, dann ist endlich Elbas Mineraliendorado **Miniere di Calamita** erreicht. Apropos *Calamíta:* Im Gegensatz zu der italienischen Vokabel für Unheil, die auf der Endsilbe betont wird, bedeutet das Wort, ausgesprochen mit einem langgezogenen i, »Magnet«. Magnetisch zieht der terrassenförmig steil abfallende Eisenerztagebau nicht nur viele Steinesammler an, die trotz Verbots ihrem Hobby frönen, wie ein Magnet wirkte in alten Zeiten die Halbinsel auch auf leichtsinnige Seefahrer, allerdings in verhängnisvoller Weise. Wegen der einstmals vorhandenen großen Vorkommnisse an Magnetiteisenerz sollen nämlich die Kompasse verrückt gespielt haben, orientierungslos umherirrend zerschellte

Auf der Halbinsel Calamita

daraufhin so manches Schiff vor dieser Küste. Ob Dichtung oder Wahrheit, fest steht, daß die Gewässer im Süden Elbas nicht ungefährlich sind, wie die große Zahl auf dem Grunde liegender Wracks beweist. Doch Berichte, daß der Magnetberg in jenen Zeiten sogar die Eisennägel aus den Planken der Unglücksschiffe gezogen habe, können getrost ins Reich der Fabel verwiesen werden.

Seit 1978 auch das Bergwerk »Valone« als letztes den Betrieb einstellte, liegt tiefer Frieden über den Erzminen von Calamita. Wie ein Pensionist im wohlverdienten Ruhestand sonnt sich die Halbinsel in ihrem neuen Status als Erholungsgebiet. Wo früher Spreng-

ladungen detonierten, mit deren Hilfe man das grobkörnige, bis zu 41 % Eisen enthaltende Rohprodukt *Fini Calamita* gewann, tummeln sich heutzutage ungestört Wildschweine, Hasen und Ziegen in einem 4000 ha umfassenden Naturschutzgebiet. In überholten und immer noch auf Elba verkauften Landkarten steht das Areal als *Fattoria le Ripalte* verzeichnet, was für allerlei Verwirrung sorgen kann. Der gleichnamige Gutshof im Schatten ehrwürdiger Schirmpinien auf einem Hügel existiert – als Apartment-Hotel – zwar nach wie vor, doch heißt das umliegende Land bis zur äußersten Spitze Costa dei Gabbiani (und ist auch als »Möwenküste« ausgeschildert). Der Name für das neu erschlossene Touristenparadies (inklusive Luxusherberge) lag freilich auf der Hand, nisten doch Tausende und Abertausende

Möwen an den unzugänglichen Steilküsten. Unzählige Fußpfade, Forstwege und Privatstraßen schlängeln sich in die Tiefe – und münden zur Freude der Wanderer vor einem Schlagbaum. Autofahrer sind hier unerwünscht, Besucher an den für Hotelgäste reservierten Stränden ebenfalls.

Vor allem im Frühsommer, wenn der Ginster blüht und die Hänge und Täler zu Füßen des 413 m hohen Monte Calamita in einen gelben Farbtopf taucht, zeigt sich der wilde Süden Elbas von seiner sanftesten Seite. Sobald jedoch die Sommersonne unbarmherzig herunterbrennt und das saftige Grün in tristes Braun verwandelt, gehört das Herz eines Einsiedlers dazu, sich in der kargen Landschaft wohl zu fühlen. Wer sich das Hotel »Costa dei Gabbiani« zum Feriendomizil wählt, sollte bloß wandern oder baden wollen – und sonst nichts. Andernfalls erweist sich dieser Standort als denkbar ungeeignet, jeder Ausflug, und sei es bloß ins nur 10 km entfernte Capoliveri, führt über die schattenlose Staubstraße.

🛏 **Hotels:** ***Elba International, 57031 Naregno-Capoliveri, ✆ 05 65-96 86 11, Fax 05 65-96 81 82: Elegantes Haus überm Meer, Aufzug zum Strand, Vermittlung von Wohnungen. ***Hotel Le Acacie, 57031 Naregno-Capoliveri, ✆ 05 65-93 51 51, Fax 05 65-96 70 62: Idyllische Grünlage am Meer. ***Antares, 57031 Lido-Capoliveri, ✆ 05 65-94 01 31: Man riecht und hört das Meer. **Villa Rodriguez, 57031

Naregno-Capoliveri, ✆ 05 65-96 84 23 (Winter: 05 65-96 83 37), Fax 05 65-93 50 24: Einfache Pension in ruhiger Lage am Strand. **Hotel Dino 57031 Pareti-Capoliveri, ✆ 05 65-93 91 03, Fax 05 65-96 81 72: Klein, aber fein.

Apartments: ***Mandel Residence, 57031 Morcone-Capoliveri, ✆ 05 65-96 87 58, Fax 05 65-96 85 28: Wohnungen für 2–5 Pers., 400 m vom Meer (priv. Sandstrand). **Drago Residence, 57031 Morcone-Capoliveri, ✆ 05 65-96 80 11, Fax 05 65-96 89 42: Wohnungen für 2–6 Pers. direkt am Meer. ***Al Pozzo Residence, 57031 Morcone-Capoliveri, ✆ 05 65-96 88 64, Fax 05 65-96 70 96: Deutschsprachiger Familienbetrieb, Apartments für 2–5 Pers. ***Villaggio Costa dei Gabbiani, 57031 Costa dei Gabbiani-Capoliveri, ✆ 05 65-93 51 22 (Winter: ✆/Fax 0 45-8 03 01 40), Fax 05 65-93 52 33: Anlage in unberührter Natur, kein Massenquartier. **Residence Le Grazie Ovest, 57031 Madonna delle Grazie-Capoliveri, ✆ 05 65-96 87 76: Apartments für 3–4 Personen. **Touristelba, 57031 Innamorata-Capoliveri, ✆/Fax 05 65-93 51 56: Gemütlicher Familienbetrieb in Strandnähe. **Ferienhäuser Villa Morcone, Familie Fasel, 57031 Morcone-Capoliveri, ✆ 05 65-96 86 20, Fax 05 65-96 84 56: Apartments und Häuser an den Grünhängen oberhalb der Morcone-Bucht. **Residence I Due Piu, 57031 Norsi-Capoliveri, Signora Emilia Nalli, ✆ 05 65-94 00 95 (Winter: 0 51-88 31 45): Traumlage in Pinienhain direkt am Meer.

⛺ **Camping:** Europa, 57031 Lido di Capoliveri, ✆/Fax 05 65-94 01 21: Terrassenanlage mit dichtem Bewuchs, komfortable Ausstattung mit Supermarkt, Restaurant, Pizzeria. Badestelle mit Sand und Kies in ca. 200 m Entfernung.

Im Herzen Elbas

Nach einem Fußmarsch auf das Vorgebirge Monte Enfola und der Besichtigung von Napoleons Sommerresidenz Villa San Martino sorgen die Strände von Biodola und Procchio für Abkühlung. Vom Monte Castello mit den Überresten einer Etruskersiedlung überblickt man das schmale Herzstück der Insel. Die fruchtbare Ebene erstreckt sich bis zur touristisch bestens ausgestatteten Südküste, wo die Bungalow-Siedlungen und Campingplätze an den Golfen von Lacona und Stella Erholungssuchenden alles bieten, was das Herz begehrt.

Nicht immer beginnt's mit Bivio Boni. In Portoferraio, gleich an der ersten Ampel stadtauswärts an der Kreuzung mit der Piazza del Popolo, biegen wir nach rechts in die Viale A. Manzoni ein und folgen dem Richtungsschild »Enfola«. An der Nordküste entlang führt der Weg durch ein hübsches, hoch über der Steilküste thronendes Villenviertel. Nach 3 km gabelt sich die Straße: Linker Hand liegt am Ende einer Stichstraße der ruhige, weiter nicht bemerkenswerte Fischerort **Viticcio** am gleichnamigen Golf, von dem man eine nicht allzu beschwerliche Wanderung nach Forno am äußersten Ende der Bucht von Biodola unternehmen kann. Nach rechts geht es zum **Capo d'Enfola**. Vor der schmalen Landenge zu Füßen des 135 m hohen Vorgebirges **Monte**

Enfola ist für Autofahrer Endstation. Wie eine Nabelschnur verbindet der Isthmus das hochaufragende Kap mit dem »Festland« Elba, und tatsächlich dürften die Römer den Berg als Insel betrachtet haben. Sprachforscher sehen in dem heutigen Begriff »Enfola« nämlich schlicht eine Verballhornung des lateinischen *insula*.

Tristesse umgibt heute den Ort, an dem seit der Antike bis in unsere Tage das Zentrum des Thunfischfangs in diesen Gewässern lag. In den 50er Jahren aber nahm die Ausbeute so rapide ab, daß die Fischfabrik endgültig schließen mußte. Ein ganzer Industriezweig kam zum Erliegen, eine Aussicht auf eine Wiederaufnahme von Fang und Verwertung gibt es nicht. Wenn Elbaner heute der Sinn nach *tonno*

Im Herzen Elbas

steht, so müssen sie importierten Thunfisch entweder tiefgefroren oder in Dosen kaufen. Angeblich soll zumindest das Fabrikgebäude als Monument erhalten bleiben; wie es heißt, wird es restauriert, doch wie es aussieht, haben die Behörden dieses Vorhaben längst wieder ad acta gelegt. Unbeachtet rosten zurückgelassene Anker am abbröckelnden Kai, auf dem nur noch selten ein Fischer seine Netze flickt, in denen bestenfalls ein paar Höhlenfische zappeln werden. Einige wenige Badenixen sonnen sich am ungepflegten Schotterstrand, in ihren knappen Bikinis ein seltsamer Kontrast zu den zünftig gekleideten Wanderern, die das Felsmassiv erklimmen. Ihnen winkt am Ende des Fußwegs, der durch dichte Macchia führt, auf dem Gipfel eine hinreißende Aussicht auf die Nordküste der Insel.

Von der Napoleon-Villa ins Keramik-Tal

Nach diesem Abstecher geht es zurück zum Kreisverkehr von Bivio Boni und dort Richtung Procchio. Schon nach 1,5 km führt ein Stichsträßchen zu Napoleons Sommer-

residenz **Villa San Martino**, einem kleinen, in den Hang gebauten zweigeschossigen Landhaus. Direkt davor steht der neoklassizistische **Demidoff-Palast,** der Gemälde und Stiche des 19. Jh. zeigt. (Geöffnet Mo–Sa 8.30/9–19, So, Feiertag 8.30/9–13.30 Uhr, die Eintrittskarte gilt auch für die Villa.) Bei der Rückkehr zur Hauptstraße findet man auf der rechten Seite die gut ausgeschilderte Zufahrt zum **Valle delle Ceramiche** des elbanischen Künstlers Italo Bolano. Mit ein wenig Glück ist der Schöpfer dieses eigenwilligen Freilichtmuseums (mittags und So geschl.), in dem abstrakte Keramikarbeiten mit den Bäumen und Sträuchern des 10 000 m² großen Parks harmonieren und solcherart Natur und Kunst zu einem Gesamtwerk vereint wer-

Villa San Martino

Villa San Martino
Ein Landhaus als Sommersitz

Als Bonaparte bei einem seiner unzähligen Ausritte nur 7 km von Portoferraio entfernt das »liebliche Tal von San Martino« entdeckte, schien noch die milde Maisonne. Nicht bedenkend, daß sich schon wenig später die Sommerhitze wie eine glühende Glocke über diese Ebene senken würde, setzte er alles daran, sich hier eine zweite Residenz zu schaffen. Tatsächlich verbrachte der Kaiser insgesamt nur wenige Wochen in dem zu einem Schlößchen umgestalteten einfachen Landhaus, das sich heute hinter der neoklassizistischen Fassade des Demidoff-Palastes verbirgt.

Dem vergleichsweise geschmackssicheren Korsen blieb der Anblick dieses Tempels mit seinen dorischen Säulen aus gelblichem Stein gnädigerweise erspart. Erst 1851, drei Jahrzehnte nach dem Tod seines Idols und fünf Jahre nach der Scheidung von der Napoleon-Nichte Mathilde, erteilte der vermögende Fürst Anatol Demidoff dem Florentiner Architekten Nicolo Matas den Auftrag zur Errichtung eines Museums. Der russische Adelige besaß mittlerweile das gesamte Areal inklusive der Villa San Martino. 1859 fertiggestellt, herrschte in der nach dem Bauherrn benannten Galerie trotz der zur Schau gestellten Werke von Canova, Chaudet, Gerard oder Morelli freilich mehr die Stimmung eines Mausoleums als einer Kunstsammlung: Nicht etwa die Gemälde oder Skulpturen gaben den weitläufigen Räumen das Gepräge, sondern Bonaparte-Reliquien aller Art. Der plötzliche Tod des Fürsten im Jahre 1870 beendete den Napoleon-Kult, ohne zu zögern brachten die Erben das für sie nutzlose Landgut einschließlich Inventar unter den Hammer.

Mehr als ein halbes Jahrhundert war San Martino in Privatbesitz, erst ab 1930 erwarb der italienische Staat die Villa, wenig später den nahezu leeren Demidoff-Trakt und schließlich auch den dazugehörigen prachtvollen Park. Seither dienen die monumentalen Hallen wieder als Museum, freilich mit noch dürftigerem Inhalt als einst. Weil die Räume nach einer nur halbherzig durchgeführten Sanierung nach wie vor zu feucht sind, hielt die Denkmalbehörde die von dem Elbaner Gelehrten Mario Foresi 1943 gestiftete Gemäldesammlung »Foresiana« jahrzehntelang unter Verschluß. Seit 1991 wird ein Teil in Portoferraio gezeigt. Das Glanzstück der in San Martino verbliebenen

Kollektion – eher unbedeutende Bilder sowie 230 Stiche zum Thema Napoleon – stellt zweifellos eine Canova-Skulptur der schönen Nymphe Galatea dar, für die keine Geringere als die Kaiserschwester Paolina selbst im Evaskostüm Modell gestanden sein soll.

Als gelte es, dem Dienstbotentrakt einen Besuch abzustatten, führt die weitere Besichtigungsroute über einen kleinen Abhang buchstäblich in den Hinterhof. Bescheiden duckt sich am Ende einer weitläufigen Terrasse, die sich als Dach des russischen Musentempels entpuppt, Napoleons Sommerresidenz. Das ohnehin wenig interessante Erdgeschoß mit Personalzimmern, Küche und Garderobe bleibt vor neugierigen Blicken versperrt. Nur wer angestrengt durch die vergitterten Fenster lugt, kann im Bad schemenhaft eine Allegorie der Wahrheit und unter dem Fresko einer nackten Frau die Inschrift *Qui odit veritatem odit lucem* – »Wer die Wahrheit haßt, haßt das Licht« – erkennen.

Im Obergeschoß folgen auf einen Vorraum Schlaf- und Wohnzimmer des Generals Bertrand, der seinem Herrn ins Exil gefolgt war. Auch Madame Bertrand lebte hier in freiwilliger Verbannung, ganz im Gegensatz zu Napoleons Gemahlin Marie-Louise, die zu ihrem Mann tunlichst Distanz hielt und sich lieber in den fashionablen Badeorten des Kontinents vergnügte. Der kaiserliche Ehehimmel hing nämlich schon längst nicht mehr so voller Geigen, wie es das Deckengemälde im anschließenden Beratungszimmer zu verheißen scheint: Zwei Tauben tragen ein zartblaues Band in ihren Schnäbeln, das sich in der Mitte zum *nodo d'amore* – zum sogenannten »Liebesknoten« – verknüpft. In gewissem Sinne stimmt die Symbolik dennoch, fliegen doch die Vögel recht zielstrebig in entgegengesetzte Richtungen. Daß sich der Knoten solcherart nur um so fester zusammenziehe, will diese Allegorie der ehelichen Treue besagen, aber wird nicht häufig ein Band zum verhängnisvollen Strick, der jegliche Liebe erwürgt? Die Privatgemächer des Kaisers erweisen sich wegen der Einrichtung als sehenswert, ebenso der Empfangssaal, dem rührend-stümperhafte Wandmalereien mit Szenen aus dem napoleonischen Ägypten-Feldzug die ungewöhnliche Atmosphäre verleihen.

Was für ein armer Teufel muß Bonaparte letztlich doch gewesen sein! Angesichts dieses kläglichen Versuchs, die Welt seine Heldentaten nicht vergessen zu lassen, weicht die Aggression, die mancher noch heute gegen den maßlosen Aggressor hegt, und man bekommt für eine kleine Weile Mitleid mit einem Mann, an dem sich bis zum heutigen Tag die Geister scheiden.

Strand von Procchio

den (s. Abb. S. 43), sogar persönlich anwesend. Die meiste Zeit des Jahres lebt der 1936 geborene Professor Bolano allerdings in Florenz, doch in den Monaten Juli und August kümmert er sich selbst um das von ihm bereits 1967 ins Leben gerufene »International Art Centre«, in dem sich Kunstschaffende aus aller Welt ein Stelldichein geben. Schwieriger zu entdecken sind hingegen zwei Keramiker aus Deutschland, die sich ein wenig oberhalb der Talsenke niedergelassen haben. Zu dem eigenwilligen Künstlerehepaar Iskra und Oreste May findet man im Valle delle Ceramiche nach einer verwaschenen Hinweistafel über einen holprigen Schotterweg, der sich in steilen Kehren hangwärts über Stock und Stein bis zu ihrer Haustür windet (s. S. 74).

Biodola: Schönheit hat ihren Preis

Aufwärts geht es auch nach der Rückkehr zur Hauptstrecke, bis man nach etwa 3,5 km eine Art Paßhöhe und dort die Abzweigung nach Biodola erreicht. Nur Superlative werden dem gleichnamigen Golf mit seiner weiten Sandbucht gerecht, an der sich selbstredend eine Luxusherberge der absoluten Spitzenklasse findet. In privilegierter Lage und nur 8 km von Portoferraio entfernt, stellt das Hotel »Hermitage« selbst die verwöhnteste Klientel zufrieden. Kunstvoll gebändig-

te, immerblühende Macchia unter altehrwürdigen Palmen verleiht dem 150 ha großen Privatpark mit den komfortablen Gästebungalows, 3 Meerwasser-Pools, 8 Tennis plätzen sowie einem Handball-, Fußball- und Golftrainingsplatz tropisches Flair. Auf den eleganten Terrassen hoch über dem weißen, feinsandigen Strand erfüllt sich wahrlich jeder Ferientraum – freilich auch zu traumhaft hohen Preisen. Daß auch das einfache Leben ein verhältnismäßig teures Vergnügen sein kann, stellt die anschließende Bucht von **Scaglieri** unter Beweis, wo sich der ob des Panoramas unumstritten schönste und dementsprechend kostspieligste Campingplatz Elbas niedergelassen hat. Im benachbarten **Forno** – der Ortsname »Ofen« leitet sich von den Ausgrabungen etruskischer Schmelzöfen ab – gibt es jedoch, ebenso wie in Scaglieri, ein paar gemütliche Lokale mit durchaus zivilen Preisen. Ganz und gar gratis aber ist der Augenschmaus, den die **Punta Penisola** vor allem zu Sonnenuntergang bietet. Bis nach Marciana Marina reicht von dieser Anhöhe die großartige Aussicht über Klippen, Buchten und Meer.

Hotels: ****Hermitage, 57037 La Biodola-Portoferraio, ✆ 05 65-93 69 11, Fax 05 65-96 99 84 (Winteradresse, Ende Okt.–Ende April: 16124 Genova, Via Cairoli 1/A-2, ✆ 0 10-29 28 52, Fax 0 10-20 38 43: Spitzenhaus mit allem Komfort, beheizter Meerwasserpool, eigener Golfplatz (9 Löcher). ****La Biodola, 57037 La Biodola-Portoferraio, ✆ 05 65-93 68 11, Fax 05 65-96 98 52 (Winteradresse s. Hotel Hermitage): Luxus hat seinen Preis. ***Casa Rosa, 57037 Biodola-Portoferraio, ✆ 05 65-96 99 19: Das preisgünstige Quartier am Traumstrand von Biodola. ****Park Hotel Napoleone, 57037 San Martino-Portoferraio, ✆ 05 65-91 69 73, Fax 05 65-91 78 36: Eleganz nahe der Sommerresidenz Napoleons, 6 km vom Biodola-Strand.

Camping: La Sorgente, 57037 Portoferraio/Acquaviva, ✆ 05 65-91 71 39: Gepflegter Platz auf schmalen Terrassen, eigener Zugang zum Meer (Kiesstrand); Solarbeheizte Sanitäranlagen, kleiner Laden, Hundeverbot. Enfola, 57037 Portoferraio/Enfola, ✆ 05 65-91 53 90: Kleiner Terrassenplatz am Capo d'Enfola, schöne Lage, gediegene Ausstattung; Minimarkt mit Snackbar, Badestelle unterhalb der Anlage. Starcamping Scaglieri, 57037 Portoferraio/Scaglieri/Biodola, ✆ 05 65-96 99 40, Fax 05 65-96 99 84 (Winteradresse: 16124 Genova, Via Cairoli 1/A-2, ✆ 0 10-29 28 52, Fax 0 10-20 38 43): Traumhafte, ruhige Lage an einer der malerischsten Buchten der Insel, Sandstrand 100 m über Treppen erreichbar. Reiche Vegetation, viel Schatten, gute Sanitäranlagen. Verbot von Hunden und Radioapparaten, Kleinkinder unter 3 Jahren sind nur in der Vor- und Nachsaison willkommen.

Restaurants: Da Luciano, Portoferraio/Biodola, Strand von Scaglieri, ✆ 05 65-96 99 52: Jede Art von Meeresgetier.

Keinesfalls darf man auch am nächsten Ort, der nach 3 km kurven- und panoramareicher Fahrt in Sicht kommt, achtlos vorbeifahren. Denn **Procchio** am gleichnamigen Golf ist nicht nur ein Verkehrsknotenpunkt, an dem sich die Wege nach dem Westen, Osten und Süden schneiden, sondern vor allem eines der bekanntesten Ferienzentren der Insel. Den unglaublichen Aufstieg vom unbedeutenden Weiler zum prominenten Urlaubsort verdankt das einstige Fischerdorf seinem mehr als 1 km langen, strahlend weißen Sandstrand, den bereits Napoleons schöne Schwester zu schätzen wußte. Ihr zu Ehren tauften die Elbaner eine dekorativ vor dem Westufer der Bucht aufragende Klippe »Insel der Paolina«.

Vermutlich würde der lebenslustigen Dame, die wie kaum eine andere Feste zu feiern verstand, das Procchio von heute recht gut gefallen. Eine Reihe von Clubs und Diskotheken sorgt dafür, daß keine Langeweile bei den Gästen der Hotels, Pensionen und Ferienwohnungen aufkommt. Als unglaubliche Naturtalente der Unterhaltungsbranche erweisen sich dann die Söhne und Enkelkinder der einfachen Fischer und Bauern, die in ihrer Jugend bestenfalls auf Hochzeiten das Tanzbein geschwungen haben. Deren Zeit ist unwiderruflich vorbei, und geht das bunte Treiben auch einmal zu weit, bleibt den Alten doch nichts anderes übrig, als kopfschüttelnd am Kai zu sitzen. Mit unbewegten Mienen betrachten sie die ungezwungen flanierenden Oben-ohne-Mädchen, und selbst der Auftritt eines Splitternackten auf dem Surfbrett, der zum Gaudium des Publikums in Napoleon-Pose und einem Dreispitz auf dem Kopf so nah wie möglich zum Strand kurvt, entlockt ihnen kein Lächeln. Ob Paolina heimlich darüber geschmunzelt hätte? Wer weiß, zuzutrauen wäre es ihr jedenfalls gewesen.

Hotels: ****Residenza del Golfo, 57030 Procchio, ✆ 05 65- 90 78 04, Fax 05 65-90 78 98 (Winter: 16124 Genova, Via Cairoli 1/A-2, ✆ 0 10-29 28 52, Fax 0 10-20 38 43): Elegante Hotelanlage direkt am Sandstrand. ***Delfino, 57030 Procchio, ✆ 05 65-90 74 55. Mittlere Preisklasse. **Da Renzo, 57030 Procchio, ✆ 05 65-90 75 05. Gediegen ohne Luxus.
Apartments: **Villa Cecilia, Luigi Logo, 57030 Campo all'Aia-Procchio, ✆ 05 65-90 73 39: Neuerbaute Ferienwohnungen für 4–5 Pers., 50 m vom Strand.

Etruskersiedlung auf dem Monte Castello

Wem Jubel, Trubel, Heiterkeit in Procchio zuviel werden, dem steht nur die Flucht ins Hinterland offen. Terrassenförmig angelegte und nach wie vor kultivierte Weingärten, in denen auch Artischocken, Bohnen und allerlei anderes Gemüse wachsen, künden davon, daß in und um Procchio doch noch ein paar Bauern leben. Uralte Korkeichen und knorrige Olivenbäume flankieren den schnurgeraden Weg in den Süden. In der fruchtbaren Ebene **Campo nell'Elba** erwarten den Reisenden zwar keine traumhaften Ausblicke wie an der sich nach Marciana Marina schlängelnden Straße entlang des Meeres (s. S. 138), dafür gibt es auf der Strecke nach Marina di Campo endlich einmal bis auf weiteres keine scharfen Kurven. Wiesen, Felder, Obstgärten – im Herzen Elbas schlägt der Puls leiser als in den wilden Landschaften der Küsten und Gebirge.

In alten Zeiten jedoch, als noch ein Eroberer den anderen jagte, lag die flache Inselmitte den Feinden wie auf einem Präsentierteller dargeboten. Bereits die Etrusker trauten daher dem Frieden im Tale nicht und schlugen ihre Zelte auf dem 227 m hohen **Monte Castello** auf. Der Platz gefiel ihnen schließlich so gut, daß eine respektable, von hohen Stadtmauern umgebene Ansiedlung entstand. Zumindest zwei Jahrhunderte lang brannten auf dem Berg die Feuer etruskischer Schmelzöfen, bis die Römer um 250 v. Chr. der florierenden Gemeinde den Garaus machten. Ziemlich detailliert konnten Archäologen Glück und Ende der etruskischen Höhlensiedlung auf dem Monte Castello rekonstruieren, da sie nicht nur Mauerreste, Keramikscherben, metallene Trinkbecher und große Mengen von Metallschlacke fanden, sondern unter Bruchstücken des römischen Pflasters auch Asche und verkohlte Reste des ursprünglichen Dorfes. Kampflos hatten die Etrusker diesen Ort offensichtlich nicht preisgegeben, doch blieb von ihnen hier mehr zurück als an allen anderen Fundstätten der Insel.

Mehr als ein paar von der Macchia überwucherte Mauern sieht der Laie allerdings auch hier nicht: Spektakuläre etruskische Funde wie auf dem Festland kann Elba in keiner Weise bieten. Dennoch lohnt sich die Wanderung auf den Monte Castello, denn höchst selten handelt man sich für so wenig Mühe einen solch hinreißenden Anblick ein. Als dunkelblaue Seidenteppiche, eingefaßt von den elfenbeinfarbenen Borten der Strände, liegen der Golf von Procchio auf der einen und der Golf von Campo auf der anderen Seite ausgebreitet, während duftige Wolkenberge, von einem sanften Wind getrieben, flüchtige Schatten auf das sonnenwarme, goldgrüne Land werfen.

Aufstieg: Kurz vor La Pila, unmittelbar vor einer Brücke, rechts in einen kleinen Feldweg einbiegen, dort gibt es eine Parkmöglichkeit. Von dort auf einem Fußweg in 15 Minuten zum Gipfel.

Marina di Campo: Kein Platz für Langeweile

Ein Kontrastprogramm steht uns nun bevor, sobald das Dörfchen La Pila mit dem einzigen Insel-Flughafen hinter uns liegt: **Marina di Campo**, der Ferienort schlechthin, in Prospekten euphorisch als »mondänstes Seebad Elbas« gerühmt und angeblich »beliebtester Ur-

Im Hafen von Marina di Campo

laubsort« überhaupt. In der Tat kann die 4300 Seelen zählende Metropole der Gemeinde Campo nell'Elba ihren guten Ruf seit Jahren mit erstaunlichen Erfolgsbilanzen belegen: Trotz des (über)-reichlichen Bettenangebots sind sämtliche Hotels, Pensionen und Apartments am Golfo di Campo bis zur letzten Besenkammer ausgebucht, nicht nur im August. Selbst auf den drei weitläufigen Campingplätzen am Rande der Ostbucht reiht sich spätestens ab Juni Zelt an Zelt und Wohnwagen an Wohnwagen. Die Infrastruktur stimmt ebenfalls, vom Fastfood bis zum teuersten Restaurant findet sich im Zentrum jede Preisklasse, in der Hauptgeschäftsstraße wechseln exquisite Boutiquen, Juwelier- und Schuhläden in bunter Reihe einander ab. Supermärkte und Feinkosthandlungen, Banken, Apotheken oder Postamt, nichts müssen Touristen in diesem perfekten Freizeitdorado lange suchen. Herz, was willst du mehr?

Einiges, um ehrlich zu sein, doch diese Wünsche kann – oder will – Marina di Campo nicht erfüllen. Den Wunsch nach einem sauberen Meer beispielsweise. In keinem anderen Hafen der Insel schwimmt dermaßen viel Schmutz, nicht nur rund um die am Kai dümpelnden Fischerboote und Jachten. Schaumige Blasen krönen die Wellen bei gewissen Strömungen auch vor dem 2 km langen Sandstrand, auf dem es allmählich eng wird.

Bereits vor 30 000 Jahren ließen sich Menschen an der Bucht von Campo nieder, wie Ausgrabungen beweisen. In der Folge erlitt das Städtchen in etwa das gleiche Schicksal wie die meisten Orte Elbas: Piratenüberfälle, Plünderungen, Fremdherrschaft. Von Gefahr, Leid und Not im Mittelalter kündet ein von den Pisanern errichteter zylindrischer, 25 m hoher Wachturm an der westlichen Spitze des Hafens. Ende des 19. Jh. brachen endlich bessere Zeiten an, als betuchte Reisende das Fischerdorf entdeckten und elegante Sommersitze errichteten. Wohlverborgen im dichten Grün ihrer Gärten träumen die prachtvollen Herrschaftsvillen der Belle Epoque zwischen Strand- und Hauptstraße von jenen Tagen, als elegante Damen am Arm ihrer Kavaliere durch das Städtchen promenierten. Welch einen bezaubernden Anblick muß Marina di Campo damals geboten haben.

Noch heute läßt sich der einstige Charme erahnen. Wie ein einziges großes Freilichttheater öffnet sich der alte Ortskern in sanftem Bogen zum Meer, flankiert von Pinienwäldern im Nordosten und dem uralten Fischerhafen im Süden. Kein Wunder, daß sich die erste, heute noch aktive Segelschule der Insel hier niederließ, zumal die Seefahrt in Marina di Campo, das schon seit langem eine eigene Fischereiflotte besitzt, stets einen hohen Stellenwert einnahm. Mittlerweile komplettieren Surf- und Tauchschulen das Wassersportangebot, Motorbootunternehmen bieten Inselrundfahrten an, und auch zu Lande kommen Aktivurlauber auf ihre Rechnung. Sehenswert ist das **Acquario dell'Elba** mit 150 verschiedene Vertretern der Mittelmeer-Fauna (Marina di Campo-La Foce, geöffnet März–Mai und Okt. tgl. 9–19, Juni–Sept. 9–23.30 Uhr).

ℹ Information: Ufficio Turistico CIPAT, Via Mascagni 24, ☎ 05 65-97 77 66, Fax 05 65-97 74 30.

🛏 Hotels: ****Select, 57034 Marina di Campo, Via Mascagni 2, ☎ 05 65-97 77 02, Fax 05 65-97 65 03: Komfortables Haus direkt am Strand. ****Montecristo, 57034 Marina di Campo, Via Nomellini 11, ☎ 05 65-97 68 61: Elegantes Hotel in Strandlage. ****Riva del Sole, 57034 Marina di Campo, Viale degli Eroi 11, ☎ 05 65-97 63 16: Vier Sterne, die ihr Geld wert sind. ***Eden Park, 57034 Lamia-Marina di Campo, ☎ 05 65-97 62 85, Fax 05 65-97 60 71: Moderner Bau inmitten eines Gartens. ***Marina 2, 57034 Segagnana-Marina di Campo, ☎ 05 65-97 78 81, Fax 05 65-97 66 31: Neuer Hotelkomplex in ruhiger Panoramalage. ***Meridiana, 57034 Marina di Campo, Viale degli Etruschi 69, ☎ 05 65-97 63 08: Stadtlage. ***Mirage, 57034 Marina di Campo, Viale degli Etruschi 59, ☎ 05 65-97 76 78: Nahe am Bummelpfad. **La Barcarola, 57034 Marina di Campo, Via Verdi 4, ☎ 05 65-97 60 43: Für schmälere Brieftaschen. *Lido, 57034 Marina di Campo, Via Mascagni 29, ☎ 05 65-97 60 40: Billig-Hotel für Anspruchslose.
Apartments: ***Elite Residence, 57034 Marina di Campo, ☎ 05 65-97 63 74, Fax 05 65-97 65 03: 68 Apartments für 2–6 Pers., 2 Pools, Tennis. Anfragen und Buchungen im Hotel Select. ***Mari-

campo, 57034 Marina di Campo, ☎ 05 65-97 78 80, Fax 05 65-97 79 82 (Okt.–Mai ☎/Fax 05 65- 91 47 35): Elegante Wohnanlage am Rande eines Pinienhains. **Pozzo al Moro Village, Roberto Montagnani, 57034 Marina di Campo, Pozzo al Moro 8, ☎/Fax 05 65-97 69 89: Gemütliche Apartments für 4–7 Pers., neu erbaut oder in renovierter Elba-Villa; Pool, 1 km zum Strand. **Residence Eden, 57034 La Foce-Marina di Campo, ☎ 05 65-97 64 53 (Winter: Sig. C. Bazzoli, 36100 Vicenza, Via Magenta 10, ☎ 04 44-92 37 58): Ruhige Hügellage mit Traumblick auf die Bucht. Wohnungen für 2–5 Pers.

⛺ Camping: La Foce, 57034 Marina di Campo/La Foce, ☎ 05 65-97 64 56, Fax 05 65-97 73 85: Kleiner Platz oberhalb des Sandstrandes, ausreichende Sanitärversorgung, Laden und Restaurant. Ville degli Ulivi, 57034 Marina di Campo, ☎/Fax 05 65-97 60 48: Moderne Ausstattung, nur 30 m vom Strand entfernt;. Minimarkt, Café-Bar, Kinderspielplatz vorhanden.

✗ Restaurants: La Triglia, Marina di Campo, Via Roma, ☎ 05 65-97 60 59: Fisch-Spezialitäten. Barcarola, Marina di Campo, Via Roma: Preiswert und rustikal. Ristorante-Pizzeria Il Corallo, Marina di Campo, Strand La Foce.

🚶 Wanderungen: Von **La Foce** gelangt man entweder auf dem alten Fußpfad nach Lacona zum **Monte Tambone** (379 m) und auf den **Monte Fonza** (297 m) oder auf dem Küstenweg zum Aussichtspunkt **Casa Ischia**. Gleich im Zentrum nehmen Wanderungen zur Südspitze des Golfs ihren Ausgang, vom Sarazenenturm gelangt man direkt zum **Capo di Poro**.

Lacona: Auf Familienurlaub zugeschnitten

Auf die Hauptstraße zurückgekehrt, biegen wir bei der ersten Abzweigung nach rechts Richtung Lacona ab, verlassen für eine Weile das Meer und durchqueren nun nahezu unbebautes, von dichter Macchia bewachsenes Gebiet. Zistrosen, Ginster, Myrte säumen die Kurven und Serpentinen auf einen 261 m hohen Paß, der einen schönen Ausblick auf die Halbinseln Stella und Calamita freigibt. Die Ebene von Lacona vor Augen, geht es in sanfteren Kurven vorerst noch durch unberührte Natur bergab, bis einige Neubauten die Nähe des nächsten Ferienortes ankündigen: Lacona, eine Siedlung von Hotels, Bungalows und Läden, verdankt seine Attraktivität in erster Linie dem breiten, von pittoresken Felsen umrahmten Sandstrand **Spiaggia Grande**. Einige große, von deutschen Familien bevorzugte Campingplätze haben sich hier etabliert, sowohl direkt am Meer und mit Blick auf die lange Halbinsel Stella mit ihrer eigentümlichen Walfisch-Form als auch in den dichten Pinienwäldern. Speziell für diese Gäste bietet Lacona neuerdings sogar ein Kinderprogramm und eröffnete einen Vergnügungspark.

Im Grün des Hinterlands verstecken sich zwischen Obstplantagen und Gemüsegarten einige alte Gutshöfe im toskanischen Stil. Unter ihnen ist vor allem ein Gebäude eine nähere Betrachtung wert, und zwar der ehemalige Landsitz des elbanischen Schriftstellers Mario Foresi. Die rustikale Villa liegt hinter Lacona, unmittelbar an der Kreuzung der Hauptstraße mit der Abzweigung zum Colle Reciso. Nur wenige Meter vom Verkehrsstrom entfernt, überrascht die ländliche Idylle des Anwesens, das freilich zu Lebzeiten des Dichters – er war ein Freund des Mussolini-Anhängers Gabriele d'Annunzio – alles andere als ein gastfreundliches Haus gewesen sein kann. In großen Lettern verkündet eine Marmortafel kurz und bündig, was er von den ihm nahestehenden Menschen gehalten hat: *Amici – Nemici; Parenti – Serpenti, Cugini – Assassini; Fratelli – Coltelli* (»Freunde – Feinde; Eltern – Schlangen; Cousins – Mörder; Brüder – Messer«). Doch die steinerne Anklage des verbitterten Misanthropen, der sich innerhalb dieser Mauern vor der Welt verschanzt und abgesehen von schwülstigen Epen auch ein vielbändiges Geschichtswerk über seine Heimat verfaßt hat, drückt dem Haus nicht länger einen abweisenden Stempel auf. Ganz im Gegenteil, heute dient das Foresi-Haus unter dem Namen »Azienda Agrituristica Vecchia Trebbia« dem italienweiten Drogentherapie-Projekt »Exodus«.

Jetzt fällt die Entscheidung über die weitere Route: Wer der Schnellverbindung den Vorzug gibt und sich überdies mit kulinarischen Souvenirs eindecken möchte, läßt die Nebenstraße zum Colle Reciso links liegen und schlägt die Richtung Porto Azzurro ein. Am linken Straßenrand, noch vor der Abzweigung nach Capoliveri, befindet sich neben einer Pferdekoppel die Geschäftsniederlassung der elbanischen Landwirte-Vereinigung »Sapere« mit einer reichen Auswahl an lokalen Spezialitäten. Von dort geht es nach links in der Direttissima zurück nach Portoferraio. Als Alternative bietet sich die landschaftlich reizvolle Bergstrecke nach Norden an. Nahezu schnurgerade klettert das schmale Asphaltband zum **Colle Reciso** in die Höhe, bis nach 4,5 km die Abzweigung nach Portoferraio erreicht ist.

Hotels: ***Capo di Stella, 57031 Lacona-Capoliveri, ☎ 05 65-96 40 52: Neues Haus in bester Panoramalage über gepflegtem Strand. ***Capo Sud, 57031 Lacona-Capoliveri, ☎ 05 65-96 40 21, Fax 05 65-96 42 63: Bungalow-Hotel in zum Meer abfallender Gartenanlage. **Giardino, 57031 Lacona-Capol veri. ☎ 05 65-96 40 59: Familienpension zwischen Pinien und Eukalyptus, 100 m zum Strand
Apartments: **Villa Parco, 57031 Lacona-Capoliveri, ☎/Fax 05 65-96 41 57. Deutsche Leitung (Daniel Schneider) ruhige Parklage, 3 Min. bis zum Sandstrand.

Camping: Laconella, 57031 Capoliveri/Lacona, ☎/Fax 05 65-96 42 28: Ruhige Panoramalage am Golf von Lacona, terrassenförmig angelegt, Pinien, Eukalyptusbäume und Mimosen, Café-Bar und Einkaufsladen;

einfache sanitäre Ausstattung. Stella Mare, 57031 Capoliveri/Lacona, ☎ 05 65-96 40 51, Fax 05 65-96 40 07: Zauberhafte Lage nahe Sandbucht, Bar, Restaurant, Supermarkt, viele Sportmöglichkeiten, unter österreichisch-italienischer Leitung. Lacona Pineta, 57037 Portoferraio, ☎ 05 65-96 43 22, Fax 05 65-96 40 87: 35 000 m^2 große Anlage in Pinienwald, 30 m vom Strand; jeglicher Komfort von Supermarkt über Café-Bar und Waschsalon bis zu Sportplätzen. Vermietung von Bungalows.

Wandertips: Das aus dem 16. Jh. stammende Wallfahrtskirchlein **Madonna delle Neve** (»Schnee-Madonna«), auch »Madonnina di Lacona« genannt, ist auf einem Spaziergang von nur 1 km zu erreichen (Zufahrt über die nördliche Lacona-Umfahrung). 2 Stunden benötigt man für eine Wanderung zum **Capo di Fonza**, der westlichen Begrenzung des Golfs von Lacona, und zurück; ebenfalls 2 Stunden müssen für die Erkundung des **Capo della Stella** an der gegenüberliegenden Landspitze der hufeisenförmigen Bucht einkalkuliert werden.

Im Nordwesten

Kurven- und aussichtsreich zieht sich die Straße entlang der Nordküste bis zum Hafenort Marciana Marina und weiter durch dichte Kastanienwälder zu den Bergstädtchen Poggio und Marciana Alta, die zu einem Bummel in ihre stolze Vergangenheit einladen. Den herrlichsten Rundblick gewährt eine Fahrt mit der Seilbahn auf den mehr als 1000 m hohen Monte Capanne. Kleine Wasserfälle, Farne, Kiefern und Kastanienbäume begleiten den Reisenden zum »Parco Naturale« des Monte Perone. Grün in allen Schattierungen bleibt die Leitfarbe bis zum blumengeschmückten Bergort Sant'Ilario in Campo.

Bitte anschnallen, und das nicht nur, weil in Italien Gurtpflicht herrscht. Zwar finden sich auf dem gesamten Eiland ohnehin kaum ein paar geradlinige Straßenkilometer, doch die Kurven und Kehren in Ost- und Mittelelba sind vergleichsweise sanft und harmlos gegenüber dem wilden Westen. Vor allem im Inneren der Insel erinnern die Höhenstraßen durch die atemberaubenden Gebirgslandschaften mitunter an eine Achterbahn. Nicht zuletzt deswegen die Empfehlung, zwei Rundfahrten zur Erkundung des touristisch am spätesten erschlossenen Inselteils einzuplanen.

Bei **Procchio** erreicht die Hauptstraße von Portoferraio erstmals unmittelbar die Küste, auch wenn sie immer wieder Ausblicke auf Buchten und Meer freigibt. An Paolinas scharfzackigem Felsen, auf dem übrigens auch schon die Etrusker saßen, brechen sich dekorativ die Wellen, blendend weiß taucht vor einer letzten Biegung noch einmal der breite Sandstrand des Golfs auf. Wie ein dunkler Spiegel glänzt das Meer tief unten, glatt und harmlos sieht es an einem windstillen Sonnentag aus. Doch auch diese Gewässer wurden schon manchen Seefahrern zum Verhängnis. 1966 entdeckten Taucher unweit der sicheren Bucht das Wrack eines römischen Lastschiffs aus dem 2. Jh. n. Chr. mit nahezu unversehrten Öl- und Weinkrügen an Bord. Steil stürzen unmittelbar neben der Fahrbahn dichtbewachsene Hänge zum Meer ab, doch immer wieder führen kleine Privatstraßen und Fußwege zu großartigen Sommervillen und winzigen Buchten. Weitblickende – und vor allem reiche – Italiener haben sich lange vor der Entdeckung Elbas durch die Deutschen entlang dieser wildromantischen Küste eingenistet, im wahrsten Sinne des Wortes. Schwalbennestern gleich kleben die heute unerschwinglichen Sommerdomizile zwischen tiefen Taleinschnitten im Schatten von Schirmpinien und Palmen, vom Land aus nahezu unsichtbare Traumhäuser.

Im Nordwesten

Marciana Marina: Liebe auf den ersten Blick

Nur 7,5 km liegen zwischen Procchio und dem 2100 Einwohner zählenden Marciana Marina, doch die Strecke zieht sich – im positiven Sinn. Nicht satt sehen kann man sich nämlich an der zerrissenen Küstenlinie, der die Straße in unzähligen Windungen folgt. Schon von Ferne signalisiert wieder einmal ein Sarazenenturm die nächste Station, auf die man sich besonders freuen darf. Die letzte größere Ortschaft an der Nordküste entpuppt

sich nämlich als ausnehmend sympathisches Städtchen, das seine Konzession an den Tourismus mit Maß und Ziel gemacht hat. Vom ältesten Stadtteil im Osten, wo sich bereits im Mittelalter Fischerhäuschen an die sanft zum Meer abfallenden Felsen schmiegten, zieht sich in großzügigem Schwung die Uferpromenade bis zum pisanischen Wehrturm. Wenn die altehrwürdigen Tamarisken am Hafen jedes Frühjahr aufs neue zeigen, wieviel Saft und Kraft noch in ihren knorrigen, ausgehöhlten Stämmen steckt, drapiert sich ein zartrosa Schleier vor das Wahrzeichen aus dem 12. Jh. Erst dann stellen auch die ganzjährig geöffneten Bars und Fischrestaurants, die Eissalons und Pizzerien ihre Tische und Stühle ins Freie. Solange noch die Früh-

Marciana Marina

erinnern in den Andenkenläden an diesen besonderen Wintertag. Normalerweise legt sich mit Beginn der kühlen Jahreszeit bloß die in feinste Tröpfchen zerstäubte Gischt wie ein feuchtes Tuch über die Hafenpromenade, alles durchdringend und unangenehm genug. Um so gemütlicher geht es dann in den Kaffeehäusern und Gaststätten rund um die von Platanen gesäumte Piazza zu, an der sich die barocke Pfarrkirche **Santa Chiara** erhebt.

Auf dem geräumigen Platz mit seinen Läden und Lokalen herrscht stets lebendiges Treiben, einmal im Jahr aber, wenn der Himmel feiert, ist dort die Hölle los. Am 12. August, zum Fest der hl. Klara, zieht eine Prozession mit der Statue der Ortsheiligen vom Gotteshaus zum Hafen, wo bereits mit Blumen und Kerzen geschmückte Fischerboote warten, um ihre kostbare Fracht weit hinaus aufs Meer zu führen. Tausende Fackeln leuchten für Santa Chiara noch lange nach der Rückkehr zu ihrem angestammten Platz, ein bunter Feuerzauber explodiert über der Bucht, Musikanten spielen auf, in allen Straßen wird getanzt, gelacht, gesungen. Erst wenn die letzte Rakete verschossen ist und die ersten Sonnenstrahlen über die dunkelgrünen Hänge streicheln, kehrt allmählich Ruhe in dem vor Lebenslust überschäumenden Städtchen ein.

jahrsstürme toben, kann es am Kai nämlich recht ungemütlich zugehen. Eine gewaltige Wasserhose, wie sie in den 70er Jahren die Nordküste heimsuchte und schließlich vor Marcianas Sarazenenturm in sich zusammenfiel, zählt freilich zu den Jahrhundertereignissen. Großformatige Fotografien der *Tromba Marina*, einer dunklen, auf dem Meer wirbelnden Riesensäule,

Marciana Marina, ursprünglich nur der Hafen des weiter oben gelegenen Städtchens Marciana, erlebte nach dem Ende der Piratenüberfälle im 17. Jh. einen rasanten Aufschwung, der viele Bewohner der alten Bergfestung zur Abwanderung verlockte. Schon Mitte des 18. Jh. hatte der Ableger mehr Einwohner als die Mutterstadt, 1884 erlangte die Hafenstadt endlich ihre Selbständigkeit und durfte sich fortan auch offiziell Marciana Marina nennen. 1911 wurde der Grundstein zur sichelförmigen Anlage gelegt, die nunmehr als eine der sichersten und geschütztesten im Tyrrhenischen Meer gilt. Trotz seiner zunehmenden Beliebtheit als Ferienort verläßt sich das Städtchen nach wie vor auf seine traditionelle Einnahmequelle, eine eigene Fischereiflotte sorgt tagtäglich für frischen Nachschub in der ortsansässigen Konservenfabrik, die in erster Linie Sardellen und Sardinen zu dem Markenprodukt »Pesce azzurro« verarbeitet.

Information: Ufficio Turistico Brauntour, Marciana Marina, Via Mentana 2, ☎ 05 65-99 68 74, Fax 05 65-99 68 24

Hotels: ****Isola Verde, 57033 San Giovanni-Marciana Marina, ☎ 05 65-90 42 91, Fax 05 65-90 41 92 (auch über Anatoli-Hotels: ☎ 03 42-90 47 77, Fax 03 42-90 31 96): Wohnungen, Zimmer mit höchstem Komfort, Pool, Restaurant. ****Gabbiano Azzurro, 57033 Marciana Marina, Viale Amedeo, ☎ 05 65-99 70 35: Luxus ohne Pension. ***La Conchiglia, 57033 Marciana Marina, Via XX Settembre 43, ☎ 05 65-9 90 16: Ein Stern weniger halbiert den Preis. ***Marinella, 57033 Marciana Marina, Viale Margherita 38, ☎ 05 65-9 90 18: Für kühle Rechner. **Imperia, 57033 Marciana Marina, Viale Amedeo 12, ☎ 05 65-9 90 82: Einfach bescheiden. **Villa Maria, 57033 Marciana Marina, Piazza Sanzo 2, ☎ 05 65-9 90 20: Hier läßt es sich billig leben.

Apartments: Intour, 57033 Marciana Marina, Via Provinciale 13, ☎ 05 65-9 91 85 (Winter: 20038 Seregno [MI], Corso Matteotti 20, ☎/Fax 03 62-23 82 57: Elegante Wohnungen für 5–7 Pers. an malerischen Buchten inmitten eines großen Parks.

Restaurant: Capo Nord, Fraz. La Fenicia 69, Marciana Marina, ☎ 05 65-99 69 83: Eines der Spitzenrestaurants, doch Qualität hat ihren Preis.

Marciana Alta: In Würde gealtert

Auf einer Höhe von 374 m an der Flanke des Monte Giove, 7,5 km von der Hafenstadt entfernt, liegt Marciana, die älteste durchgehend bewohnte Ansiedlung Elbas. Schon in prähistorischen Zeiten lebten hier in sicherer Höhe Menschen, später gründeten die Römer die Siedlung *Marcius*. Die Pisaner befestigten den Ort im 12. Jh., die Fürsten Appiani machten ihn zur Hauptstadt der Insel und schlugen hier ihre Residenz auf. Doch im folgenden geriet das Bergstädtchen gegenüber dem Hafenort mehr und mehr ins Hintertreffen, schließlich mußte es sogar seinen guten Namen abtreten und sich zur Unterscheidung mit dem mittlerweile weit bekannteren Marciana Marina das Attribut *alta*, »hoch«, zulegen. Die Eifersucht zwischen »Mutter« und »Tochter« ging schließlich so weit, daß die abstrusesten Streitigkeiten Eingang in die Chroniken fanden. In den 70er Jahren des 19. Jh. beschuldigte Marina die Bergstadt sogar eines Giftan-

schlags, als sich während der Verhandlungen um die Unabhängigkeit des Hafens plötzlich die Todesfälle häuften. Wie sich bald herausstellte, suchte eine Cholera-Epidemie die Küstenorte auf ganz Elba heim, doch die Gerüchte über einen buchstäblich »mörderischen« Konkurrenzkampf verstummten lange nicht.

Nur Fußgängern bereitet die altersgraue Residenz einen würdigen Empfang, was diese mit ihren Fahr-

In den winkeligen Gassen von Marciana Alta

zeugen anfangen sollen, bleibt ihr Problem. Vor dem Stadttor findet sich nur selten ein freier Abstellplatz, am besten folgt man den Hinweisen »Fortezza«, neben der **Festung** wird man sein Auto am ehesten los. Als Zufluchtsstätte bewährt sich der im 12. Jh. von den Pisanern errichtete Bau also noch immer, wenn auch nicht mehr vor räuberischen Piraten, sondern nur vor Carabinieri, die schlimmstenfalls ein Strafmandat ausstellen. Besonders vorsehen muß man sich, sobald zu Sommerbeginn im fakkelerleuchteten Innenhof des Kastells Konzerte stattfinden oder bei den ab und zu veranstalteten historischen Umzügen.

Beim Bummel durch die steilen Gäßchen bezaubert der welke Charme alter Patrizierhäuser, ließ sich doch zur Regentschaftszeit der Fürsten Appiani in Marciana nieder, wer Rang und Namen aufweisen konnte. Die gut ausgeschilderte **Casa degli Appiani** aus dem frühen 15. Jh. hinter der kleinen **Chiesa San Francesco** enttäuscht jedoch ein wenig. Nur der mit Säulen geschmückte Eingang verrät, daß hinter dieser Fassade einst ein hochkarätiges Adelsgeschlecht residierte. Tatsächlich verbirgt sich in dem spätmittelalterlichen Bau außer einem Theatersaal auch die **Zecca**, die Münze. Das ihnen vom deutschen Kaiser Maximilian I. zuerkannte Privileg, eigene Münzen zu prägen, nutzten die Appiani auch noch zu einem Zeitpunkt, da ihre Macht längst ge-

brochen war (s. S. 51). Eine Besichtigung des Palazzo ist leider nicht möglich. Wenige Schritte weiter kann das Gäßchen mit einer weiteren Sehenswürdigkeit aufwarten, und zwar mit dem ältesten Privathaus der Stadt. Es ist unschwer an seinem marmornen Torbogen zu erkennen, den ein Wappen und der Name »Grimaldus Bernottus« zieren. Aus diesem Geschlecht entstammte übrigens ein Ordonnanzoffizier Napoleons. Apropos: Im Sommer 1814 kam Bonapartes Mutter Lätitia Ramolino zu Besuch und ließ sich nicht zuletzt wegen des angenehmen Klimas in Marciana Alta nieder. *Madame Mère* sei dort bestens aufgehoben, schrieb der Kaiser in einem Brief vom 18. August an seine Gemahlin Marie-Louise nach Wien. Er selbst befinde sich aufs angenehmste in der Einsiedelei Madonna del Monte, gehe auf die Jagd und erwarte voll Sehnsucht ihre Ankunft. In Wirklichkeit hatte der erfahrene Stratege die zur Unzeit eingetroffene Mutter in sicherer Distanz untergebracht, um sich kurz darauf von seiner polnischen Geliebten in seiner Einsamkeit trösten zu lassen. Seltsamerweise findet sich jedoch keinerlei Hinweis auf das Wohnhaus der alten Dame mit dem berühmten Sohn, obwohl Elba doch sonst jede napoleonische Fußspur als kostbare Reliquie hütet.

Unübersehbar hingegen zeigen Pfeile den Weg zum nahen **Museo Archeologico**, zu Recht der Stolz der insgesamt 2300 Einwohner der Gemeinde Marciana Castello, dokumentiert es doch auf anschauliche Weise ihre Wurzeln, die bis in die Steinzeit zurückreichen. Zwar hat wie so oft Florenz die wertvollsten Funde der ältesten ständig bewohnten Siedlung Elbas für sich requiriert, doch vor allem die liebevoll präsentierte Amphorensammlung findet Vergleichbares nicht einmal im archäologischen Museum von Portoferraio (s. S. 87). Kleine Phiolen, gefüllt mit 2000 Jahren alten Getreidekörnern oder Oliven, zeigen das unglaublich gut erhaltene Transportgut der antiken Krüge. Das kostbarste Fundstück, der 4000 Jahre alte Schädel einer etwa 23jährigen Frau, stammt jedoch nicht aus der näheren Umgebung, sondern aus einer Grotte bei Rio Marina. Als rühmliche Ausnahme in Italien sind überdies die Erklärungen an den Vitrinen auch auf Englisch abgefaßt. (Geöffnet Mo–Sa 9–12 Uhr, 1. 6.–30. 9. auch 16–19 Uhr.) Gegenüber dem Museum noch ein kurzer Blick in die kleine **Chiesa San Liborio** mit ihrem Granitaltar und einem Weihwasserkessel aus schwarzem Marmor, dann heißt es allmählich Abschied nehmen von der Stadt am Abhang des »Jupiterbergs«.

Zurückgekehrt zur *Fortezza* könnte man nun gleich hinter dem Parkplatz den halbstündigen Aufstieg zur Wallfahrtskirche **Madonna del Monte** in Angriff nehmen. Klüger aber ist es, die an sich problemlose Wanderung auf die Morgen- oder Abendstunden zu verlegen, nicht nur der angenehmeren Temperaturen wegen, sondern um die Atmosphäre der Einsiedelei in so geringer Gesellschaft wie nur möglich genießen zu können. An einigen Tagen des Jahres freilich nützt selbst das zeitigste Aufstehen nichts, zwischen 1. und 3. Mai sowie rund um den 15. August pilgern Hunderte einheimische Gläubige schon vor Sonnenaufgang wie auf einer Ameisenstraße hinauf zu ihrer »Bergmadonna«.

Im Käfig auf den Monte Capanne

Als Wegbegleiter zur Seilbahn auf den Monte Capanne – 1 km hinter Marciana Alta in Richtung Poggio zweigt rechts die Zufahrt zur *Cabinovia* ab – paßt eine Geschichte aus uralter Zeit, die man sich noch heute mit großem Vergnügen in dem Bergstädtchen erzählt: Als wieder einmal sarazenische Piraten die Hänge unterhalb der Festung erstürmen wollten, hielten sie verblüfft inne. Statt sich ängstlich hinter den Mauern zu verschanzen, winkten ihnen ihre Opfer schon von weitem freudig zu. Diese Ungeheuerlichkeit schreckte sie mehr als jede Kanonenkugel. »Niemand kann uns in eine Falle locken«, schrien sie und nahmen auf der Stelle Reißaus. Als die nicht minder erstaunten Menschen aus ihren Verstecken krochen, klärte sich das

Madonna del Monte

Wundertätige Muttergottes des Berges

Ohne die glühende Marienverehrung, die im ausklingenden Mittelalter ganz Italien erfaßte und schließlich auch Elba erreichte, wären die meisten der uralten Pilgerziele der Vergessenheit anheimgefallen. Ab dem 16. Jh. besann man sich jedoch der größtenteils längst verwaisten Einsiedeleien in herrlicher Lage und begann, an ihrer Seite Madonnenheiligtümer zu bauen. Die älteste und gleichzeitig beliebteste Wallfahrtsstätte schmiegt sich an einen steilen Hang des Monte Giove: Madonna del Monte.

Hoch über den letzten Häusern von Marciana Alta führt ein Kreuzweg zu dem Ort, der seinen weit über die Grenzen Elbas hinausreichenden Bekanntheitsgrad nicht zuletzt (wieder einmal) Napoleon verdankt. Mit viel Liebe zum Detail gestalteten zeitgenössische Künstler die 14 Leidensstationen des Herren: Entlang des halbstündigen Aufstiegspfades zeigen naive Malereien in halbrund gemauerten und stets mit frischen Wiesenblumen geschmückten Nischen die Passion Christi. Doch nicht nur die Bildnisse zeugen von Geschmack und Können, auch die Auswahl der beigefügten Sprüche ist durchaus ungewöhnlich: Neben Zitaten aus den Evangelien kommen Männer wie der französische Philosoph Blaise Pascal oder der ermordete amerikanische Bürgerrechtskämpfer Martin Luther King zu Wort.

Pilger finden sich alljährlich zu Tausenden zwischen dem 1. u. 3. Mai sowie zu Mariä Himmelfahrt am 15. August an jener Stelle ein, die seit Menschengedenken als heilige Stätte gegolten hat. Wie so oft errichtete das Christentum auch auf Elba über den Resten eines heidnischen Opferplatzes ein Heiligtum, um die alten Götter für immer zu bannen. Das Marienbild eines unbekannten Künstlers des 15. Jh., dem bis heute wundertätige Kräfte zugesprochen werden, schmückt den Altar des Wallfahrtskirchleins. Das kleine Gotteshaus erfuhr seit dem 16. Jh. unzählige Umbauten, so daß sein Stil nur schwer zu definieren ist. Unberührt von allen Veränderungen jedoch blickt die heilige Jungfrau mit ernster Miene auf die Schar der Gläubigen, die ihren göttlichen Beistand erflehen. Rührend nehmen sich die oft in ungelenker Schrift dargelegten Wünsche an die Himmelsmutter aus, vergilbte Zettelchen und Fotografien als Exvoten zieren neben selbstgebastelten Votivgaben die schlichten Wände.

Mächtige Kastanienbäume – angeblich die ältesten Elbas – spenden der Kirche und dem angemauerten Halbrund, in dem sich Wanderer an drei Wasserspeiern laben können, erquickende Kühle. »Schatten und Wasser, was braucht man mehr zum Glück?«, soll auch prompt Napoleons wenig origineller Kommentar angesichts dieses romantischen Fleckens Erde gelautet haben. 1853, auf dem Höhepunkt des Napoleonkultes, ließ das offizielle Elba eine weiße Marmortafel an der Mauer der Einsiedelei anbringen: »Napoleon I., der Weltreiche eroberte und Könige zu seinen Vasallen machte, der nicht durch Waffengewalt, sondern durch die Fröste Rußlands bezwungen wurde, wohnte in dieser Eremitage vom 23. August bis zum 3. September 1814.« Und schwungvoll endet der Text mit den Worten: »Wiederum von seinem unsterblichen Genius beflügelt, eilte er hinweg von dieser Stelle, um die Welt noch einmal in Erstaunen zu versetzen.«

Auch der Besucher eilt nun hinweg, damit eine frische Brise das Pathos des 19. Jh. verweht! Ein verwilderter Pfad führt zwischen Kirche und Eremitage zu einem versteinerten Zoo in luftiger Höhe: Wind und Wetter haben in Jahrtausenden aus riesigen Granitsteinblöcken Figuren herausgemeißelt, die sich mit ein wenig Phantasie als Bären, Pferde oder Drachen betrachten lassen. Selbst ein Adler mit ausgebreiteten Flügeln findet sich zwischen zerzausten Ginsterbüschen und Mastixsträuchern in 634 m Höhe – Napoleons »Aquila«. Allerdings zeigt er sich erst aus respektvollem Abstand in seiner ganzen majestätischen Größe: Nur für jene, die von der IX. Kreuzwegstation emporblicken, breitet der stolze Vogel abflugbereit seine Schwingen aus.

Rätsel ihrer wundersamen Errettung: Die im Herbststurm schwankenden früchteschweren Äste der Kastanienbäume hatten wie fröhlich zur Begrüßung erhobene Arme den Seeräubern zugewunken und sie damit in die Flucht getrieben.

Edelkastanien mit prachtvollen Baumkronen prägen, soweit der Blick reicht, die saftiggrüne Gebirgslandschaft rund um den höchsten Inselgipfel. Im Schatten besonders schöner Exemplare bleibt das Auto auf einem großzügig angelegten Parkplatz zurück, während sich die Insassen eines seltsam anmutenden Transportmittels bedienen. Auf den 1019 m hohen Gipfel des Monte Capanne schwebt man nämlich nicht in Seilbahnkabinen oder Liftsesseln wie daheim in den Alpen, sondern in fröhlich rot und gelb gestrichenen Gitterkäfigen. Pärchenweise oder gar zu dritt oder viert steht man in den eigenwilligen Konstruktionen eines österreichischen Herstellers, skeptisch vorerst, doch dann recht begeistert über die luftige Fahrt, bei der innerhalb von 20 Minuten 660 Höhenmeter überwunden werden. Bald schlüpft man dankbar in vorsorglich mitgebrachte Pullover, denn selbst an heißen Sommertagen weht oberhalb der Baumgrenze eine frische Brise. Mit beruhigendem Schnurren gleiten die Gondeln über die Wipfel der Steineichen und meterhohen Ginsterbüsche, allmählich löst eine immer spärlicher werdende Macchia das Grün und Gelb der steilen Hänge in Grau auf, bis

nur noch das widerstandsfähigste Strauchwerk schüchtern ein paar Farbtupfen auf glatte Granitplatten zu setzen wagt.

Vorausgesetzt, kein Wölkchen trübt die Sicht, liegt einem nach einem kurzen Fußweg von der Bergstation zum Gipfel ein Panorama vor Augen, wie es selbst das Mittelmeer nur selten bietet: Ganz Elba als Königreich in Spielzeuggröße zu Füßen, läßt man den Blick über die gesamte toskanische Inselwelt bis hinüber zum Festland schweifen. Ziegelrot leuchten die Dächer von Marciana Alta und Poggio zwischen den dichten Eichen- und Kastanienwäldern, weiß schimmert der alte Hafen mit seinem trotzigen Wehrturm vor dem dunkelblauen Spiegel des Wassers, während am Horizont ein Fährschiff wie von unsichtbaren Fäden gezogen vorübergleitet. Stundenlang möchte man sich von der Symphonie aus Farben und Gerüchen verwöhnen lassen, vor allem im Frühling, wenn Veilchen und Narzissen, Kamille, Margeriten, Lilien und allerlei blühende Wildkräuter den Monte Capanne von Kopf bis Fuß mit einer Duftwolke umhüllen. Nur allzu schnell beenden plötzlich scheinbar aus dem Nichts auftauchende Nebelschwaden den Ausflug auf den einzigen »Tausender« des Eilands, der durchaus seine Tücken birgt. Nicht von ungefähr haben die Elbaner neben der Richtfunkstation unmittelbar unterhalb des Gipfelkreuzes einen Helikopter-Landeplatz errichtet. Immer wieder müssen Rettungshubschrauber leichtsinnige Halbschuhtouristen aus dem rutschigen Felsgebiet abseits der sicheren Wanderwege (s. z. B. S. 177) bergen.

Als Verführung für alle Liebhaber geschmackvoller Keramiken hält die Kunstwerkstatt **Ceramica d'Elba** gleich neben der Talstation ihre Pforten geöffnet. Nicht nur findet sich in den reichhaltig sortierten Regalen unter Garantie der eine oder andere handbemalte Krug, den man ganz einfach haben muß, der sympathische Familienbetrieb erfüllt überdies auf Bestellung prompt jeden individuellen Wunsch, von der kleinsten Kachel bis zur mannshohen Vase.

Blick vom Monte Capanne

Poggio: Klein, aber fein

Kaum mehr als 200 Menschen leben in dem kleinen Bergdorf, das sich aufgrund seiner Lage in 350 m Höhe schlicht *Poggio* – »Hügel« – nennt und auf den ersten Blick wie eine Miniaturausgabe von Marciana Alta aussieht. Bei näherer Betrachtung zeigt sich freilich, abgesehen von der Größe, so mancher Unterschied. Wirken in der einstigen Fürstenresidenz die Fassaden meist streng und abweisend, so laden die schmucken Häuschen Poggios zum Bleiben ein. Liebevoll gepflegte Topfpflanzen stehen auf dem ausgewaschenen Pflaster vor den Haustüren, fröhliche Farbkleckse im Gäßchengewirr eines lebensfrohen Städtchens. Daß die Zeiten freilich

Sonnenuhren mit Präzision

Bereits die Ägypter kannten jene genial einfache Methode, aus der Lage des Schattens eines von der Sonne beschienenen senkrechten oder zur Erdachse parallelen Stabes die Uhrzeit zu bestimmen. Sonnenuhren kamen auf so gut wie allen öffentlichen Plätzen der antiken Städte rund ums Mittelmeer zum Einsatz, eine Tradition, die im altertumssüchtigen 19. Jh. eine Renaissance erlebte.

Auch auf Elba finden sich noch einige klassische Stundenmesser wie zum Beispiel an der Außenwand von Napoleons Residenz Villa Mulini, auf der man auf Viertelstunden genau die Zeit zwischen 9 und 16 Uhr ablesen kann. Nur wenige Schritte davon entfernt zeigt eine 4 × 2 m große Sonnenuhr vor dem Eingang zum Forte Stella in Plakatgröße die Stunden zwischen 16 und 20 Uhr an. Von wegen heitere Stunden! Sicherlich nicht für die zur Pünktlichkeit verdonnerten Wachmannschaften der »Sternfestung«, die fürs Zuspätkommen bestenfalls an den wenigen trüben Tagen eine plausible Ausrede ins Treffen führen konnten.

Auf ein raffiniertes System, das nicht gleich auf den ersten Blick zu durchschauen ist, verfiel man in Poggio. Dort berührt der Schatten, den die Südkante der Pfarrkirche um 12 Uhr mittags auf den Kirchenvorplatz wirft, einen auf dem Pflaster eingezeichneten Meridian. Dies war in den glücklichen Zeiten vor der Erfindung der elektronischen Glockenspiele für den Mesner das Zeichen, den Mittag einzuläuten.

nicht immer leicht waren, zeigt die im 8. Jh. gegründete **Chiesa San Nicolo** im oberen Teil des terrassenförmig angelegten Ortes. In Ermangelung einer Schutzburg baute die Bevölkerung im 16. Jh. ihre Pfarrkirche zum Bollwerk gegen die Sarazenengefahr aus, indem sie das Gotteshaus des hl. Nikolaus mit Wehrmauern umgab. Größere Sicherheit bot trotz aller Anstrengungen nach wie vor die Feste von Marciana, aber mit diesem lag Poggio seit jeher im Streit. Die Fürstenresidenz pochte auf das Recht der Älteren gegenüber dem »erst« 527 gegründeten Nachbarort und versuchte jahrhundertelang, die Kontrolle über dessen Einkünfte aus der Fischerei, dem Weinbau und den Kastanienpflanzungen zu gewinnen. Was letztlich auch gelang: 1738 verlor Poggio unter lautstarkem Protest seiner Bürger die Unabhängigkeit und zählt seither zur Gemeinde Marciana.

Wie müssen da bei jedem Fluch die Kassen geklingelt haben, zählte doch seit dem 16. Jh. folgende Verordnung zu den Statuten von Poggio: »Zwei Goldscudi Strafe sind zu entrichten, wenn in der Öffentlichkeit mit dem Namen der Madonna geflucht wird; vier Goldscudi sind zu entrichten, wenn in der Öffentlichkeit mit dem Namen des Heiligen Geistes, Christus' oder Gottvaters geflucht wird.« Ob der offenbar übliche Discountpreis für die Heilige Jungfrau wohl dazu beigetragen hat, daß sich bis heute die meisten Verwünschungen in Italien auf die andererseits so hoch verehrte Madonna beziehen? Spekulationen darüber seien jedem selbst überlassen, ebenso wie die Interpretation der Tatsache, daß dieser Passus noch 1931 bei der Neuordnung der Stadtgesetze übernommen und sogar erweitert wurde: »Es soll keine Frau sich erkühnen, beleidigende Worte an einen Mann zu richten; andernfalls wird sie mit 15 Lire bestraft, die von ihrem Ehemann zu bezahlen sind beziehungsweise im Fall der Schwester vom Bruder und im Fall der Tochter vom Vater.«

Ob die passionierten Reisenden, die sich aus jedem Land die Rosinen herauszupicken verstanden und die Elba lange vor der Eroberung durch den Massentourismus als Reiseziel entdeckten, davon wußten? Verwöhnte Gäste wie der englische Politiker und Weltenbummler Winston Churchill oder der italienische Maler Giorgio De

Chirico trugen sich bereits zu Beginn des 20. Jh. ins Gästebuch des einstigen Jugendstilhotels »Fonte Napoleone« ein. Die Tradition, Kennern und Genießern für gutes Geld Qualität in entsprechendem Ambiente zu bieten, setzt heute das »Ristorante Publius« – der Gourmettempel Elbas schlechthin – höchst erfolgreich fort. Vor allem schweinisch geht es in dem von einschlägigen Führern ausgezeichneten Restaurant zu, das die Gaumenfreuden mit einem herrlichen Ausblick zusätzlich würzt. Die Spezialität des Familienbetriebs ist nämlich Wildschwein – nach den mannigfaltigen Arten des Hauses. Ob hauchdünn als Carpaccio oder rustikal in der Pasta, ob als saftiges Bratenstück oder zart gegrilltes Filet, selbst Obelix würde staunen, was sich aus seinen Lieblingstieren alles machen läßt.

Asketischer geht es da schon etwas außerhalb des Ortes zu, bei der **Fonte Napoleone**, der Heilquelle, nach der sich das inzwischen geschlossene und zu einer Apartmentanlage umgewandelte Hotel benannt hatte. Napoleon selbst (wer sonst?) kam als erster auf die Idee, dieses Wasser in Gold zu verwandeln, was auch prompt gelang. Abgefüllt in Flaschen und mit oder ohne den Zusatz von Kohlensäure genießt das »Acqua Minerale Antiurica Fonte Napoleone« als mineralhaltiges Tafelwasser den besten Ruf. Nicht nur auf der Insel avancierte es zum Markenartikel, auch auf dem italienischen Festland trinkt man das wohlschmeckende Heilwasser, mit dem Napoleon übrigens sein chronisches Blasenleiden kuriert haben soll. Quellfrisch mundet es tatsächlich besonders gut, davon kann sich jeder kostenlos an Ort und Stelle überzeugen. Oder, wie die Elbaner es zu tun pflegen, am Brunnen gleich ein paar Flaschen als Gratisprobe davon abfüllen.

Hotels: ** Monte Capanne, 57030 Poggio, ☎ 05 65-90 90 63: Familienpension und Restaurant, idealer Ausgangspunkt für Wanderungen.

Apartments: Mehrere Ferienhäuschen für 2–6 Pers. in ländlicher Umgebung vermietet Frau Uta Karl-Mazzei, 57030 Poggio, Lavacchio, ☎ 05 65-99 68 40.

Restaurants: Publius, Marciana/Poggio, Piazza XX. Settembre, ☎ 05 65-9 92 08: Die absolute Nummer 1 auf der Insel, traumhafte Aussicht auf Marciana Marina; Wildschwein-Spezialitäten. Luigi, Marciana/Poggio, Loc. Lavacchio, ☎ 05 65-9 94 13: Deftige, traditionelle Küche, Okt.– Ostern geschlossen. Osteria del Noce, Marciana Alta, Via della Madonna 19, ☎ 05 65-90 12 84: Klein und sehr gepflegt, nur auf Anmeldung.

Wanderungen: Der »Trinkkurort Poggio-Terme«, wie die Prospektbezeichnung lautet, eignet sich auch hervorragend als Standquartier für Wanderer. Zur Auswahl stehen eine mehrstündige Tour auf den **Monte Capanne** (s. S. 145) und ein 30minütiger Ausflug zur Einsiedelei **San Cerbone** (s. S. 69). Dort führt ein Pfad weiter nach Madonna del Monte und Marciana Alta.

Monte Perone: Brandnarben im Märchenwald

Höher und höher steigt die Straße von Poggio Richtung Campo nell' Elba, führt an kleinen Wasserfällen vorbei und durch Kiefern- und Kastanienwälder. So dicht stehen die uralten Baumriesen bisweilen, daß kaum ein Sonnenstrahl durch ihr Blätterdach dringt. Vögel tirilieren in den Wipfeln um die Wette, ab und zu fliegt ein Fasan auf, vielleicht erschreckt von einem Marder oder Wildschwein. Der Reisende wähnt sich in eine Märchenlandschaft versetzt, wo Trolle zwischen mannshohen Farnen ihren Schabernack treiben und Rotkäppchen sich gleich hinter dem nächsten Eichenstamm versteckt. Es ist die Welt des 630 m hohen Monte Perone, die uns auf dem 4 km langen Weg bis zur Paßhöhe verzaubert, ein **Parco Naturale** für die geschützte Fauna und Flora des Eilands, in dem Menschen nur geduldet sind. Der Picknickplatz auf dem Bergkamm zeigt, was diese der Natur innerhalb weniger Stunden anzutun imstande sind: Trotz reichlich vorhandener Abfalltonnen treibt der Wind achtlos weggeworfene Papierfetzen vor sich her, Getränkedosen rollen zwischen Tischen und Bänken, bis die Forstverwaltung dazu kommt, die Spuren des letzten Ausflugssonntags zu beseitigen.

Mit gutem Grund kümmert sich Elba um dieses Gebiet ganz besonders. Seitdem im Sommer 1982 verheerende Waldbrände an den Abhängen des Monte Perone getobt hatten, fürchtet man nichts so sehr wie offenes Feuer oder brennende Zigaretten. Damals wurde nicht nur ein Großteil des jahrhundertealten Baumbestands vernichtet, das Desaster forderte auch Dutzende Menschenleben. Nur drei Jahre nach der größten Brandkatastrophe seit dem Zweiten Weltkrieg standen die Wälder erneut in Flammen. Der fünf jungen Menschen, die sich am 6. August 1985 nicht mehr aus dem Inferno retten konnten, wird an einer Säule bei Sant'Ilario in Campo gedacht.

Einen schönen Ausblick ermöglicht ein Pfad den Kamm entlang nach Osten. Bereits nach wenigen Schritten kann man nicht nur die Bucht von Marina di Campo und die Halbinsel Calamita, sondern auch Teile der Nordküste mit dem Golf von Procchio und sogar Enfola überblicken.

Nach 3,5 km Fahrt hinab durch Kiefernaufforstungen und lichten Mischwald erhebt sich rechts am Straßenrand die bemerkenswerte Ruine der **Chiesa San Giovanni** (s. Abb. 49). In der Mitte des 12. Jh. errichteten die Pisaner mit dieser romanischen Kirche den größten einschiffigen Sakralbau auf Elba aus Granitquadern. Heute versteckt sich das verfallene Gotteshaus mit seinem kleinen Glockenturm im Dikkicht eines Kastanienwäldchens.

Wuchtige Mauerreste in unmittelbarer Umgebung aber weisen darauf hin, daß die mit schießschartenartigen Fensteröffnungen versehene Kirche im Mittelalter Zentrum einer großen Siedlung gewesen sein muß.

Den nächsten Hinweis auf eine vom Erdboden verschwundene Stadt liefern nur 1,5 km weiter linker Hand die Überreste eines Wehrturms aus derselben Epoche. Der **Torre di San Giovanni** (Abb. S. 51) zählt zu den bedeutendsten historischen Baudenkmälern der Insel, doch seine Tage könnten bald endgültig gezählt sein. 1991 schlug eine Studiengruppe des Archäologischen Instituts der Universität Florenz nach einer Untersuchung des halbverfallenen Monuments Alarm: Der Säuregehalt des Regens zersetze den Mörtel zwischen den Granitblöcken fast zur Gänze, die Verwitterung des bereits wie eine Zwiebel aufgeblätterten Sockels schreite rapide fort. Es besteht somit die Gefahr, daß der gesamte Turm irgendwann plötzlich ins Tal rutscht. Trotz des fundierten Gutachtens ignorierten die Behörden diese Warnung, auch eine Privatinitiative in Marina di Campo konnte bisher wenig zur Rettung des Sarazenenturms beitragen.

Sant'Ilario in Campo: Von Napoleon verschont

1 km weiter geht links die Straße nach Sant'Ilario in Campo ab. Das von den Langobarden gegründete Dorf liegt auf einer 205 m hohen Kuppe über dem Flachland von Campo nell'Elba. Unzählige Topfpflanzen stehen auf dem blankgescheuerten Pflaster der blitzsauberen Gäßchen, vor jeder Türe blüht und grünt es, Hibiskus und Oleander, Stockrosen und Jasmin entfalten sich im milden Licht zu ihrer vollen Farbenpracht. Ein Potpourri von zarten Düften liegt über den niedrigen Häusern mit ihren schmalen Fassaden und winzigen Balkonen. Auf der Piazza vor der Pfarrkirche aus dem 12. Jh. sprudelt ein Brunnen, sein Wasser, so heißt es, soll an Güte der berühmten Quelle »Fonte Napoleone« um keinen Deut nachstehen. Pech für Sant'Ilario, daß es der Kaiser bei keinem seiner zahlreichen Erkundungsritte entdeckt hat. Oder vielleicht ein Glück, denn die prosaische Bezeichnung »Trinkkurort gegen Blasenleiden« würde ganz und gar nicht zum blumigen Charme des Bergstädtchens passen.

Restaurant: La Cava, Sant'Ilario, ℂ 05 65-98 33 79: Panorama-Blick, Wildschwein-Spezialitäten.

Mit den letzten ernstzunehmenden Kurven dieser Rundfahrt ist nach 3km **La Pila,** der »Erntestapel« erreicht. Wo sich einst Getreidefelder ausdehnten, liegt nunmehr der Inselflughafen für Verkehrs- und Privatmaschinen, auf den sich noch in den 80er Jahren, bevor die Piste asphaltiert wurde, zum Schrecken der Piloten bisweilen Schafe verirrten. Wie verkehrsmäßig günstig La Pila nicht nur für das nahe Marina di Campo liegt, zeigt die rasche Rückfahrt über Procchio nach Portoferraio.

154

Im Südwesten

Elbas »wilder Westen« beginnt hinter den letzten Häusern von Marciana Marina und reicht vom malerischen Fischerdorf Sant'Andrea über winzige Weiler an der kühn am Abgrund angelegten Höhenstraße bis zu den vorzugsweise von Italienern frequentierten Badeorten Chiessi, Pomonte, Fetovaia, Seccheto und Cavoli mit ihren verschwiegenen Buchten, Klippen- und Sandstränden. Das stille San Piero in Campo bietet sich als letzte Station der landschaftlich vielleicht beeindruckendsten Tour an.

Eine Küstentour steht bevor, unterbrochen von nur kurzen Passagen ohne unmittelbaren Meerblick. Sobald die Golfe von Biodola und Procchio (s. S. 128) sich unterhalb der Panoramastraße ausbreiten, reiht sich ein Höhepunkt an den anderen. Bei Marciana Marina schraubt sich das Asphaltband ins Landesinnere bis Marciana Alta empor (s. S. 142). Parallel dazu schlängelt sich auch ein inzwischen asphaltierter, durchaus akzeptabler Fahrweg hinauf, auf dem früher die Piloten der alljährlich im Mai veranstalteten Elba-Ralley ihre luftverpestenden Trainingsrunden drehten und lange Staubfahnen hinter sich aufwirbelten (s. S. 34).

Glücklicherweise gehört dieser Spuk der Vergangenheit an, die wilde Horde hat auf der Insel nichts mehr verloren. In aller Ruhe kann man jetzt zwischen Zistrosen und Ginsterbüschen auf Abwegen wandeln. Wie beispielsweise im Hinterland von Marciana Marina, wo sich im lichten Mischwald ein kulinarischer Geheimtip verbirgt. Im »Ristorante Luigi«, einem urgemütlichen Landwirtshaus, kocht der Chef persönlich für seine zumeist einheimischen Gäste auf. Statt des 08/15-Angebots der sündteuren Touristenfallen offeriert Luigi rustikale Gerichte – deftige, hausgemachte Pasta, viel Gemüse, Pilzgerichte, Wildschweinbraten – zu zivilen Preisen (Adresse s. S. 152). Schmale Privatsträßchen führen durch Kastanienhaine und üppig grünende Macchia zu prachtvollen Landsitzen mit oft prominenten Eigentümern. Nicht zufällig liegt die »Villa Trussardi« des italienischen Modeschöpfers und Multimillionärs inmitten dieser bukolischen Idylle. Wer vom Hahnenschrei geweckt und vom Zirpen der Zikaden in den Schlaf gewiegt werden möchte, wer absolute Ruhe sucht und den Strand nicht unmittelbar vor der Haustür haben muß, sollte sich an den Hängen unterhalb von Poggio einmieten. Zwischen den winzigen Weingärten und dichten Wäldern, in denen noch vor wenigen Jahren der letzte Köhler des Eilands seinem archaischen Gewerbe nachging (s. S. 158), stehen freilich nur wenige mietbare Feriendomizile zur Auswahl. Nur mit einer gehörigen Portion Glück wird man ohne rechtzeitige Reservierung ein Privatquartier entdecken, wo sich Wildschweine und Hasen gute Nacht sagen.

Sant'Andrea: Immer noch ein Fischerdorf

Vor Marciana Alta trifft die Nebenstraße wieder auf die Hauptfahrbahn, die linker Hand über Poggio nach Campo nell'Elba und nach rechts wieder zur Küste abfällt. Vorerst verliert diese nordwestliche Route entlang der von tiefen Taleinschnitten durchfurchten Abhänge des Monte Giove kaum an Höhe, erst nach 6 km liegt bei der Abzweigung Zanca – Sant'Andrea die Küste wieder zum Greifen nahe. Noch in den 70er Jahren

träumte dieser Winkel unberührt vor sich hin, doch dann hielt der Fremdenverkehr auch in Sant'Andrea unaufhaltsam seinen Einzug. Hotels, Pensionen und Restaurants flankieren die schmale, kurvenreiche, 2,5 km lange Stichstraße zum winzigen, von Granitfelsen gesäumten Sandstrand des ehemaligen Fischerdörfchens, das sich dennoch seinen ursprünglichen Reiz bewahren konnte.

Taucher schätzen das Meer vor Sant'Andrea wegen seines Fischreichtums, Badegäste genießen das herrlich klare Wasser oder räkeln sich friedlich am Strand. Im lichten Schatten der Tamarisken tanzen Sonnenflecken über den weißen Sand, sobald sich eine zwitschernde Vogelschar im Geäst niederläßt, die erst verstummt, wenn sich die Mittagsglut über Land und Meer legt. In der Hitze vermischt sich dann der Geruch von Salz und Tang mit den Düften der Macchia, die ein leiser Wind von den Hängen herabweht. Vom **Capo Sant' Andrea** läßt sich die nördliche Küstenlinie ein letztes Mal überblicken: Wie Rüschen schmiegen sich kleine Kiesbuchten zwischen zerklüfteten Felsen ans Ufer. Nahezu unberührt von Menschenhand eröffnet sich aus der Nähe nur Fußgängern oder Seefahrern eine reißende Szenerie. Gleich hinter Marciana Marina blickt die mit einer Marienstatue geschmückte Klippe **Scoglio della Madonna** auf eine »Nasenspitze« im Meer, die Landzunge **Punta del Nasuto,** herab,

Im Südwesten

der schöne Kieselstrand **Ripa Barata** reiht sich an die von Weinpflanzungen umkränzte Bucht **Seno della Cala,** dann weicht die dichte Vegetation einer kargeren Landschaft, die sich in immer schrofferen Zakken bis zum Kap windet.

Am Capo Sant'Andrea ereignete sich 1802 eine Heldentat, die sogar Eingang in die Annalen fand. Mit einer einzigen, wohlgezielten Kanonenkugel schlug von dieser Stelle aus Capitain Hugo, französi-

scher Gouverneur auf Elba und Vater des Schriftstellers Victor Hugo, ein Piratenschiff in die Flucht. Mag das Histörchen auch unbedeutend erscheinen, so führt es doch deutlich vor Augen, wie es nur zwölf Jahre vor der Ankunft Napoleons im »Wilden Westen« Elbas noch zugegangen ist.

Hotels: *** S. Andrea, 57030 S. Andrea, ☎ 05 65-90 80 06, Fax 05 65-90 82 60 (Winter: ☎ 05 65-90 80 75): Schöne Gartenanlage, gute Küche. *** Cernia, 57030 S. Andrea, ☎ 05 65-90 81 94, Fax 05 65-90 82 53: Gemütliches Haus mit Bungalows für 4–6 Pers., Pool, Garten,

Roberto, der letzte Köhler

Die gebürtige Tirolerin Uta Karl ist seit 1982 mit dem Elbaner Roberto Mazzei, dem letzten Köhler der Insel, verheiratet. In dem Büchlein »La Carbonaia di Roberto« dokumentiert die österreichische Reiseschriftstellerin und Fotografin ein aussterbendes Handwerk, das zu den ältesten der Menschheitsgeschichte zählt.

Roberto ist der letzte Mann der Insel, der sich noch auf die Herstellung von Holzkohle versteht. Inzwischen kocht man nämlich auch hier längst mit Gas, und zum Grillen gibt es handlich verpackte Retortenholzkohle aus den osteuropäischen Ländern. Nur Kenner schätzen noch die Qualität der in traditioneller Weise erzeugten heimischen Holzkohle aus den Ästen der Steineiche, der Baumheide und des Erdbeerstrauches.

Jeder Weinbauer auf Elba, der auch Wald besaß, errichtete einstmals ein bis zwei Meiler im Jahr. Die Holzkohle verwendete man teilweise selbst, zum Teil verkaufte man sie an Händler in den nahen Ortschaften. Gasherde gibt es auf Elba erst seit den 50er Jahren, bis dahin dienten in allen Häusern die offenen Kamine gleichzeitig als Herde. An den Feuerstellen gab es seitlich eine Vertiefung für die Holzkohle, darüber stand der Dreifuß und auf diesem befand sich das Geschirr, in dem köstliche Suppen und Eintopfgerichte garten.

Lukrativ ist das Köhlerhandwerk schon längst nicht mehr, auch Roberto übt es bloß noch zu seinem Vergnügen aus. Aus Freude an einer Tätigkeit, die schon Plinius vor nahezu 2000 Jahren beschrieben hat. Das Prinzip des Kohlenbrennens ist eine trockene Destillation, bei der aus dem Holz die für den Brennwert unwichtigen Stoffe wie Wasser, Holzteer und Holzessig ausgeschieden werden. Beim Aufstellen eines Meilers – *la Carbonaia* – wird in der Mitte ein kaminartiger Hohlraum abgesteckt, um den herum der Köhler Hölzer zu einem kegelförmigen Gebilde anordnet. Auch Roberto schichtet nun die meterlangen Holzprügel aufrecht zu den anderen, dicht an dicht, wobei er jeden einzelnen nach Größe und Paßform sorgfältig auswählt. Anschließend dichtet der Köhler die Zwischenräume mit kleinen Zweigen ab, um seinem Werk dann ein »Hemd« aus Erde überzuziehen.

Wie ein ungezuckerter Riesengugelhupf wartet die mit schwarzem Waldboden bedeckte Carbonaia auf das Anzünden der Geburtstagskerze. Tatsächlich entflammt Roberto, der mit einer Leiter die Spitze

Roberto beim Bau des Meilers

des Meilers erklimmt, ein kleines Feuer über der Schachtöffnung. Glühendes Brennholz stürzt in die Tiefe, und schon bald quillt dichter Rauch empor. »Eine Carbonaia ist wie eine verwöhnte Frau, sie kann nicht genug kriegen«, sagt Roberto, während er inmitten dichter Rauchschwaden immer wieder Holz in den Schlund des Meilers stopft. Endlich deckt er die Öffnung mit einem Eisenblech zu und schaufelt Erde darüber: *Cuoci bene, cara* – »koche gut, meine Teure«. Nach fünf Tagen, in denen ein Köhler sein rauchendes Werk kaum aus den Augen lassen darf, ist die Holzkohle fertig.

Was so einfach klingt, ist freilich das Ergebnis jahrelanger Erfahrung. Der Verlauf des Schwelbrandes kann von außen reguliert werden, indem der Köhler Luftlöcher in den Erdmantel stößt. Einkalkuliert werden müssen Wind und Regen, auf das »Gewußt wie« kommt es an, sonst erntet man statt des hochwertigen Brennmaterials bloß einen Aschenhaufen – und den Spott der Nachbarn noch dazu.

Uta Karl-Mazzei

200 m zum Strand. *** Gallo Nero, 57030 S. Andrea, ✆ 05 65-90 80 17, Fax 05 65-90 80 78: Liebevoll gepflegtes Hotel, Garten mit Pool. *** Ilio, 57030 S. Andrea 24, ✆ 05 65-90 80 18, Fax: 05 65-90 80 87: Erstes Öko-Hotel der Insel, Grünlage, Strandnähe. ** Bellavista, 57030 S. Andrea, ✆ 05 65-90 80 15: Entspricht voll dem Namen!

Patresi und Napoleons feuchter Felsenthron

Die nach 3 km aneinandergereihten Siedlungen Patresi la Guardia, Patresi il Mortaio und Patresi Colle d'Orano besaßen bis zum Zweiten Weltkrieg die vermutlich einzige Wassermühle im Westen der Insel, mehr läßt sich über den Weiler kaum erzählen. **Patresi Mare,** wie sich der einstmals namenlose Hafen heute nennt, verdient aber durchaus eine Erwähnung. Campingbusse und Wohnwagen verzichten besser auf den Abstecher zum Meer, denn für sie bietet sich am Ende des extrem schmalen Stichsträßchens kaum eine Möglichkeit zum Wenden. Mit einem Fahrzeug durchschnittlicher Größe kann man jedoch beruhigt bis zur kleinen betonierten Mole fahren und sich von der umliegenden Felsküste zu einem Sprung ins Wasser verlocken lassen. Recht interessant ist auch der um 1900 errichtete Leuchtturm **Faro di Punta Polveraia,** der einst mit mühsam

auf dem Seeweg herbeigeschafftem Petroleum betrieben wurde. Mittlerweile elektrifiziert und automatisiert, beherbergt das zugehörige Haus keinen Leuchtturmwärter mehr, der sich um die Lichtsignale für die zwischen Capraia, Korsika und Elba vorbeifahrenden Schiffe kümmern muß. Das Anwesen in atemberaubend schöner Lage ist nunmehr in Besitz der Marine, die sich aber jeglichen Besuch verbittet.

Glücklicherweise erlauben immer wieder Ausweichstellen am Wegesrand einen Stopp, sonst müßte der Beifahrer dem Chauffeur unentwegt schildern, welch herrliche Ausblicke er versäumt. Die unbestritten großartigste Panoramastraße Elbas erfordert nämlich hinter dem Steuer volle Konzentration. Aufwendige Sprengungen durch die schwindelnd steil zum Meer abbrechenden Felsen ermöglichten erst ihre Anlage hoch über der Küste. Eingedenk der Tatsache, daß die Bewohner der westlichsten Dörfer Elbas jahrhundertelang nur über Saumpfade mit dem Rest der Insel verbunden waren, kann man sich den Jubel vorstellen, als dieses Meisterwerk italienischer Straßenbaukunst im Jahre 1963 endlich seiner Bestimmung übergeben werden konnte.

An klaren Tagen schweift der Blick bis Capraia, zur Gefangeneninsel Gorgona und auch hinüber nach Korsika, das sich als graubraune Silhouette am Horizont abzeichnet. Daß jetzt eine weitere

Napoleon-Anekdote folgen muß, versteht sich eigentlich von selbst. Unmittelbar nach den verstreut liegenden Häusern von **Colle d'Orano** kommt ein sesselförmiges Riff in Sicht, das die Bezeichnung **Sedia di Napoleone** trägt. Zweifel daran, ob Bonaparte auf dem nur per Boot erreichbaren »Napoleonsitz« auch nur ein einziges Mal geweilt habe, sind freilich angebracht. In rührender Ehrlichkeit heißt es sogar in einem lokalen Elbaführer: »Man erzählt sich, daß von diesem Platz aus der landesverwiesene Kaiser mit bitterem Heimweh zu seinem Korsika hinübergeschaut hat. Dabei handelt es sich freilich um eine Sage, konnte er doch von der Pilgerstätte Madonna del Monte aus sein geliebtes Eiland besser und mit geringerer Anstrengung sehen.«

🛏 **Hotel:** *** Bel Tramonto, 57030 Patresi-Mariana, ✆ 05 65-90 80 27, Fax 05 65-90 82 80: Schöne Panoramalage, gemütliche Zimmer und Apartments.

Chiessi:
Wein und Fisch,
was braucht man mehr?

Ohne die geringste Abweichung ins Innere folgt die Straße in 150 m Höhe der Küstenlinie und neigt sich allmählich, bis 105 m über dem dunklen Felsvorsprung **Punta Nera** der westlichste Punkt Elbas

und gleich danach der bezaubernde Ort Chiessi erreicht ist. Lassen wir hier die Schweizerin Lilly Keller zu Wort kommen, die mit großem Humor und ebensolcher Sachkenntnis über ihre Wahlheimat ein sehr persönlich gehaltenes Büchlein verfaßt und mit allerlei Kochrezepten gewürzt hat:

»Gegen jede Diät, aber um so wärmer empfehlen wir den Besuch in Chiessi. Das Fischerdorf sieht aus wie aus dem Bilderbuch geschnitten. Romantisch verwinkelte Fischerhäuser mit Maulesel- und Hühnerställen, die bis auf den Fels-Strand gebaut sind. Die hohen, kahlen Außenmauern sind dem Meer und Wind entgegengesetzt. Schützend umschließen sie Haus und Hof gegen den Sturm und geben gleichzeitig Kühle und Schatten im heißen Sommer. Palmen und Bougainvillea gedeihen in diesen Atriumhöfen. In-sich-ruhend und sich selbst versorgend wirken diese Fischerbehausungen. Das Dorf liegt am wenigsten steilen Uferstück dieses Küstenstrichs, die Felsen türmen sich von tief bis hinauf zum Bergkamm. Es wachsen ein paar wenige Tamarisken, Zwergpinien und viele Reben, Weinberge, die steil terrassiert bis zum Gipfel reichen. Die Rebstöcke wachsen auf felsigem Gelände mit nur wenig Erde, ihr Wein wird hell-golden, stark, secco mit einem unverkennbaren Geschmack. In dieser rauhen, kahlen Umgebung gibt es ein Gericht: ›cacciucco‹! Das Rezept zu beschreiben, wäre anma-

Cacciucco

Nach eingehender Konferenz mit Signor Publius aus Poggio (s. S. 152) wagen wir es hier, das Rezept zu liefern, ob die Suppe jedoch in Ermangelung frischer Elba-Fische daheim ebenso köstlich gelingen kann, bleibt fraglich.

Zutaten für 6 Personen: 1200 bis 1500 g Fisch folgender Sorten: 1 Tintenfisch, 3–4 Drachenköpfe, 1 Meersau (Cappone), 1 kleiner Katzenhai, 1 Meeraal, 1 Dorade und einige weitere Meeresfische nach dem fangfrischen Angebot sowie 4–5 Heuschreckenkrebse *(Cicale)*; 600 g Tomaten, 2–3 Zwiebeln, 2–3 Knoblauchzehen, Pfefferschote, 1 Bund Petersilie, ca. 160 g Olivenöl, $^1/_4$ l Weißwein, Salz, Weißbrot.

Zubereitung: Die Fische säubern und zerteilen (Katzenhai und Meeraal in größere Stücke, die anderen in kleinere, die kleinsten ganz lassen). In einem großen Topf Öl erhitzen und die feingeschnittenen Zwiebeln dünsten. Sobald sie sich bräunen, die Tintenfischstücke dazumischen und nach dem Anbraten mit dem Wein begießen. Sobald der Wein verdunstet ist, geschälte, kleingeschnittene Tomaten, zerdrückten Knoblauch, ein Stückchen Pfefferschote, gehackte Petersilie und Salz hinzufügen. Ca. 10 Minuten kochen lassen und mit heißem Wasser aufgießen, erst jetzt die Krebse und die anderen Fischstücke – als erste jene mit festerem Fleisch (Drachenköpfe und Meersau) – beigeben. Nicht umrühren! Ab und zu den (geschlossenen) Topf schütteln, um ein Anbrennen zu vermeiden, und etwa 15 Minuten bei gemäßigter Hitze brodeln lassen. Eventuell etwas heißes Wasser aufgießen, damit die Suppe nicht zu sehr eindickt.

Mit Knoblauch eingeriebene, mittelstarke Brotscheiben auf den Boden der Servierschüssel legen und die fertige Suppe darübergießen.

ßend. Es ist nicht Bouillabaisse, nicht Fischsuppe – es ist eben Chiessi in seiner ganzen Vielfältigkeit. Man sollte sich im Herbst vom Wind schütteln, sich von der Weite des Meeres beeindrucken lassen, die hohen Wellen in den Felsen orgeln hören – und dann den ›cacciucco‹ genießen!«

Den begeisterten Worten sei nur hinzuzufügen, daß sich im Flußtal zwischen den Weingärten von

Elbas Wilder Westen

Chiessi ein kleiner, noch aktiver Granitsteinbruch befindet. Nicht unerwähnt sollen auch die herrlichen Badeplätze auf glattgewaschenen Granitfelsen bleiben und die besonders fischreichen Gewässer. Vor dieser Küste entdeckten Taucher zu Beginn der 70er Jahre nicht weniger als 5000 Amphoren aus dem 1. Jh. v. Chr., tönerne Zeugen von manchem Schiffbruch in der Antike. Erinnerungen an eine noch viel weiter zurückliegende Vergangenheit fanden sich 1 km landeinwärts im **Fosso della Gneccarina.** Unter einer Steinplatte lagen nahezu unversehrt mehrere Bronzeäxte aus dem 8. Jh. v. Chr., die nun dem Archäologischen Museum von Marciana Alta (s. S. 144) zur Zierde gereichen.

Hotels: *** Il Perseo, 57030 Chiessi-Marciana, ✆/Fax 05 65-90 60 10: Kleine Pension mit angeschlossenem Spezialitäten-Restaurant. * Aurora, 57030 Chiessi-Marciana, ✆ 05 65-90 61 29: Die Morgenröte wird nicht extra verrechnet.

Pomonte:
Dorf hinter den Bergen

Post montem nannten die Römer ihre Siedlung, die sie tief im gebirgigen Hinterland, hoch über dem

Weinfelder bei Pomonte

164

heutigen Ort, gründeten. Nur ein paar Mauerreste inmitten dichter Macchia blieben von dem alten Dorf übrig, das bis in die Renaissancezeit existierte. Als 1553 der berüchtigte Pirat Dragut mit seiner Flotte die Küste Westelbas heimsuchte, nützte selbst die relativ geschützte Lage nichts mehr. Offenbar aus Prinzip und nicht wegen der ohnedies gering zu erachtenden Beute radierten die Sarazenen gleichsam im Vorbeisegeln die bescheidene Niederlassung der Fischer und Weinbauern aus. Die wenigen Überlebenden ließen sich schließlich am Strand nieder und gaben der Neugründung den alten Namen, traf dieser ja nach wie vor zu. Obgleich nun am Meer, lag Pomonte weiterhin hinter den Bergen, die es wie die anderen Dörfer an der Westküste vom Rest der Welt mehr oder minder abschnitten. Gut eine halbe Tagesreise benötigte man, um auf schattenlosen Pfaden bis Marciana Alta zu gelangen. Was man nicht selbst produzierte, mußte mit dem einzigen Verkehrsmittel dieser Tage – Esel oder Maultier – herbeigeschafft werden. In einer Höhe von 500 bis 600 m und fast stets der Sonne ausgesetzt, schleppten sich auch die Menschen mit schweren Lasten auf dem Rücken stundenlang über Stock und Stein. Kein Wunder, daß die Einheimischen noch heute jene Fremden mit ein wenig Skepsis betrachten, die zum reinen Vergnü-

gen von Chiessi oder Pomonte aus über den alten Fußpfad nach Madonna del Monte marschieren, voll des Lobes über die herrliche Fernsicht.

Das beschauliche Pomonte weist für einen Badeurlaub geradezu ideale Bedingungen auf. Ob im Hotel oder in einem der ansprechenden Privatquartiere untergebracht, der blitzsaubere Felsstrand an einem ebensolchen Meeresstreifen liegt direkt vor der Haustür. In dem Weinbaugebiet von Pomonte und Umgebung können Feriengäste mit ein wenig Glück eine ehemalige *Cantina* – einen Weinkeller – mieten. Keine Sorge, man darf sich darunter keineswegs ein dunkles, feuchtes Loch vorstellen, sondern einen ebenerdigen, verhältnismäßig hohen Bau mit ein bis zwei Fenstern und einer gediege-

nen Holztür. Weder die Hitze des Sommers noch die Feuchtigkeit des Winters vermögen ins Innere vorzudringen. Es ist noch nicht gar so lange her, da bewohnten die Einheimischen selbst diese Räumlichkeiten, in denen sich das gesamte Familienleben auf wenigen Quadratmetern abspielte. Bestenfalls trennte ein Vorhang die Schlafecke von der gemauerten Wanne zum Keltern der Trauben und den Eichenholzfässern. Ein offener Kamin diente als Kochstelle und Heizung, eine Kommode, Tisch und ein paar Stühle – mehr Einrichtungsgegenstände benötigte man nicht. Mit Einbauküche, Badezimmer und eventuell einer Zwischendecke versehen, bietet heutzutage eine zu einem Ferienhäuschen umgewandelte Cantina alles an Komfort, was eine Familie im Urlaub braucht.

Unter der obligaten, von knorrigen Weinreben umrankten Pergola schmeckt das einfachste Mahl mitunter besser als im feudalsten Restaurant. Fangfrischer Fisch, Gemüse aus Nachbars Garten oder hausgemachte Teigwaren, von fahrenden Händlern gleich auf der Straße angeboten, verlocken dazu, selbst den Kochlöffel zu schwingen. Gebricht es einmal an der Lust, selbst in der Küche zu stehen, und kennt man die Speisekarten in den wenigen Trattorien von Pomonte bereits auswendig, so liegen Chiessi mit seiner berühmten Fischsuppe 1,5 km oder Fetovaia mit den hübschen Strandlokalen 3,7 km nah.

Hotels: *** Villa Mare, 57030 Pomonte, ✆ 05 65-90 63 01, Fax 05 65-90 63 02: Nettes Haus mit gutem Restaurant. *** Corallo, 57030 Pomonte, ✆ 05 65-90 60 42, Fax 05 65-90 62 70: Komfort in kleinem Rahmen. ** Da Saridi, 57030 Pomonte, ✆ 05 65-90 60 45, Fax 05 65-90 62 53: Familienhotel in ruhiger, strandnaher Lage. ** L'Ogliera, 57030 Pomonte, ✆ 05 65-90 62 10, Fax 05 65-90 60 12: Kleines Haus zum Entspannen.

Apartment: Häuschen in Strandnähe vermietet Frau Uta Karl-Mazzei, 57030 Poggio, Lavacchio, ✆ 05 65-99 68 40.

Auf Granit gebaut: Fetovaia, Seccheto, Cavoli

Wilder Rosmarin und Lavendel, Myrte und Mastixsträucher säumen den Wegesrand, immer niedriger wird die duftende Macchia, bis teilweise nur noch nackter Stein die steilen Berghänge bedeckt, während an der anderen Seite die Felswände wieder 100 m tief zum Meer abbrechen. Bei der **Punta le Tombe** endet die Westküste, die Straße schlägt mit einer langgezogenen Kurve Ostkurs ein und verliert an Höhe, bis der Badeort **Fetovaia** mit seiner unvergleichlichen Symphonie von Farben erreicht ist. Wie eine kleinere Ausgabe des berühmten Golfs von Biodola öffnet sich eine in hellem Türkis schimmernde Bucht, eingefaßt von grauen Granitklippen und einem strah-

Ortsnamen auf Elba
Die Natur stand meistens Pate

Der größte Teil der elbanischen Ortsbezeichnungen – nämlich exakt 83,3 % – entstand im Mittelalter und in der Neuzeit, vier von fünf Namen haben somit eine verhältnismäßig kurze Vergangenheit, was in Anbetracht der langen und wechselvollen Geschichte der Insel eigentlich recht erstaunlich ist. Etwa zwei Jahrtausende hinterließen nur in knapp vier Prozent der Dörfer und Weiler ihre sprachlichen Spuren, aus der Etruskerzeit sind gar nur vier Namen übriggeblieben: »Cenno«, »Ginni«, »Verna« und »Pizzenni«. Ein Relikt aus dem Römischen Reich stellt unter anderem »Capoliveri« (von *caput liberum* – Haupt der Freien) dar.

Diese Auflistung entstammt einer 1919 erstellten Studie »I nomi locali dell'Elba« des Historikers und Sprachforschers Remigo Sabbadini, der sich mit den 650 elbanischen Ortsnamen auseinandergesetzt und für die überwiegende Mehrheit schlüssige Erklärungen gefunden hat.

Die meisten Bezeichnungen (32,7 %) leiten sich aus der Morphologie ab wie zum Beispiel »Acquaviva« (lebendiges Wasser), »Cavo« (von *Capo* – Kap), »Cavalla« (von *cascata* – Wasserfall), »Fonza« (von *fonte* – Quelle), »Lacona« (von *lacuna* – Lagune), »Pedemonte« (von *pedes* und *mons* = am Fuß des Berges) oder Schiopparello (von *scopularellus* – kleiner Fels).

Etwa ein Fünftel nimmt Anleihe bei der Pflanzenwelt: »Salve« (von *salvia* – Salbei), »Felci« (von *felce* – Farn), »Ortano« (von *hortus* – Garten), »Literno« (von *alaterno* – Kreuzdorn), »Chiessi« (von *gelsi* – Maulbeerbäume), »Fetovaia« (von *fagetturia* – Buchenwald) etc. Die Tierwelt ist bloß mit 7,1 % namentlich vertreten: »Cecini« (von *cigni* – Schwäne), »Falcone« (Falke), »Pecorelle« (Schäfchen) und ähnliches mehr.

Aus dem Bereich des Erzabbaus leiten sich erstaunlicherweise bloß 3 % der Namen wie »Forno« (Ofen), »Ferraia« (Eisen), »Calamita« (Magnet) oder »Caldaia« (Kessel) ab. Zu 9,4 % stand die Landwirtschaft Pate: »Fine« (von *confine* – Grenze), »Magazzini« (Vorratsräume), »Ponzone« (von *pozzone* – Brunnen), »Cosciole« (von *cascine* – Kuhstall) etc. Die Fischerei und das Schiffswesen ist zu 1,2 % vertreten, beispielsweise in »Fondi« (Fischreusen) oder in »Galera« (Galeere).

lend weißen Sandstreifen. Kein Wunder, daß sich das Fischerdorf mit diesem Juwel von Strand innerhalb weniger Jahre nach Fertigstellung der Küstenstraße zu einem der beliebtesten Seebäder der Insel mausern konnte. Die weit ins Meer hinausragende, dicht mit Niederwald bewachsene, tiefgrüne Landzunge hält die Westwinde ab und garantiert nicht nur den dümpelnden Jachten einen sicheren Aufenthalt, auch Badegäste zieht es in Scharen nach Fetovaia, wenn hoher Seegang an anderen Orten das Schwimmen unmöglich macht.

Nicht ganz so dekorativ, dafür aber an heißen Sommertagen auch nicht so überlaufen ist der 2 km von Fetovaia entfernte Nachbarort **Seccheto,** wo ebenfalls blankgespülte Granitklippen und ein kleiner Sandstrand zum Bade einladen. Vor allem aber kommen hier wieder Wanderer auf ihre Rechnung, wenn sie **Vallebuia,** das hinter dem Dorfzentrum liegende »dunkle Tal«, zum Ausgangspunkt für verschiedene Touren wählen. Auch über Granitabbau läßt sich hier an Ort und Stelle einiges lernen, die Steinbrüche an den Südabhängen des Monte-Capanne-Massivs werden seit der Antike bis zum heutigen Tag ausgebeutet. Bei Seccheto gebrochener Granit fand im Pantheon in Rom, im Dom und der Taufkapelle in Pisa sowie für einige Statuen der Boboli-Gärten in Florenz Verwendung, ja sogar Karl der Große soll das Material für die kaiserliche Kapelle in Aachen von

diesen Steinbrüchen bezogen haben. Im »dunklen Tal« verbarg sich jahrhundertelang ein römischer Altar aus dem 2. Jh. n. Chr., auf dem unter anderem der Name Publio Attiano, Präfekt unter Kaiser Hadrian und vermutlicher Besitzer der Villa delle Grotte (s. S. 112), deutlich zu lesen steht. Während der Altar nach Portoferraio gebracht werden konnte (s. S. 90), widerstand eine 8 m lange, halbfertige Säule jeglichen Transportversuchen. Überwuchert von dichtem Brombeergestrüpp liegt das Relikt aus pisanischer Zeit seit einem halben Jahrtausend neben dem Bach.

Ein nahrhaftes Produkt dieses Tals ist der »Vallebuia«-Honig aus Akazien-, Rosmarin- oder Kastanienblüten, der mit seinem würzigen, unverwechselbaren Aroma die verwöhntesten Zungen begeistert.

Cavoli, nur 1 km weiter, ist das dritte Fischerdörfchen an der Südküste, das dank eines hübschen Strands als Seebad Karriere machen durfte. Kann Fetovaia auch die unumstritten schönste Sandbucht der drei und Seccheto abgesehen von seinen steinernen Antiquitäten ein Tal voll Ziegenmilch und Honig aufweisen, so trumpft Cavoli nicht nur mit einer **Blauen Grotte,** sondern seit kurzem auch mit Dutzenden von Säulen aus Römertagen auf. Als ein gewaltiges Buschfeuer im Sommer 1990 die Hänge oberhalb von Cavoli niederbrannte, legten die Flammen eine

169

antike Granitwerkstatt frei, in der sich nahezu fertig bearbeitete Säulen zuhauf fanden. Rätselhaft bleibt freilich, weshalb die dekorativen Bauelemente nicht zur Vollendung und Auslieferung ins kaiserliche Rom kamen. Ebenfalls unvollständig ließ ein pisanischer Steinmetz sein Werk oberhalb der hufeisenförmigen Bucht von Cavoli zurück. *La Nave* – »das Schiff« – nennen die Einheimischen aufgrund seiner Form das Brunnenbecken, das an der Fundstelle verblieb. Es aufzusuchen lohnt sich nicht zuletzt wegen der herrlichen Aussicht auf die Inseln Pianosa und Montecristo. Von der großen Schirmpinie an der Hauptstraße oberhalb von Cavoli weist eine Tafel den Weg zum »Le Formiche Residence-Hotel«. Nach einigen Kurven erreicht die kleine Privatstraße eine Abzweigung, dort fährt man rechts zu einem alleinstehenden Haus oberhalb der Hotelanlage. Wenige Meter weiter endet der Weg beim steinernen »Schiff«.

Hotels: **** Bahia, 57034 Cavoli-Campo nell'Elba, ☎ 05 65-98 70 55: Schönes Fleckchen für Leute, die nicht aufs Geld sehen müssen. *** Da Italo, 57030 Seccheto, Via Montecristo 10, ☎ 05 65-98 70 12, Fax 05 65-98 72 71: 15 m zum Sandstrand. *** Galli, 57030 Fetovaia, ☎ 05 65-98 80 35, Fax 05 65-98 80 29: Panoramablick auf eine der schönsten Buchten; gute elbanische Küche. *** La Stella, 57030 Seccheto, ☎ 05 65-98 70 13: Erschwinglich. *** Lo Scirocco, 57030 Fetovaia, ☎/Fax 05 65-98 80 67: Wenige Schritte zum Strand; der Chef kocht

persönlich. *** Monte Merlo, 57030 Fetovaia, ☎/Fax 05 65-98 80 51: Der Besitzer kümmert sich rührend um die Gäste, 300 m zum Strand. ** Anna, 57030 Fetovaia, ☎ 05 65-98 80 32, Fax 05 65-98 80 73: Hübsche, kleine Familienpension. ** Da Alma, 57030 Fetovaia, ☎ 05 65-98 80 40, Fax 05 65-98 80 74: Familiäre Atmosphäre. ** Da Fine, 57030 Seccheto, ☎ 05 65-98 70 17, Fax 05 65-98 72 50: Pension mit Restaurant in Strandnähe, ganzj. ** La Conchiglia, 57034 Cavoli-Campo dell'Elba, ☎ 05 65-98 70 10, Fax 05 65-98 72 57: Bezaubernde Lage in der Sandbucht von Cavoli. ** Lorenza, 57034 Cavoli-Campo dell'Elba, ☎ 05 65-98 70 54: Für Preisbewußte.

Apartments: Residence Onda su Onda, Seccheto; Auskünfte und Buchungen bei Roberto Montagnani, 57034 Marina di Campo, Pozzo al Moro 8, ☎/Fax 05 65-97 69 89: Ferienwohnungen direkt am Meer. Residence Le Formiche, 57034 Cavoli-Campo nell'Elba, ☎/Fax 05 65-98 71 52: Ruhige Panoramalage.

San Piero in Campo: Ein Dorf blieb sich treu

Bloß 2 km noch folgt die Straße der Küstenlinie, dann gabelt sie sich an einem Stapelplatz für bearbeiteten Granit aus den nahen Steinbrüchen. Geradeaus erreicht sie nach weiteren 3 km Marina di Campo (s. S. 132), nach links biegt sie nach San Piero in Campo ab. Nur zu gern nimmt man 4,5 km kurvenreicher Fahrt auf sich, erwartet einen doch auf einer Bergnase in 227 m Höhe eine der reizvollsten Ort-

Caprili
Iglus aus Stein

In den Bergen oberhalb der Westküste stößt der Wanderer auf alte elbanische Hirtenhütten, die wie steinerne Iglus aussehen und an die *Trulli* in Apulien erinnern: die **Caprili.** Die Bezeichnung leitet sich von *capra* – Ziege – ab, es handelte sich aber nicht um Ställe. Die Unterstände dienten vielmehr zum Schutz der Hirten vor plötzlichen Unwettern sowie als Milch- oder Käsedepots. Die Caprili stammen aus dem ausgehenden 19. Jh., wobei die meisten völlig intakt geblieben sind, nur ihre Funktion haben sie mittlerweile verloren. Beim Bau wurden Granitsteine so geschickt aufeinandergesetzt, daß der Regen zwar außen abläuft, Rauch aus dem Innenraum aber durch die Zwischenräume abziehen kann. Kein Mörtel oder Zement verbindet die Steine, sie sind – wie bei einem Trullo – nur geschichtet.

Für Besitzer detaillierter Wanderkarten ein paar Tips für Stellen, wo man Rast in einem steinernen Unterstand halten kann: Le Macinelle, Pietra Murata, Masso alla Quata, Colle della Grottaccia, I Capitini, Le Mura, Monte Cenno, La Sughera, La Collica, Lo Schiappone, Fosso Mallocci, Monte Tambone, La Tavola, Piana della Terra (alle in Westelba).

San Piero in Campo, einer der bezauberndsten Orte Elbas

schaften Elbas. Vieles erinnert gleich beim Betreten der mittelalterlichen Gäßchen an das in Sichtweite liegende Sant'Ilario in Campo, und vieles verbindet auch die beiden Dörfer. Am Karfreitag begegnen die Gläubigen beider Städte einander in der Mitte der knapp 3 km langen Strecke, jeweils in getrennter Prozession zum Domplatz des Nachbarn unterwegs. Auch sonst herrschen zwischen der Langobardengründung Sant'Ilario und dem um vieles älteren Römerstädtchen San Piero seit jeher freundschaftliche Beziehungen.

Historiker vermuten, daß bereits zu jener Zeit, da der spätere Kaiser Augustus noch Oktavian hieß, also vor dem Jahr 27 v. Chr., eine römische Kolonie an der Stelle des heutigen San Piero lag. Diese Hypothese untermauern Ruinen eines Tempels, der vermutlich dem eher unbedeutenden Meeresgott Glaucus geweiht war, einem weissagenden Greis. Wie so oft errichteten Christen später auf den Überresten der heidnischen Kultstätte ihr Gotteshaus. Die romanische **Chiesa San Nicolo** – auch »Santi Pietro e Paolo« genannt – erhebt sich seit dem 12. Jh. auf den römischen Ruinen. Nur mit einer gewissen Zähigkeit gelingt es, auch das Innere des meist verschlossenen Kirchleins zu Gesicht zu bekommen. Den Pfarrer, der den Schlüssel hütet, trifft man nur selten in seinem Wohnhaus neben der neuen Kirche an, und stöbert man ihn in einer der wenigen Bars auf, so zeigt er sich über wißbegierige Touristen meist nicht besonders erfreut. Doch der Aufwand lohnt sich. Gewaltige Granitsäulen teilen den Kirchenraum in zwei Schiffe, an den Wänden sind exzellent restaurierte Freskenreste aus dem 14. und 15. Jh. zu sehen. Rechts läßt sich eine Madonnendarstellung erkennen, links das Heiligenquartett Michael, Nikolaus, Sebastian und Georg, in der teilweise zugemauerten Apsis der hl. Petrus.

Vor dem romanischen Bauwerk rechtfertigt der kleine Platz mit den Überresten einer Befestigungsanlage seinen Namen »Belvedere« voll und ganz. Schönes ist zu erschauen: das grüne Hügelland ringsum, die goldene Ebene zu Füßen, der weiße Himmel über dem blauen Meer. Aus der nahen Bäckerei duftet es verführerisch, aus einem Gäßchen erklingt das helle Lachen eines jungen Mädchens, ein Kind läuft vorbei und ruft nach seinem Hund. Als wäre die Zeit still gestanden, sitzen die alten Männer wie eh und je auf ihren Bänken im Schatten ehrwürdiger Platanen, während die Frauen Wasser vom Brunnen holen und die Gelegenheit gleich für einen Plausch nutzen. Kaum einen Blick werfen sie auf die Fremden, nicht aus Unfreundlichkeit, sondern weil man in dieser stillen Welt keine Zeit auf Flüchtiges verschwendet. Bald werden sie wieder fort sein, wozu sollte man sich also mit ihnen beschäftigen, wenn es so viel Interessanteres zu besprechen gibt? Wie der diesjährige Wein wird, denn noch immer zeigt sich kein Wölkchen am Himmel, seit Wochen wartet man schon auf Regen. Oder wann der fahrende Fischhändler endlich eintrifft und was er diesmal bieten kann. Auf dem Dorfplatz von San Piero hat der Tourismus sein (vermeintliches) Recht verloren. Niemand macht sich dienstbar, keiner dienert sich an, jeder bleibt, was und wie er ist. Dankeschön, San Piero, daß es so etwas wie dich noch gibt.

Elba
aktiv

Wanderungen auf uralten Pfaden

Radrouten mit Panoramablick

Segeltörns für Anfänger und alte Seebären

Im Gebiet des Monte Capanne

Naturerlebnis zu Fuß

Abseits verkehrsreicher Straßen bietet Elba auf seinen in den vergangenen Jahren gut ausgebauten Wanderwegen unvergeßliche Naturerlebnisse. Die Routen folgen den seit Jahrhunderten von Bergleuten, Bauern und Waldarbeitern begangenen Wegen und führen in eine Oase der Stille. Zwischen Steineichen und Ginster, Pinien und Macchia lernt man die Insel neu kennen.

Um die Rekonstruktion und Markierung der Pfade haben sich vor allem der *Club Alpino Italiano* (Italienischer Alpenverein) sowie die *Comunità Montana dell'Elba e Capraia* verdient gemacht, die auch für eine detailliertere Wanderkarte verantwortlich zeichnet. Sie ist in Buchhandlungen und Zeitungsläden überall auf der Insel erhältlich. Geführte Wanderungen verschiedener Schwierigkeitsgrade veranstaltet vom April bis Oktober die Vereinigung »Il Genio del Bosco« in Zusammenarbeit mit der Hoteliervereinigung.

Für alle Routen werden feste, wenn möglich knöchelhohe Schuhe, lange Hosen, eine leichte Windjacke und ein Rucksack für Proviant und Getränke empfohlen. Ein Fernglas erleichtert die Naturbeobachtung. Keine Angst muß man vor Schlangen haben, solange man die markierten Wege nicht verläßt. Giftig ist nur die Aspis-Viper, diese ist aber äußerst scheu, und schlängelt

sich eine mal über den Pfad, so genügt ein Sicherheitsabstand, in Sekundenschnelle wird sie wieder im Busch verschwinden. Furchtsame können sich zur Schlangenabwehr mit einem festen Stock ausrüsten.

Die wichtigsten Verhaltensmaßregeln in der Natur: Kein Feuer anzünden, keine Abfälle wegwerfen, nur markierte Pfade gehen, keine Pflanzen pflücken, Bäume nicht beschädigen, keine Tiere aufscheuchen, die Stille nicht stören.

Es muß ja nicht gleich die »Große Elba-Durchquerung« *(Grande Traversata Elbana/G. T. E.)* sein, für deren Länge von etwa 60 km mindestens 3–4 Tagesetappen zu veranschlagen sind. Aus der Fülle des Angebots im folgenden fünf leichte bis mittelschwere Tagesausflüge:

1 Die Wälder im Nordwesten

Marciana – San Cerbone – Valle di Pedalta – La Stretta – Fortezza Pisana – Marciana (Wanderzeit 4,5 Stunden, Höhenunterschied 300 m).

Ausgangs- und Endpunkt ist das mittelalterliche Bergdorf **Marciana**, mehrmals täglich durch Linienbusse (ATL) mit allen wichtigen Orten Elbas verbunden. Der Weg beginnt an der Treppe unter dem Medici-Tor, folgt dieser ein kurzes Stück, biegt nach links ab und durchquert einige hundert Meter den unteren Ortsteil. Über einen kleinen Bach kommt man in einen dichten Kastanienwald, kreuzt die Trasse der Seilbahn auf den Monte Capanne und erreicht in etwa 40 Minuten die Einsiedelei von **San Cerbone** (Kapelle aus dem 15. Jh. in der Nähe einer Grotte, in der im 6. Jh. der Heilige auf der Flucht vor den Langobarden Unterschlupf gefunden haben soll). Weiter geht es in leichten Steigungen rund 25 Minuten durch waldiges Gebiet (Kastanien, Steineichen) bergauf bis zur Kreuzung mit dem Hauptwanderweg Nr. 6. Von hier aus ließe sich in etwa eineinhalb Stunden der Gipfel des Monte Capanne »erobern«. Wir aber setzen die Wanderung in nordwestlicher Richtung durch die Macchia fort und genießen immer wieder malerische Ausblicke. Der Wegverlauf zieht sich fast eben über die felsigen Abhänge des Monte Capanne dahin, und mit etwas Glück gelingt die Beobachtung von Bergziegen, Rebhühnern oder Mäusebussarden. Im Frühling breitet sich vor uns ein betörend duftendes Blütenmeer aus, zwi-

schen den Felsen grüßen Orchideen und Veilchen. Nach einer Stunde gelangt man ins **Valle di Pedalta** (Pedalta-Tal) und in der Folge durch einen Kastanien- und Pinienwald unterhalb des Berges **La Stretta** zu einer weiteren Abzweigung, bei der wir den Hauptwanderweg wieder verlassen, um kurz zu einer Scharte aufzusteigen, von der aus an klaren Tagen Korsika und Capraia sowie der gesamte mittlere und östliche Teil Elbas zu sehen sind. Der Abstieg nach **Marciana** ist unbeschwerlich, am Ortsrand lädt die alte **Pisanerfestung** zur Besichtigung ein.

2 Wo einst die Alten gingen

Marciana Alta – Madonna del Monte – Chiessi (Wanderzeit 4 Stunden, Höhenunterschied 640 m).

Vor Beginn dieser Wanderung sollte man sich über die Busverbindungen zwischen dem Ziel Chiessi und dem Startort Marciana erkundigen (Busfahrpläne im ATL-Büro in Portoferraio, s. S. 221). Die Route folgt im wesentlichen jenen Wegen, die bis zum Bau der Küstenstraße in den frühen 60er Jahren die einzigen Verbindungen zwischen den Siedlungen an der Westküste und den übrigen Teilen der Insel darstellten. Einziges Transportmittel waren damals Esel und Maultiere, die von Lebensmitteln und Baumaterial bis zu Kranken und Toten alles über die Berge schleppten.

Vom Medici-Tor in **Marciana** steigt man über Treppen und enge Gäßchen durch den historischen Ortskern am Archäologischen Museum vorbei zur pisanischen **Festung** auf. Von dort geht es über einen treppenartigen Weg an den Leidensstationen Christi vorbei in etwa 30 Minuten zur Wallfahrtskir-che **Madonna del Monte** (s. S. 146). Wer jetzt schon durstig ist, kann sich an einer erfrischenden Quelle hinter der Kirche laben. Die Route verläuft weiter auf halber Höhe des Monte Giove über eine alte Militärstraße, ständig in etwa 500–600 m Höhe über dem Meer. Karge Felslandschaft wechselt mit alten Ka-

stanienwäldern ab. Leicht anstei-
gend führt der Weg dann durch
Sträucher und Ginster an einigen
häufig ausgetrockneten Wasserrinnen vorbei, dann windet er sich
durch niedrige Vegetation und
nackten Granitfelsen bis in die
Nähe des Bergrückens von San
Bartolomeo.

Von hier fällt der Weg rechter
Hand steil bergab durch alte Weinberge zum Dorf **Chiessi**, während
man links in weiteren 90 Minuten
die Ortschaft Pomonte erreicht.

3 In der Welt des Granits

San Piero – Piane del Canale – Pietra Murata Moncione – San Piero
(Wanderzeit 2–3 Stunden, Höhenunterschied 310 m).

Ausgangs- und Endpunkt ist das se-
henswerte Bergdorf **San Piero in
Campo** (230 m Seehöhe) unweit
des Badeortes Marina di Campo
und von diesem per Linienbus ATL
in 20 Minuten zu erreichen. Über
die – selbstverständlich aus Granit
gehauenen – Treppen des Dorfzen-
trums und nach einem weiteren
Aufstieg von etwa 30 Minuten vorbei an Feldern, Häusern und einem
Fußballplatz gelangt man zur **Hoch-
ebene von Canale** (Piane del Canale) mit schönem Blick auf Marina
di Campo. Nach rechts geht es zum
Turm von San Giovanni sowie auf
den Monte Maolo (730 m, etwa 3
Stunden, eine weitere Stunde Abstieg nach Poggio) oder auf den
Monte Perone (630 m, 3,5 Stunden), wir aber wandern linker Hand
durch einen Pinienwald bis zu
einer Abzweigung, die uns in wenigen Minuten zu dem Aussichts-

Wander- und Radrouten

Im Westen der Insel

punkt von **Pietra Murata** bringt. Von hier blickt man bei klarer Sicht bis nach Korsika, Pianosa und Montecristo. Pietra Murata galt schon in der Antike als idealer Platz, um herannahende Feinde auszumachen. Wir kehren nun auf den ursprünglichen Pfad zurück, dem wir durch das **Malocci-Tal** folgen, bis wir auf den Weg Nr. 35 stoßen, der uns direkt zu den Granit-Steinbrüchen von San Piero und zurück zum Ausgangspunkt führt. Unterwegs können wir Rebhühner, Fasane und Wildziegen beobachten, uns vom Panorama verzaubern lassen und die Spuren der alten, verfallenen Weinberge auf den Granitterrassen nachziehen. Im letzten Teil der Wanderung gibt es unvoll-

ständig behauene Granitsteine, unvollendete Säulen und andere markante Objekte aus der Blütezeit der Granitverarbeitung in der Pisanischen Ära zu entdecken. In der Nähe der alten Mühle von Moncione lädt eine saftig-grüne Wiese zum Verweilen ein, ehe wir wieder nach San Piero zurückkehren.

4 Über die Höhen Ostelbas

Rio nell'Elba – Torre del Giove – Monte Strega – Monte Capannello – Cima del Monte – Rio nell'Elba (Wanderzeit mit Abstecher auf den Torre del Giove, der 40 Minuten in Anspruch nimmt, insgesamt 6–7 Stunden, Höhenunterschied etwa 450 m).

Diese wegen ihrer Länge nur für einigermaßen ausdauernde Wanderer zu empfehlende Route führt über die schönsten und eindrucksvollsten Höhen Ostelbas mit atemberaubenden Aussichten. Wer den Weg abkürzen will, sollte sich mit einem Taxi von Rio nell'Elba entweder zum Fuß des Monte Giove oder gleich zur Abzweigung des Weges auf den Monte Strega auf der Straße nach Nisportino und Nisporto bringen lassen (von dort Wegdauer 3,5–4 Stunden).

Wir starten in dem alten »Eisendorf« **Rio nell'Elba** und gehen, am Friedhof vorbei, zuerst die bergauf führende Straße Richtung Cavo entlang, bis wir auf die Abzweigung zum **Torre del Giove** (Jupiterturm), im Volksmund auch *Fortezza del Giogo* genannt, stoßen. Es wäre schade, diese alten Ruinen links liegen zu lassen, die in etwa 500 m bei leichter Steigung (Höhenunterschied 112 m) in 20 Minuten zu erreichen sind (s. S. 107). Wen verfallenes Gemäuer nicht beeindrucken kann, der wird durch einen prächtigen Blick auf die seit Anfang der 80er Jahre stillgelegten Eisenerz-Abbaustätten entschädigt.

Nach der Rückkehr zur Straße folgen wir dieser rund um den Monte Serra und kommen nach bequemen 30 Minuten zum linker Hand abzweigenden Wanderweg Nr. 62, der sich steil auf den **Monte Strega** (427 m) windet. Zu Füßen des »Hexenberges« liegen im Osten die Bergbaugebiete von Rio nell'Elba und Rio Marina, im Nordwesten läßt sich die Hauptstadt Portoferraio erkennen. Über den Kamm des Monte Strega erreicht man den **Monte Capannello** (496 m) und in der Folge den Gipfel des **Cima del Monte** (516 m) mit Aussicht auf den Golf von Porto Azzurro. Je nach Kondition kann man auf dem Weg zwischen diesen beiden Bergen einen Abstecher zur alten Flucht- und Trutzburg **Volterraio** unternehmen, allerdings sind die Pfade nicht markiert: Die Abzweigung erfolgt auf der Höhe Le Panche, weiter geht es auf der asphaltierten Straße, bis man die Rückseite der Burg zum Greifen nahe vor Augen hat. In einer scharfen Kehre der Straße nach Magazzini zweigt dann ein nicht näher bezeichneter Weg auf den **Cima del Monte** ab, von dem man am besten die Route über Le Panche und einen bequemen Eselspfad zurück nach Rio nell'Elba wählt.

5 Um den »Magnetberg«

Capoliveri – Fattoria delle Ripalte – Cala Nova – Capoliveri (Wanderzeit 4–4,5 Stunden, Höhenunterschied 400 m).

Auf dieser etwa 10 km langen Wanderung entdecken wir die schönsten Teile der Halbinsel Calamita (s. S. 120), ohne uns allzu sehr anzustrengen. Bei großer Hitze ist die über weite Strecken baumlose Route aber nicht zu empfehlen.

Ausgangs- und Endpunkt ist der Platz vor dem neuen Rathaus von **Capoliveri**, von dem aus man einem Wegweiser mit der Aufschrift »Escursione a piedi« (Ausflüge zu Fuß) folgt. Schon am Ende des Ortskerns bietet sich ein prächtiger Rundblick: Porto Azzurro, Naregno, Festung Forte Focardo, Capo Perla. Nach 300 m beginnt rechts der Weg Nr. 82, den wir bis Cala Nova nicht mehr verlassen. Das erste, ziemlich steile und etwas mühsame Stück verläuft durch niedrige Vegetation, die nach Waldbränden in den 70er Jahren nachgewachsen ist. Aber schon nach einigen Serpentinen erreicht man **Poggio del Pozzo**, einen der vielen Aussichtspunkte, an denen sich eine kurze Rast lohnt. Von nun an geht es nur mehr in sanften Steigungen weiter, durch ein duftiges Pinienwäldchen, vorbei am umzäunten Gelände der Funkstation der italienischen Luftwaffe, die den gesamten Flugverkehr nördlich von Rom kontrolliert, entlang des **Wildgeheges** der »Comunità Montana«, erneut durch einen Wald und schließlich über einen asphaltierten Weg, der früher die einzige Zufahrt zu einer Militäranlage bildete. Nach einer Abzweigung, bei der wir den rechten Weg nehmen, trennt uns nur mehr 1 km von der **Fattoria delle Ripalte**, einer wahren Oase für ruhebedürftige Urlauber mit Reitstall, Ferienwohnungen, Restaurant, Café und schattigen Picknickplätzen.

Von hier aus führen (für Autos gesperrte) Forststraßen zu den schönsten Buchten der »Möwenküste« (Naturschutzgebiet) und zu den Erzminen von Calamita, die zwar aus Sicherheitsgründen offiziell nicht zugänglich sind, aber auch aus der Ferne einen eindrucksvollen Anblick bieten. Wir verlassen die auf 200 m Seehöhe liegende Fattoria über eine weitere Forststraße und steigen in 15 Minuten fast bis zum Meer ab. Am Strand von **Stagnone** bietet sich die Gelegenheit zu einem erfrischenden Bad. Wir passieren die **Miniera dei Sassi Neri** (»Bergwerk der schwarzen Steine«) und folgen einem fast ebenen, etwa 3 km langen Weg, der uns entlang einer wildromantischen Küste mit ständig wechselndem Panorama nach **Cala Nova** bringt, wo wir über eine bequeme Straße wieder nach Capoliveri zurückkehren. Unterwegs konnten wir Hasen, Fasane und andere Wildtiere beobachten, die Flora setzt sich aus Zypressen, verschiedenen Arten von Zistrosen, Erdbeerbäumen, Erika sowie Heimund Strandpinien (*Pinus pinea* und *Pinus pinaster*) zusammen.

Mit dem Rad unterwegs

Über Stock und Stein mit dem Drahtesel – das Mountain-Biking gewinnt immer mehr Freunde. Die Forstverwaltung der Insel hat eine Reihe von Wegen für Radler freigegeben, der Rest der Routen geht über asphaltierte Straßen.

Zugegeben, in Holland strampelt es sich müheloser, dafür wird man auf Elba durch ständig neue Panoramablicke für schweißtreibende Bergfahrten entschädigt. Wer kein eigenes Rad bei sich hat, kann bergtüchtige Drahtesel – mit robusten Reifen und selbstverständlich Gangschaltung – in fast jedem Ort für einen oder mehrere Tage mieten (s. S. 210).

Das Fremdenverkehrsamt in Portoferraio hat sechs empfehlenswerte Routen für Mountain-Biker zusammengestellt:

1 Zur Quelle Napoleons

Marciana Marina – Marciana – San Cerbone – Poggio – Marciana Marina (Fahrzeit etwa 2 Stunden, 18,5 km, davon 5,8 km auf Geländewegen, mittlerer Schwierigkeitsgrad, Höhenunterschied 527 m).

Der Start erfolgt auf der Strandpromenade von **Marciana Marina**. Die Asphaltstraße nach Marciana mit mittlerer Steigung führt durch schattige Steineichen- und Kastanienwälder. In **Marciana Alta** (km 6,2) zweigen wir nach dem Dorfplatz nach links ab, 2 km später fahren wir wiederum linker Hand in den Wanderweg Nr. 6 ein, auf diesem geht es 2 km durch den Wald. Bei einer Straßensperre beginnt ein eher schwieriges Gelände, zuerst 500 m bergab, dann steil den Hang hinauf. Nach Passieren der Seilbahntrasse auf den Monte Capanne stoßen wir auf die Einsiedelei **San Cerbone** (km 10,8). Die Waldabfahrt bis zur Asphaltstraße, die Marciana mit Poggio verbindet, ist wegen der zahlreichen Steine und des rutschigen Bodens nicht ganz ungefährlich, schließlich aber lassen wir über **Poggio**, wo wir uns an der **Fonte Napoleone**, der Napoleons-Quelle, erfrischen können, die Räder bis zum Strand von **Marciana Marina** richtig laufen.

2 Rund um Marciana Marina

Marciana Marina – Poggio – Santa Rita – Procchio – Marciana Marina

(Fahrzeit 2,5 Stunden, 23 km, davon 11,3 auf Geländewegen, relativ einfach, Höhenunterschied 536 m).

Von **Marciana Marina** geht es über die Asphaltstraße bergauf Richtung Poggio (gut ausgeschildert). Nach 4,4 km sehen wir einen Wegweiser zur Ortschaft Poggio, 300 m danach steht ein gelbes Haus. Dort zweigt links eine Geländestraße ab, der wir über eine kleine Brücke (km 5,3) und entlang eines Baches folgen. Sandstraße und Asphaltdecke, Steigungen und Gefälle wechseln einander ab. Bei km 7,5 kreuzt unseren Weg der Wanderpfad Nr. 15 auf den Monte Perone, den wir jedoch unbeachtet lassen. Nach wenigen Metern, auf denen wir die Aussicht auf die Buchten von Procchio und Biodola genießen, gibt es eine scharfe Linkskurve, wir aber halten uns geradeaus, passieren die kleine, von Zypressen umgebene

Kapelle **Santa Rita** (km 8,5) und biegen nach 200 m rechts in einen Weg ein, der nach rund 2 km zu einem verfallenen Haus führt. Von den drei nun zur Auswahl stehenden Straßen wählen wir die linke, um bei km 11,6 zu einem Panoramaplatz mit Blick auf die Ebene von Marina di Campo zu kommen. Auf unserer weiteren Route radeln wir am **Ristorante »Da Giannino«** vorbei und kommen nach **Procchio** (km 15,4). Dort fahren wir ein

kurzes Stück auf der Hauptstraße Richtung Marciana Marina, biegen aber gleich nach Spartaia in Richtung Meer ab und erfreuen uns am Strand von **Redinoce** und am **Paolina-Felseninselchen**. Einige hundert Meter weiter stoßen wir wieder auf die Hauptstraße, unmittelbar danach zweigt – nach einer Brücke – links ein Weg ab, gekennzeichnet durch eine Hinweistafel auf den Fahrradverleih »Non sole Bike«, den man nach 800 m erreicht. Auf dem Wanderweg Nr. 42 kommen wir bergauf wieder in die Nähe von S. Rita, zweigen aber vorher nach rechts auf den Weg Nr. 16 ab, der uns durch üppige Vegetation zum Ortsteil **I Pini** (km 21,1) bringt. Die schmale Asphaltstraße (nach rechts abbiegen) führt in Serpentinen direkt nach Marciana Marina.

3 Von Küste zu Küste

Procchio – Monumento – Lacona – Marina di Campo – Procchio (Fahrzeit 3,5 Stunden, 28 km, davon 18,1 Geländewege, schwierig, Höhenunterschied 521 m).

Von **Procchio** nimmt man zunächst die Hauptstraße nach Marina di Campo, biegt aber bereits nach 1,5 km bei den Häusern von **Romito** (Hinweistafel »Tiro a volo«/Tontaubenschießen, »Maneggio«/Reitschu-

Blick auf Marciana Marina

le, »Literno«) nach links in eine Staubstraße ein, die anfangs wegen des Lastwagen-Verkehrs zur Mülldeponie im Graben von Literno nicht angenehm zu befahren ist. Bei km 3,5 (Tontauben-Schießstand) wird die Steigung anspruchsvoller, die Strecke führt durch Buschland. Bei km 6,3 geht es rechts über den Wanderweg Nr. 48 bis zur **Paßhöhe Monumento**. Über die Landstraße (links abbiegen) Richtung Lacona kann man die Räder richtig rollen lassen, bei der Tafel »Camping Laconella« zweigt rechts eine leicht ansteigende Straße ab, die bald als Feldweg (Wanderweg Nr. 47) weiterführt. Nach 3 km biegt man nach links ab und kommt nach 200 m zu einer Staubstraße, die bis zu km 18,4 stetig ansteigt. Auf der steilen Abfahrt nach Marina di Campo (km 22,6) sollte man auf die zahllosen Wasserrinnen achten. Die asphaltierte Straße bringt uns schnell wieder nach Procchio zurück.

4 Durch die Halbinsel Calamita

Capoliveri – Monte Calamita – Fattoria Ripalte – Capoliveri (Fahrzeit 3 Stunden, 26 km, 80 % Geländestraßen, 20 % Asphalt, mittelschwer, Höhenunterschied 381 m).

Am Ortsende von **Capoliveri** folgen wir dem Wegweiser zur »Costa dei Gabbiani« und damit der Bergwerksstraße. Bei km 3,6 zweigt eine Forststraße rechts ab (Wanderweg Nr. 71), die Steigung nehmen wir ohne viel Mühen. Rechter Hand liegen die imposanten Eisenerzgruben. Wir kreuzen bei km 6,5 den Weg Nr. 70, fahren aber geradeaus, um uns nach einigen Metern links und dann nochmals links zu halten, ehe wir nach einer Steigung von 500 m auf den Wanderweg Nr. 82 (km 7,2) treffen, der uns in nordwestlicher Richtung, vorbei an einem **Wildgehege**, in die Nähe des Gipfels des **Monte Calamita** (dieser ist wegen einer Funkstation für die Luftfahrt eingezäunt) bringt. Ein lustiges Auf und Ab ist die Fahrt auf dem nach rechts abzweigenden Wanderweg Nr. 70, über den man zur Kreuzung **Poggio Fino** (km 13,0) gelangt. Die erste Straße links, eine steile Abfahrt mit engen Kurven, benützen wir bis **Punta di Buzzancone** (km 15,5), dort heißt es wieder, kräftig in die Pedale zu treten, um die rechter Hand auf rund 200 m Seehöhe liegende **Fattoria delle Ripalte** (Ferienzentrum mit Restaurant, Café und Picknickplätzen) anzusteuern (km 18,5), wo man sich eine längere Ruhepause verdient hat. Der Rückweg nach **Capoliveri** führt über die bequeme Bergwerksstraße.

5 Auf den Monte Orello

Portoferraio – Lacona – Monte Orello – Portoferraio (Fahrzeit 3 Stunden, 17 km, davon 9,5 auf Geländewegen, schwierig, Höhenunterschied 607 m).

Von **Portoferraio** fährt man auf der Landstraße über **Bivio Boni** in Richtung Capoliveri/Porto Azzurro. Nach 2 km (gegenüber einer Sportanlage) geht es nach rechts (Abzweigung Lacona), nach 300 m abermals nach rechts und dann sofort nach links. Bald endet das Asphaltband, die Straße ist von dickem Staub bedeckt. Der mühevolle Aufstieg endet erst bei der Kreuzung mit der ehemaligen Militärstraße über den Colle Reciso, bei der wenige Meter links befindlichen **Schiumoli-Quelle** (km 3,5) läßt es sich herrlich erfrischen. Wir aber wenden uns nach rechts und kommen auf die asphaltierte Landstraße, die wir – bei aller gebotenen Vorsicht auf den Verkehr – ein kurzes Stück in Richtung Lacona benützen. Unmittelbar nach der Abzweigung Portoferraio-Lacona (km 3,8) halten wir uns rechts und radeln auf einem schmalen Sträßchen durch wohlriechenden Buschwald. Monte Moncione und Colle alle Vacche sehen wir auf der linken Seite, bis wir beim **Poggio del Molino a vento** (km 5,6) den Kamm erreichen, der die Täler von San Martino und Lacona teilt. Es folgen eine kurze Abfahrt und ein steiler Anstieg, ehe wir in den Wanderweg Nr. 52 einbiegen, der uns bequem und stetig abwärts nach **Lacona** bringt. Dort führt unsere Route weiter zweimal nach links bis zur Hauptstraße, die wir in Richtung Capoliveri/Porto Azzurro nehmen. Nach ca. 1 km zweigt vor dem Strand von Margidore linker Hand der Wanderweg Nr. 57 auf den Monte Orello (km 6,8) ab, über den wir uns jetzt hinaufplagen müssen. Bis zur Spitze des **Poggio Corsetti** haben wir bereits insgesamt 10 km der Gesamtstrecke zurückgelegt. Jetzt aber wird die Orientierung etwas schwierig, wichtig ist, niemals nach links abzubiegen, sondern sich stets bergauf und rechts zu halten. 2 km später können wir uns knapp unterhalb des **Monte Orello** als Gipfelstürmer fühlen. Die Abfahrt erfolgt über Serpentinen, am Reitstall Ranch Antonio vorbei, bis zur Abzweigung nach Picchiaie, bei der man sich links hält. Bald erreichen wir wieder die **Schiumoli-Quelle** (km 13,5) und den Rückweg nach **Portoferraio**.

6 Bergtour nach Rio nell'Elba

Bagnaia – Nisporto – Rio nell'Elba – Bagnaia (Fahrzeit 2,5 Stunden, 15 km, asphaltierte Straße, z.T. Geländewege, schwierig, Höhenunterschied 591 m).

Den anmutigen Badeort **Bagnaia** verläßt man auf der gut ausgeschilderten Straße nach Nisporto und erreicht nach 2,5 km den Weiler **Le Secche**. Dann geht es bergab in die sogar im Sommer kaum überlaufene Bucht von Nisporto (km 3,5) und wieder steil bergauf, wobei wir die Abzweigung nach Nisportino links liegenlassen. Rund um den Monte Strega führt die Route, schließlich wieder steil bergab nach

Rio nell'Elba (km 8,0). In dem alten Bergwerksstädtchen füllen wir am Dorfbrunnen unsere Wasserflasche, denn nun müssen wir erneut fest in die Pedale treten. Rund 700 m folgen wir der schmalen Straße, die Rio nell'Elba mit der Straße nach Volterraio verbindet, biegen nach rechts in den Wanderweg Nr. 53 ein und steigen durch einen Wald zur Höhe **Le Croce** (km 9,5) auf. Der Weg bringt uns, manchmal recht steil abwärts, wieder zur Straße nach **Le Secche** (km 12,5), die uns zum Badeort **Bagnaia** zurückführt.

Kleines Segelbrevier

»Mannschaften und Schiffe sicher vor Anker in Portoferraio, dem wohl besten Hafen der Welt« (Horatio Nelson, britischer Admiral, 1796)

Ob mit einer behäbigen Jolle oder einer schnittigen Jacht, Segler finden im Toskanischen Archipel ein für alle Bedürfnisse maßgeschneidertes Revier vor. Anfängern in der Kunst des Pal-, Stopper- oder Webeleinstek, des Wendens und Halsens stehen vier deutsche Segelschulen zu Diensten, in deren Kursen die vom Deutscher Seglerverband (DSV) vergebenen Scheine zu erwerben sind. Jachtfreunde auf Törn genießen die sicheren und geschützten Hafenanlagen mit ihrer reichhaltigen Infrastruktur.

Portoferraio Admiral Nelson wußte es zu schätzen: Die elbanische Hauptstadt besitzt einen der sichersten Häfen des gesamten Mittelmeerraums. Für den zunehmenden Fährverkehr wurde westlich des alten, pittoresken Hafens eine neue Anlage mit drei Piers errichtet. Die Ansteuerung (Italienische Seekarten Nr. 4, 5 und 117) ist bei Tag wie bei Nacht problemlos, denn die Altstadt mit ihren mächtigen Befestigungsanlagen läßt sich schon von weitem erkennen. Bei Nacht erleichtert das weittragende Leuchtfeuer auf Forte Stella die Orientierung, wobei man allerdings das befeuerte Felseninselchen Scoglietto an Steuerbord lassen muß. Die Wassertiefen im U-förmigen alten Hafenbecken mit 200 Liegeplätzen betragen an den Kais zwischen 3 und 5 m, in der Mitte etwa 10 m. Wasseranschlüsse und Tankstellen sind vor-

Im Hafen von Marciana Marina

handen. Die *Capitaneria di Porto* ist unter ✆ 05 65-91 40 41 zu erreichen. Reparaturmöglichkeiten gibt es südwestlich am Ende der Bucht in zwei Jachtwerften, die auch Liegeplätze anbieten. Gut sortierte Geschäfte für Schiffszubehör befinden sich in unmittelbarer Hafennähe, ebenso Restaurants und Cafés, eine Markthalle und Supermärkte. Entfernungen: Marciana Marina 8 sm, Cavo 6 sm.

Magazzini Kleine Ortschaft im Südosten der Bucht von Portoferraio mit einem winzigen Hafen für Jachten bis 1,70 m Tiefgang. Bar, Restaurant und Segelschule.

Cala Bagnaia Hübsche Bucht mit kleinem Fischer- und Ferienort an der Ostseite des Golfs von Portoferraio. Anlegemöglichkeit am mittleren der drei Stege. Jachten ankern am besten in der Bucht auf 5–10 m Wassertiefe. In Bagnaia hat das von Deutschen geführte Segel-Zentrum Elba (s. S. 190) seinen Sitz.

Nisporto/Nisportino Nördlich der Cala Bagnaia öffnen sich zwei hübsche Sandbuchten, in denen jedoch keine Anlegemöglichkeiten vorhanden sind. Man ankere jeweils in der Mitte auf 3–10 m Wasser über sandigem Grund. Außer Campingplätzen, Ferienhäusern, jeweils einem Café, einer Pizzeria und einem kleinen Lebensmittelgeschäft bieten die beiden Buchten Natur pur.

Ein Seebär aus Köln

Mit vollen Segeln auf Erfolgskurs

Spätestens nach dem dritten Tag spinnen sie alle, egal welchen Geschlechts, das Garn der Seemänner, jonglieren mit Fachausdrücken, die andere meist nicht einmal vom Hörensagen kennen, und knoten dabei Schnüre zu mysteriösen Verschlingungen. Auf der Terrasse eines Cafés in Bagnaia tagt jedoch keine geheimnisvolle Sekte, sondern eine Gruppe von Segelschülern, die in zwei bis drei Wochen das vom Deutschen Segler-Verband (DSV) vergebene, auch in der Schweiz und Österreich anerkannte Grundzertifikat – den »Sportboot-Führerschein Binnen unter Segel und Motor« – erwerben wollen. Trotz immer wieder aufgeworfener Fragen über Tricks beim Trimmen, Abschleusen oder Wenden läuft alles in lockerem Urlaubston ab. »Den Leuten soll es Spaß machen, sie sind ja auf Ferien«, freut sich Segelschul-Chef Gereon Verweyen über die gute Laune seiner Schützlinge. »Auch wenn sie einmal kentern, sollen sie lachen, denn diese Erfahrung gehört einfach dazu«, meint der Kölner, der seit Anfang der 70er Jahre auf Elba die Kunst des Segelns lehrt.

Begonnen hatte alles am schönen Rhein, als sich Gereon, Jahrgang 1949, sein erstes Boot, einen »Pirat«, selbst baute – und »ständig Bruch machte«. Weil ihm das Beherrschen einer Jolle aber schließlich »vor Vergnügen Gänsehaut« verursachte, lag es für den blonden, blauäugigen, stets braungebrannten Sportstyp nahe, in diesem Metier sein Glück zu versuchen. Heute dirigiert er gemeinsam mit Ehefrau Sabine und seinen Partnern Roland und Ulli die größte Segelschule im westlichen Mittelmeer, das »Segel-Zentrum Elba« mit Sitz in Bagnaia.

»Wir verstehen uns weder als Club noch als Internat«, betont Gereon, der zwar »jeglichen nautischen Firlefanz wie Drill, Flaggenparaden oder Uniform« verabscheut, aber dennoch innerhalb relativ kurzer Zeit die für die Abschlußprüfung notwendigen Kenntnisse vermitteln muß. Zwanglos und im lockeren »Du« (»Würden Herr Doktor bitte die Vorschot einholen oder gnädige Frau, jetzt sollten Sie halsen – nein, das geht so nicht«) werden daher die Kurse abgehalten, niemand soll das Urlaubsgefühl vermissen, auch wenn der Unterricht von Montag bis Freitag jeweils 5 Stunden Praxis und eine Stunde Theorie umfaßt. Für gemütliche Grillpartys, für Wander-, Reit- und Radausflüge, für Badevergnügen, Surfen oder Tauchen und das abendliche »Après« bleibt aber immer genügend Zeit.

Die Saison in der Segelschule dauert von Ostern bis Mitte Oktober, dann müssen die Boote – an die 40 Jollen aller Typen sowie 7 Hochsee-Jachten – in die Werft, wo sie jeden Winter gründlich überholt werden. Während der Sommermonate sind im Segel-Zentrum zusätzlich zu den »Chefs« bis zu 16 Lehrer tätig, alle deutschsprachig, versteht sich, denn die Klientel der Schule im Durchschnittsalter von 30 bis 35 Jahren kommt durchwegs von nördlich der Alpen. Eine Kursgruppe umfaßt maximal 15 Teilnehmer, wobei je zwei Schüler (»Ehepaare getrennt, wir haben da unsere Erfahrungen«) in einem Boot sitzen, stets umkreist vom Motorboot des Lehrers. Gereon Verweyen legt größten Wert auf Familienfreundlichkeit: Während die Eltern in dem vom Windgott Äolus mit besonders idealen Verhältnissen ausgestatteten Golf von Portoferraio kreuzen oder sich gar weiter hinauswagen, gibt es für die Kleinsten eine Betreuung am Strand und für Kinder ab 8 Jahren eigene Kurse auf dem »Optimist«, einem speziellen Bootstyp für diese Altersgruppe. Anfänger üben an den behäbigen, gutmütigen Schuljollen, für Fortgeschrittene stehen schnittigere Boote zur Verfügung, denn in Bagnaia sind nicht nur sämtliche DSV-Führerscheine – von der Revierfahrt über das große Küstenpatent bis zur Seefahrt – zu erwerben, es werden auch, entsprechende Dokumente vorausgesetzt, Jollen und Jachten für »Lustprogramme« wie »freies Segeln« oder Segeltörns vermietet und verchartert. Schnupper- und Perfektionskurse ergänzen das Angebot.

Wenn die Schüler zu Kursende, braungebrannt und glücklich, am Strand rund um den Holzkohlenofen sitzen und die »gestrengen Lehrer« eigenhändig saftige Koteletts grillen, dann steht die »Zeugnisverteilung« bevor. Stolz nehmen die frischgebackenen Segler die Zertifikate entgegen, nachdem sie tags zuvor eine zehnköpfige Prüfungskommission von ihrem Können und Wissen überzeugen konnten. Bei aller Lockerheit und gelöster Atmosphäre, geschenkt wird den Teilnehmern nämlich nichts. Der jeweilige Kommissionsvorsitzende darf kein Mitglied der Segelschule sein, die strenge Prüfung erfolgt nach internationalen Richtlinien. »Wir können und wollen keine ›Halbschuhtouristen des Meeres‹ heranzüchten«, sagt Gereon, mit einem Mal tiefernst. »Dazu ist die Seefahrt eine viel zu verantwortungsvolle Sache.«

Cavo Um das Capo della Vita herum geht es nun wieder südwärts. Nach einigen netten Sandstränden (**Frugoso** mit der kleinen **Isola dei Topi**, der Mäuseinsel, sowie die **Cala delle Alghe**) erreicht man die Ortschaft Cavo. Sie ist der dem italienischen Festland nächstgelegene Hafen Elbas, kann allerdings nur von Schiffen bis zu 1,80 m Tiefgang angelaufen werden. Auch die Liegemöglichkeiten bleiben beschränkt. Trinkwasseranschluß und Tankstelle sind vorhanden, Lebensmittelgeschäfte, Restaurants und Cafés befinden sich in unmittelbarer Hafennähe. Entfernungen: Portoferraio 6 sm, Rio Marina 3,5 sm.

Rio Marina Wenn man an der Ostküste Elbas Richtung Süden segelt, zieht an den mit Macchia bewachsenen Berghängen ein wahres Industriemuseum vorbei, das Zeugnisse der seit Jahrtausenden betriebenen Eisenerzgewinnung präsentiert, die in diesem Teil der Insel erst 1982 eingestellt wurde: Schütten und Piers, wo man einst das Erz auf Frachtschiffe verlud, still vor sich hinrostende Anlagen und zu Ruinen verkommene Gebäude. Rio Marina, der alte Erzhafen, dessen Ausbau bereits Napoleon vorantrieb, läßt sich bei Tage leicht ansteuern, denn die Ortschaft und der auffällige Uhrturm sind gut auszumachen. Bei Nacht ist der Kopf der Ostmole befeuert. Der vordere Teil dieser Mole bleibt den Fährschiffen reserviert, Jachten legen daneben sowie am Südkai an, wo es auch eine Trinkwasserversorgung gibt. Bei aufkommenden nördlichen bis nordöstlichen Winden liegt man sehr unruhig, es empfiehlt sich, im 4,5 sm entfernten Porto Azzurro Schutz zu suchen.

Porto Azzurro Vorbei an den malerischen Badebuchten **Ortano Mare** und **Spiaggia del Barbarossa**, die bei ruhiger See romantische Ankerplätze abgeben, erreicht man das pittoreske Hafenstädtchen Porto Azzurro, dessen Ansteuerung bei Tag und Nacht (Leuchtfeuer vom Capo Focardo sowie Hafenfeuer) keinerlei Schwierigkeiten bereitet. Jachten legen an den nördlichen oder östlichen Kais (Wassertiefe: 3–4 m) an, die Außenmole ist den Fährschiffen vorbehalten. Die 30 bis 40 Jachtliegeplätze sind in den Sommermonaten bereits kurz nach Mittag belegt, zu späterer Stunde muß man entweder in 2. oder 3. Reihe festmachen oder besser im nahen **Golfo di Mola** den Anker werfen, wo Ende der 80er Jahre ein kleiner, nicht allzu überlaufener Jachthafen mit Werft errichtet wurde. Auch der feinsandige Strand **Spiaggia di Naregno** am Südufer des Golfs von Porto Azzurro ist als Ankerbucht sehr beliebt. Der Hafen von Porto Azzurro selbst bietet alle Versorgungsmöglichkeiten (Reparaturen, Wasser, Treibstoff, Lebensmittel, etc.), die Ortschaft lädt zum Einkaufsbummel, zum gemütlichen Plauderstündchen in einem der zahlreichen Cafés und zu kulinarischen Streifzügen in den Restaurants ein. Entfernungen: Rio Marina 4,5 sm, Marina di Campo 13,5 sm.

Marina di Campo Herrliche Sandstrände und kleine, intime Ankerbuchten finden sich nach dem Umrunden von **Punta dei Ripalti** und **Punta della Calamita** in den Golfen **Stella** und **Lacona**. In ersterem können in der Nordwestecke hinter einer 70 m langen Steinmole kleinere Jachten an Bojen anlegen, im nordöstlichen Winkel des Golfo della Lacona gibt es Lebensmittelgeschäfte, Cafés und Restaurants. Touristisches Zentrum der elbanischen Südküste ist der Fischer- und Jachthafen Marina di Campo an einem 2 km langen Sandstrand. Der Hafen liegt in der nordwestlichen Ecke des Golfo di Campo und ist jederzeit problemlos anzusteuern (Leuchtfeuer am Capo di Poro und an den Molenköpfen). Jachten machen im östlichen Hafenbecken je nach Tiefgang an der Außenmole oder am Stadtkai fest. Erfahrene Segler meiden den Hafen allerdings bei nordwestlichen bis nördlichen Winden. Zur Versorgung dagegen ist Marina di Campo ein idealer Platz, von Wasser und Treibstoff bis zu Schiffszubehör wird alles angeboten, was das Seefahrer-Herz begehrt. Entfernungen: Porto Azzurro 13,5 sm, Marciana Marina 15,5 sm.

Fetovaia/Sant'Andrea Während in den beiden an der Südküste westlich des Golfo di Campo gelegenen Buchten **Cavoli** und **Seceheto** aufgrund eines Unterwasserkabels zur Stromversorgung der Insel Pianosa Ankerverbot besteht, öffnet sich 3 sm nach Marina di Campo der kleine **Golfo di Barbatoia** mit dem bezaubernden Ferienort **Fetovaia**. Eine Sandbucht wie aus dem Bilderbuch, zu beiden Seiten

umgeben von steilen Felsen, lädt zum Verweilen ein. 50 m vom Strand entfernt hat der gut haltende Sandgrund eine Tiefe von 2 m. Weniger einladend dann die weitere Route entlang der Westküste mit ihren schroffen, abweisenden Felswänden. Hier ist man Winden aus Nordwest bis Südost voll ausgesetzt, einen halbwegs geschützten Ankerplatz gibt es erst wieder in **Sant'Andrea** an der nordwestlichen Ecke Elbas, wo kleinere Jachten an einer 30 m langen Pier mit 2 m Wassertiefe anlegen oder in 80 bis 100 m Abstand vom Ufer auf etwa 3 m Wasser über Sandgrund ankern können. Ein Besuch des hübschen Ortes lohnt sich allemal.

Marciana Marina Neben dem Golf von Portoferraio gilt jener von Procchio als beliebtestes Segelrevier Elbas, das auch für Jollen ideal geeignet ist. Marciana Marina bietet einen in den vergangenen Jahren gut ausgebauten, hervorragend geschützten Fischer- und Jachthafen mit Reparaturmöglichkeiten und allen Versorgungseinrichtungen. Ein mächtiger Sarazenenturm, der den Hafen beherrscht, macht die Ansteuerung bei Tag einfach, bei Nacht wird der Kopf der Hafenmole befeuert. Liegeplätze gibt es im nordwestlichen und nördlichen Teil des Hafens in der Nähe des Turmes (Wassertiefen 3–4 m) sowie an dem T-förmigen Schwimmsteg des Jachtclubs »Circolo Nautico«, der vom Wasser- bis zum Stromanschluß über jeglichen Komfort verfügt, was sich freilich in saftigen Liegegebühren niederschlägt. An der südöstlichen Betonmole vor dem Stadtzentrum können Jachten nur auf den ersten Metern am Kopf festmachen, denn die Wassertiefe nimmt schnell ab. Es besteht aber auch die Möglichkeit, in der äußeren Nordwestecke des Hafens auf etwa 5 m Wasser über gut haltendem Grund zu ankern. Entfernungen: Marina di Campo 15,5 sm, Portoferraio 8 sm.

Procchio/Porticciolo/Biodola/Capo d'Enfola Buchten mit langen Sandstränden locken auf der Route zurück nach Portoferraio, die Anker auszuwerfen und ein erfrischendes Bad zu nehmen. Vor dem gepflegten Ferienort **Procchio** macht man etwa 200 m vom Ufer entfernt fest und läßt sich dann vom Beiboot zu einem der hölzernen Anlegestege bringen, die am Kopf eine Wassertiefe von nur 1 m aufweisen. Nur vom Meer aus zugänglich ist die winzige Bucht von **Porticciolo**, die freilich nur wenigen Jachten Platz bietet, ehe Elbas Traumstrand im **Golf von Biodola** in Sicht kommt. 200–300 m vor dem Strand auf 3–5 m Wasser findet der Anker auf Sandgrund guten Halt. Jetzt bietet sich die Gelegenheit, sich in einem der vielen Cafés und Restaurants zu stärken oder sich einmal in das Nachtleben Elbas zu stürzen: Auf der Hauptstraße oberhalb der Bucht dröhnen in zwei Diskotheken die heißesten Nummern der internationalen Hitparaden. Wesentlich ruhiger geht es dagegen im **Golfo di Viticcio** am Capo d'Enfola zu, dem schäbig gewordenen ehemaligen Zentrum des Thunfischfangs auf Elba. Einige wenige Anlegemöglichkeiten gibt es am Kopf einer Mole im nördlichen Teil des Golfes (Wassertiefe 2–2,50 m), bei ruhigem Wetter läßt es sich etwa 200 m vor dem Ufer auf 3–5 m Wasser über mit Steinen durchsetztem Sandgrund ankern.

Die kleineren Inseln des Toskanischen Archipels

Für Besucher gesperrt ist die Gefängnisinsel **Gorgona,** nördlichstes Eiland des Archipels. Man darf sich ihm – außer im Falle höherer Gewalt (schwere Havarie, Sturm) – bei Tag maximal auf 500 m nähern, nachts ist ein Abstand von 3 sm einzuhalten. Die zukünftige Nutzung von **Pianosa,** bis Ende 1997 von Häftlingen bevölkert und nun der Nationalpark-Verwaltung unterstellt, ist noch offen, die Zugangsbeschränkungen wurden erst teilweise aufgehoben.

Capraia im Nordwesten von Elba, einst ebenfalls eine Strafkolo-

nie, ist seit 1987 wieder zur Gänze zugänglich. Der winzige Hafen liegt an der Ostseite und faßt 20 bis 30 Jachten (Wassertiefe 3–4 m). Die Ansteuerung erfolgt mit Hilfe des Leuchtturms auf Punta di Ferraione. Im Hafenbereich stehen Versorgungsmöglichkeiten wie Wasser, Treibstoff und Lebensmittel zur Verfügung.

Die Insel **Montecristo** südlich von Elba kann als Naturschutzgebiet nur mit Sondergenehmigung betreten werden. Innerhalb der Sperrzone von 500 m ist das Ankern, Fischen, Tauchen und Baden verboten.

Die Eilande **Giglio** und **Giannutri** gehören zur toskanischen Provinz Grosseto und sind vom Festlandshafen Porto San Stefano am besten zu erreichen. Giglio Porto bietet nur wenige Liegeplätze und ist im Sommer stets überfüllt. Vor Giannutri, der kleinsten Insel des Archipels, gibt es in den Buchten von Spalmatoio im Osten und Cala Maestra im Westen – hier hat man einige Feriensiedlungen mit dazugehöriger Infrastruktur errichtet – Ankerplätze auf Sandboden, der zuweilen von Felsbrocken durchsetzt ist.

197

Die kleinen Inseln des Toskanischen Archipels

Capraia – wo einst die wilden Ziegen grasten

Giglio – die weiße Lilie der Antike

Giannutri – Eiland der Diana

Auf Giglio

Neben Elba gehören dem Toskanischen Archipel noch sechs weitere Inseln an, von denen allerdings nur drei frei zugänglich sind: Capraia (19,3 km²), Giglio (21,2 km²) und Giannutri (2,6 km²). Gorgona (2,23 km²) dient als Gefängnisinsel, Pianosa (10,25 km²) und Montecristo (10,4 km²) dürfen als Teil des neuen Nationalparks bisher nur mit Sondergenehmigung betreten werden.

Capraia – Insel der Ziegen

Die drittgrößte Insel des Archipels (8 km Länge, 4 km Breite, 27 km Küstenlinie), von den Griechen *Aegilon* und den Römern *Capraria* (»Ort der Ziegen«) genannt, darf erst seit 1987 wieder von freiwilligen Besuchern betreten werden, blieb sie doch bis dahin Sträflingen und deren Bewachern vorbehalten. Auch nach der Auflassung des Gefängnisses im September 1986 behielt man die im Staatsbesitz befindliche Sperrzone im Norden bei. Dennoch entwickelte sich auf dem kargen, lediglich von dichter Macchia bewachsenen und von knapp 350 Menschen bewohnten Felseneiland ein bescheidener Tourismus. Vor allem Taucher rühmen das klare, fischreiche Gewässer, wer die Einsamkeit sucht, findet – freilich nur per Boot – winzige, versteckte Buchten mit Stein- und Kieselstränden. Für die Erhaltung der unberührten Natur sorgt die »Cooperativa Parco Naturale«. Die wilden Ziegen, die der Insel den Namen gaben, sind hier übrigens schon längst ausgestorben.

Die wenigen Sehenswürdigkeiten lassen sich am besten zu Fuß erreichen, denn das Straßennetz von Capraia ist nicht einmal 1 km lang. Das Kirchlein **Vergine Assunta** bewacht seit fast 700 Jahren den malerischen Hafen, in der Nähe fand man die Überreste eines römischen Hauses sowie eine gut erhaltene Marmorbüste der Venus. In einer Linkskurve führt die Straße zum Hauptort **Capraia Isola** und zu dem über dem Hafen thronenden **Torre del Porto**, 1516 von den Genuesen auf pisanischen Grundmauern zusammen mit der mächtigen **Festung San Giorgio** zum Schutz vor Piratenüberfällen errichtet. Über eine Zugbrücke geht es zum Eingang der Feste, über dem Tor ein Bild des drachentötenden hl. Georg. An einem Leuchtturm vorbei gelangt man zu der um 1661 von den Franziskanern erbauten Klosteranlage **Sant'Antonio**, in der bis

1862 ein reges religiöses Leben herrschte. Elf Jahre nach der Schließung des Konvents wurde das Gebäude der Strafkolonie übergeben – und so sieht es heute auch aus. Das Kloster und die einschiffige Kirche im toskanischen Barock, einst üppig mit Bildern und Statuen ausgestattet, dämmert dem totalen Verfall entgegen.

Im Zentrum der Insel, **Il Piano**, hatten Eremiten im 5. Jh. eine kleine Kirche zu Ehren des hl. Stephan errichtet, eines der ältesten christlichen Gotteshäuser des Archipels, im 12. Jh. von Seeräubern zerstört. Die Kapelle, die heute an diesem Platz steht, ist eine primitive Nachbildung des Originals, die noch dazu lieblos restauriert wurde.

Weitere Ausflüge, etwa auf den 445 m hohen **Monte Castello**, den höchsten Berg Capraias, zu dem kleinen Bergsee **Laghetto** oder zu einem der vielen Wachtürme, die auch hier gegen die sarazenischen Korsaren gebaut wurden, erfordern gute Kondition und entsprechendes Schuhwerk, da die Pfade weder markiert noch instand gehalten sind. Bei einer Bootsrundfahrt läßt sich die wilde Küstenlandschaft erkunden: tiefe Grotten und steil ins Meer abfallende Felswände.

Information: APT (Azienda de promozione di turismo), Piazza Cavour 6, 57100 Livorno, ☎ 05 86-89 81 11, Fax 05 86-89 61 73. Cooperativa Parco Naturale Isola di Capraia, 57032 Capraia (LI), Via Assunzione, ☎ 05 86-90 50 71.

Hotel: ****Il Saracino, Via L. Cibo 40, ☎ 05 86-90 50 18. **Apartments**: ****La Mandola Residence, Via della Mandola, ☎ 05 86-90 51 19. ***La Vela, Via Genova 3, ☎ 05 86-90 50 98. ***Milano, Via V. Emanuele 20, ☎ 05 86-90 50 32.

Camping: Le Sughere, Via delle Sughere, ☎ 05 86-90 50 66, 1. 6.–30. 9. geöffnet.

Restaurants: Beppone, Via Assunzione 42, ☎ 05 86-90 50 01. La Cala Rossa, Via V. Emanuele, ☎ 05 86-90 50 73. La Garitta, Via Genova 14–16, ☎ 05 86-90 50 89.

Regelmäßige Schiffsverbindungen zwischen den einzelnen Inseln gibt es nicht. Capraia kann man von Livorno und Portoferraio aus erreichen. In den Sommermonaten werden auf Elba Tagesausflüge nach Capraia angeboten.

Giglio – Insel der Lilien

Die zweitgrößte Insel des Archipels (Länge 8,7 km, Breite 4 km, Küstenlinie 28 km) ist durch einen 14 km breiten Kanal vom Festland getrennt. Woher der Name stammt – schon bei den Römern hieß sie *Igilium*, die »Weiße Lilie« –, läßt sich heute nur mehr erahnen, sind doch auch die von antiken Historikern beschriebenen dichten Wälder gänzlich verschwunden. Die geschichtliche Entwicklung – Etrusker, Römer, Pisaner, Genuesen, Piraten

In Giglio Castello

umgebene historische Zentrum mit dem alles beherrschenden Kastell, mit seinen lauschigen engen, gewundenen Gäßchen, steilen Treppenaufgängen, den malerischen Torbögen und dicht zusammengedrängten Häusern, die wie direkt aus dem Fels gehauen scheinen, und schließlich **Giglio Campese**, das im Zuge der touristischen Entwicklung entlang eines 500 m langen Sandstrandes entstand.

ⓘ **Information:** Fremdenverkehrsbüro, Giglio Porto, Via Umberto 48, ☎ 05 84-80 92 65

🛏 **Hotels: Giglio Porto**: ***Arenella, Via Arenella 5, ☎ 05 84-80 93 40. ***Castello Monticello, ☎ 05 84-80 92 52. ***Demo's Hotel, Via T. de Revel, ☎ 05 84-80 92 35. ***Il Saraceno, ☎ 05 84-80 90 06. **Bahamas, Via della Chiesa, ☎ 05 84-80 92 54.
Campese: ***Campese, ☎ 05 84-80 40 03. ***Marina del Giglio, ☎ 05 84-80 41 41. **Da Giovanni, ☎ 05 84-80 40 10. **Giardino delle Palme, ☎ 05 84-80 40 37.
Apartments: La Ginestra Residence, Giglio Porto, ☎ 05 84-80 93 80. Residence Le Cannelle, Giglio Porto-Le Cannelle, ☎ 05 84-80 92 95.

🏕 **Camping**: Baia del Sole, Campese-Sparvieri, ☎ 05 84-80 40 36. Villaggio Turistico Clary, Campese, ☎ 05 84-80 40 13.

🍴 **Restaurants**: Da Ruggero, Giglio Porto, Via Umberto, ☎ 05 84-80 92 53. Il Doria, Giglio Porto, Via T. de Revel, ☎ 05 84-80 90 00. La Galera, Giglio Castello, Via della Casamatta, ☎ 05 84-80 61 06. La Castellana, Gi-

– gleicht im wesentlichen jener der gesamten toskanischen Inselgruppe, immer wieder wurde die Bevölkerung bedroht, verschleppt, ermordet. Mitte des 16. Jh. entsandten die Piccolomini, damals Herren des Eilands, 40 Familien nach Giglio, um die völlig devastierte Insel wieder zu bevölkern.

Heute leben rund 1800 Menschen ständig auf Giglio, ihre Haupteinnahmequellen sind der Tourismus und der durch das milde, trockene Klima begünstigte Weinanbau. Die drei wichtigsten und auch sehenswerten Orte sind **Giglio Porto** mit seinem schmucken Hafen, **Giglio Castello**, das von alten Mauern glio Castello, Via Panoramica, ☎ 05 84-80 61 44. Da Beatrice, Giglio-Campese, Via Provinciale, ☎ 05 84-80 92 02. Da Tony, Giglio Campese, Torre Campese, ☎ 05 84-80 92 00.

Giannutri – Insel der Diana

Die südlichste Insel des Archipels (Länge 2,4 km, Küstenlinie 11 km), seit vielen Jahren in Privatbesitz, zeichnet sich durch schöne Buchten, Grotten und Felsspitzen aus. Von den Römern wurde das winzige Eiland *Dianum* genannt, nach der Jagdgöttin Diana. Teile von Giannutri sind heute noch als Jagdrevier reserviert. Mehrere interessan-

te archäologische Ausgrabungen zeugen von der römischen Präsenz: Reste einer Villa aus dem 1. Jh. n. Chr. mit bunten Mosaiken, dekorativen Wandmalereien und Granitsäulen, Überbleibsel eines Thermalbades sowie von Zisternen und Brunnen.

Die fischreichen Gewässer und die üppige mediterrane Vegetation haben das Inselchen zu einem verwunschenen Ferienparadies gemacht. Riesige Hotelkästen gibt es (noch) keine, dafür aber in der Cala Spalmatoio ein hübsches *Villaggio Turistico* mit Apartments, Restaurants, Pizzeria und einer Taverne.

ⓘ Information: Villaggio Turistico di Cala Spalmatoio, Isola di Giannutri, Provincia di Grosseto, ☎ 05 64-98 60 39.

Abbildungsnachweis

Archiv für Kunst und Geschichte, Berlin   Abb. S. 53, 62

A. M. Begsteiger, Gleisdorf   Abb. S. 68, 189

Michael   Bengel,   Köln   Abb. S. 84/85, 174/5, 180, 184/5

Franz Marc Frei, Münschen   Umschlagklappe vorne

Eva Gründel, Heinz Tomek, Wien   Abb. S. 10/11, 13, 23, 40, 42/43, 49, 51, 59, 71, 73, 75, 77, 79, 89, 90/91, 96, 104, 106, 113, 125, 133, 140/1, 143, 147, 154, 172, 192, 194/5

Klaus-Dieter Holenz, Leverkusen   Abb. S. 46/47, 94, 110/111, 121, 203

Gerold   Jung,   Ottobrunn   Abb. S. 41, 55

Uta Karl, Poggio   Abb. S. 159

Frank Lukasseck, Overath   Abb. S. 33

Dr. Olaf Medenbach, Witten-Herbede   Abb. S. 19

Erika   van   der   Meulen,   Hürth   Abb. S. 198/9, 202

Gerhard H. Oberzill, Wien   Abb. S. 65, 162

Ingo Quack, Werne   Abb. S. 102, 118/9

G. P. Reichelt/White Star, Hamburg   Titel,   Umschlagklappe   hinten, Umschlagrückseite,   Abb.   S.   1, 2/3

Sabine Schaffmeister, Köln   Abb. S. 24, 25, 26, 27, 30/31, 153, 166, 171

Klas   Winter,   Meschede   Abb. S. 38/39, 81, 164/5

Xeniel-Dia,   Neuhausen/Mainbild/U. Siebig   Abb. S. 128/9

Xeniel-Dia,   Neuhausen/Mainbild/G. P. Reichelt   Abb. S. 149

Karten: ©   DuMont   Buchverlag, Köln

Quellennachweis

Zitat S. 22 aus Braudel, Duby, Aymard: DIE WELT DES MITTELMEERS, mit freundlicher Genehmigung von © Flammarion, Paris 1985, 1986. Für die deutsche Ausgabe: © S. Fischer Verlag GmbH, Frankfurt am Main 1987

Zitate S. 12, 30 aus Eckart Peterich: Italien Bd. II, mit freundlicher Genehmigung von © Prestel-Verlag, München 1988

Zitat S. 161 ff. aus Lilly Keller: Insel Elba. Historisches, Erfundenes, Reiseliteratur,   Ferien-Rezepte. G. Krebs AG, Basel

TIPS & ADRESSEN

Alle wichtigen
Informationen rund
ums Reisen – von
Auskunft bis Wan-
dern und ärztlicher
Versorgung bis Ver-
halten – auf einen
Blick.

Literaturtips helfen
bei der Einstimmung
auf die Insel.

INHALT

Bitte schreiben Sie uns, wenn sich etwas geändert hat.

Alle in diesem Buch enthaltenen Angaben wurden von den Autoren nach bestem Wissen erstellt und von ihnen und dem Verlag mit größtmöglicher Sorgfalt überprüft. Gleichwohl sind – wie wir im Sinne des Produkthaftungsrechts betonen müssen – inhaltliche Fehler nicht vollständig auszuschließen. Daher erfolgen die Angaben ohne jegliche Verpflichtung oder Garantie des Verlages oder der Autoren. Beide übernehmen keinerlei Verantwortung und Haftung für etwaige inhaltliche Unstimmigkeiten. Wir bitten dafür um Verständnis und werden Korrekturhinweise gerne aufgreifen:

DuMont Buchverlag, Postfach 10 10 45, 50450 Köln
E-Mail: reise@dumontverlag.de

REISEVORBEREITUNG

Auskünfte

Allgemeine Informationen erteilt das **Staatliche Italienische Fremdenverkehrsamt ENIT** in

10178 Berlin
Karl Liebknecht-Str. 34
✆ 0 30/2 47 83 97
Fax 2 47 83 99

60392 Frankfurt
Kaiserstr. 26
✆ 0 69/23 74 34
Fax 23 28 94

80336 München
Goethestr. 65
✆ 0 89/53 03 60
Fax 53 45 27

1010 Wien
Kärntner Ring 4
✆ 01/5 05 16 39
Fax 5 05 02 48

8001 Zürich
Uraniastr. 22
✆ 01/2 11 36 33
Fax 2 11 38 85

Kostenpflichtige Prospektbestellung:
✆ 01 90-79 90 90 (Deutschland)
✆ 09 00-40 06 46 (Österreich).

Elbanisches Fremdenverkehrsamt APT

57 037 Portoferraio
Calata Italia 26
✆ 05 65-91 46 71
Fax 05 65-91 63 50

Internet-Infos über alle touristischen Belange:

www.elbalink.it
www.elba-online.com
www.elbacom.it

Ein- und Ausreise

EU-Bürger und Schweizer benötigen zur Einreise lediglich einen Personalausweis (bei Aufenthalt bis zu 3 Monaten).

Ausländische Devisen und italienische Währung können ohne Beschränkung eingeführt werden, die jeweils geltenden Ausfuhrbestimmungen für nicht EU-Länder wie die Schweiz sollten erfragt werden.

Für die Mitnahme von Haustieren sind offiziell eine Herkunftsurkunde, ein amtstierärztliches Gesundheitszeugnis (höchstens 30 Tage alt) sowie ein mindestens 20 Tage und höchstens 11 Monate altes Tollwut-Impfzeugnis erforderlich.

Autofahrer benötigen nur den Führerschein ihres Landes, die Mitnahme der Haftpflicht-Versicherungskarte (Grüne Karte) ist zwar nicht mehr gesetzlich vorgeschrieben, wird aber von den Autofahrer-Clubs dennoch empfohlen. Wer nicht mit dem eigenen Wagen fährt, sollte eine Vollmacht des Fahrzeugbesitzers (wenn möglich in italienischer Sprache) mit sich führen (außer Leihwagen).

Gesundheitsvorsorge

Pflichtversicherte in Deutschland, Österreich und der Schweiz sollten sich vor Reiseantritt einen sogenannten Urlaubskrankenschein für Italien ausstellen lassen. Dieser muß jedoch vor Inanspruchnahme eines Arztes am Urlaubsort in der Filiale der italienischen Krankenkasse SAUB in einen Behandlungsschein umgetauscht werden (Portoferraio, Loc. San Rocco, Mo–Fr 8–12 Uhr). Der Abschluß einer zusätzlichen Reisekranken- und Reiseunfallversicherung ist zwar nicht unbedingt erforderlich, trägt aber sicherlich zur Beruhigung bei. Spezielle Impfungen sind für Italien nicht vonnöten. Nur vom Hausarzt verschriebene Medikamente sollen mitgenommen werden, alle anderen wichtigen Arzneimittel erhält man in den gut sortierten Apotheken der Insel.

Reisebüros auf Elba

Vermittlung von Ferienwohnungen, Bungalows, Hotelzimmern, Leihautos sowie Fährbuchungen übernehmen u. a.:

Agenzia Viaggi Tesi
57037 Portoferraio, Calata Italia 8
☎ 05 65-93 02 22

Agenzia Viaggi Tiziano Della Lucia
57031 Capoliveri, Via Mellini 9
☎ 05 65-93 51 17
Fax 05 65-93 51 84

C. I. P. A. T.
57034 Marina di Campo
Via Mascagni

☎ 05 65-97 64 14
Fax 05 65-97 74 30

Ilva Viaggi e Turismo
57037 Portoferraio, Calata Italia 20
☎ 05 65-91 47 54
Fax 05 65-91 78 65

Isola dei Viaggi
57037 Portoferraio
Viale Elba 4
☎ 05 65-91 71 48
Fax 05 65-91 57 55

Reisezeit

Das Frühjahr mit seiner einzigartigen Blütenpracht lädt zum Spaziergehen, Wandern, Radfahren, Reiten oder Segeln ein, Meeresbäder lassen sich allerdings erst frühestens ab Mitte Mai ohne Frösteln genießen. Das Wochenende der traditionellen Elba-Rallye und die Tage davor werden jedoch von vielen Urlaubern, denen die Natur am Herzen liegt, lieber gemieden (s. S. 34). Die Hochsaison im Juli und August ist, wie überall in Italien, einigermaßen turbulent, doch kann man auch im Sommer in den Bergen oder an manchen abgelegenen Stränden noch stille Plätzchen finden. Der Herbst empfiehlt sich all jenen, die angesichts schwindender Ozonschichten pralle Sonnenglut scheuen, aber dennoch auf wärmende Strahlen nicht verzichten wollen. Die Wassertemperaturen nehmen nur langsam ab. Im Winter, allgemein mild, aber häufig regnerisch, können plötzliche Temperaturstürze der Insel sogar eine Schneedecke bescheren, die sich jedoch nur in den Bergen länger als ein paar Stunden hält.

AN- UND WEITERREISE

... mit dem Auto

Es gibt eine durchgehende Autobahn-verbindung von der italienischen Nordgrenze über Livorno (längere und teurere Überfahrt nach Elba, nicht empfehlenswert!) Richtung Rom. Nach Piombino, dem wichtigsten Ausgangs-hafen nach Elba, gelangt man bei der Abfahrt Venturina (gut ausgeschildert). Von München erreicht man Piombi-no (830 km) über Innsbruck, Brenner, Verona, Modena, Bologna, Florenz und Livorno, doch empfiehlt es sich vor allem in der Hauptreisezeit, die mit LKW oft hoffnungslos verstopfte Autobahn Bologna – Florenz – Livor-no zu meiden und von Modena aus die Route Parma – La Spezia – Livor-no zu wählen.

... mit dem Flugzeug

Elba verfügt bei Marina di Campo über den kleinen Flughafen La Pila, für den infolge der verstärkten Nach-frage ehrgeizige Ausbaupläne beste-hen. Bislang wird er in der Urlaubs-saison von Mitte Mai bis Mitte Sep-tember einmal bis mehrmals pro Wo-che von Altenrhein (Rheintalflug), Bern und Zürich (KLM alps), Wien (Tyrolean) sowie Köln/Bonn, Mün-chen und Stuttgart (Lufthansa) ange-flogen.

Reiseveranstalter in Deutschland, Österreich und der Schweiz bieten außerdem in den Sommermonaten Charterverbindungen an, die in Rei-sebüros erfragt werden können. Wer

Florenz oder Pisa mit Linienmaschi-nen anfliegt, kann auch mit der Ei-senbahn nach Piombino weiterrei-sen.

... mit der Bahn

Etwas mühsam, weil nicht ohne Um-steigen möglich. Von Deutschland, der Schweiz und Österreich gibt es Kurswagen nach Genua. Von dort nimmt man einen Zug in Richtung Pisa und Rom und steigt in Campiglia Marittima um (noch 14 km bis Piom-bino-Hafen). Die Alternative: Kurs-wagen nach Florenz, dort Wechsel in Zug nach Piombino (manchmal so-gar direkt bis zum Hafen).

Weiterreise auf die Insel

Die Überfahrt von Livorno nach Elba dauert gute 3–4 Stunden, von Piom-bino dagegen nur eine Stunde. Wäh-rend von Livorno zum Toskanischen Archipel nur ein- bis mehrmals pro Woche ein Fährschiff ablegt, gibt es von Piombino zwischen frühmorgens um 6 Uhr bis spätabends um 22 Uhr fast stündlich Verbindungen nach Portoferraio, Rio Marina oder Porto Azzurro, den drei wichtigsten Häfen Elbas. Wer in den Sommermonaten mit dem Auto anreist, sollte, um (schlimmstenfalls tagelange) Warte-zeiten zu vermeiden, die Fahrkarten für die Hin- und Rückfahrt rechtzei-tig, also möglichst einige Monate im voraus, über ein Reisebüro oder direkt bei den Fährgesellschaften reservieren. Außerhalb der Hauptsaison ist dies nicht erforderlich, ebensowenig für ›autolose‹ Urlauber, für die auch Tragflügelboote *(Aliscafi)* zur Verfügung stehen. Diese flitzen innerhalb 30 Minuten von Piombino nach Portoferraio.

Das Industriestädtchen **Piombino** bietet auf den ersten Blick mit seinen rauchenden und stinkenden Hochöfen ein eher tristes Bild. Dazu kommen häufig chaotische Verkehrsverhältnisse im Hafen. Wer mangels Platz auf der Fähre zu längerem Verweilen oder gar zu einer Übernachtung gezwungen ist, sollte es sich aber nicht verdrießen lassen, denn sowohl die lebhafte Innenstadt mit ihren zahlreichen Geschäften als auch einige Ausflugsziele in der nächsten Umgebung, wie z. B. die mittelalterliche Ortschaft **Populonia** mit ihren sensationellen etruskischen Gräberfeldern (s. S. 60) sind einen Besuch wert.

Zimmervermittlung in Piombino:
Ufficio Informazioni E. P. T.
Piazzale Premuda
✆ 05 65-3 64 32

Auskünfte, Reservierungen und Buchungen für Fähren und Tragflügelboote:
Elba Ferries (schnellste Verbindung, nur 25 Minuten):
57025 Piombino, Porto
✆ 05 65-22 09 56
Fax 05 65-22 09 96
57037 Portoferraio, Porto
✆ 05 65-93 06 76
Fax 05 65-93 06 73

Mobylines:
57037 Portoferraio
Via Ninci 1
✆ 05 65-91 81 01
Fax 05 65-91 67 58

57025 Piombino
Piazzale Premuda
✆ 05 65-22 52 11

Toremar
(Toscana Regionale Marittima):
57100 Livorno
Porto Mediceo
✆ 05 86-89 61 13
Fax 05 86-88 72 63
57025 Piombino
Piazzale Premuda 13–14
✆ 05 65-3 11 00
57037 Portoferraio
Calata Italia 22
✆ 05 65-91 80 80
57037 Porto Azzurro
Banchina IV Novembre 19
✆/Fax 05 65-9 50 04
57038 Rio Marina
Banchina dei Voltoni 4
✆/Fax 05 65-96 20 73

Online-Buchungen
für alle italienischen Mittelmeer-Fähren und Tragflügelboote:
www.traghetti.com
für Mobylines:
www.mobylines.it

Selbstverständlich übernehmen auch alle auf Italien spezialisierten Reisebüros in Deutschland, Österreich und der Schweiz Ihre Buchungsaufträge, ebenso fast sämtliche Reisebüros auf Elba (eine Auswahl davon s. S. 207).

URLAUBSAKTIVITÄTEN

Bootsverleih

Segelboote und Surfbretter werden gegen Vorweis der entsprechenden Patente in fast allen Segel- und Surfschulen der Insel verliehen. Kleine Motorboote erhält man (auch ohne Führerschein) u. a. bei Rent Chiappi (Portoferraio, Calata Italia 30, ☎ 05 65-91 67 79). Will man Wasserskifahrer über die Wellen schleppen, so benötigt man dafür einen stärkeren Motor und den entsprechenden Bootsführerschein.

Golf

Eine 9-Loch-Golfanlage wurde in Acquabona (zw. Portoferraio und Porto Azzurro) errichtet. Club-Betrieb mit angeschlossenem Golf-Hotel, Schläger und Bälle werden bereitgestellt; Gäste willkommen (☎ 05 65-94 00 66, Fax 05 65-93 34 10). **Minigolfplätze** befinden sich in Lacona, in Le Venelle bei Rio nell'Elba und in Porto Azzurro.

Radfahren/ Mountain-Biking

Insbesondere in der Vor- und Nachsaison eine immer populärer werdende Sportart. Angesichts der großen Höhenunterschiede ist allerdings eine gewisse Kondition erforderlich. Fahrrad- und Mountain-Biking-Verleih in allen größeren Ortschaften (u. a. bei »Non solo bike«, Marciana,

Loc. Redinoce, ☎ 05 65-90 73 61, und Cicli Lenzi, Portoferraio, Via Carducci 146, ☎ 05 65-9 23 46). Ausgewählte Routen für Mountain-Biker s. S. 83.

Mountain-Bike-Führer der Insel Elba von Enrico Lenzi sind bei den angegebenen Verleihfirmen oder direkt beim Verlag erhältlich:
L'Arcipelago editore
13100 Vercelli
Via Feliciano di Gattinara 11
☎ 01 61-6 16 61
Fax 01 61-59 12 36

Reiten

Reitställe, die sowohl Reitstunden als auch halb- und ganztägige Ausritte anbieten:

Blandi
Porto Azzurro
Barbarossa
☎ 05 65-9 50 87

Fattoria Le Ripalte
Capoliveri
Punta Calamita
☎ 05 65-96 83 22

Fattoria Paolo Rossi
Portoferraio
Loc. Buraccio
☎ 05 65-94 02 45

Reitzentrum L.E. Farms
Campo nell'Elba
Loc. Literno
☎ 05 65-97 90 90

Locanda dell'Amicizia
Seccheto-Vallebuia
✆ 05 65-98 70 51

Ranch Antonio
Portoferraio
Loc. Picchiaie
✆ 05 65-93 31 32

Segeln/Surfen

In den vier deutschsprachigen Segelschulen werden Kurse für Anfänger
und Fortgeschrittene zur Erlangung
des Scheins für Sportboote unter Segel und Motor auf Binnengewässern
(ehemaliger A-Schein) sowie für alle
weiteren Patente geboten. Die Prü-
fungen erfolgen nach den Kriterien
des DSV (Deutscher Seglerverband)
und werden von diesem auch anerkannt. Weiters gibt es Kinderkurse
und Jacht-Törns im Toskanischen Archipel, nach Korsika und Sardinien.
Inhaber von Segel-Patenten können
auch Boote und Jachten (mit oder
ohne Skipper) mieten.

DHH Jachtschule Elba, 57037 Portoferraio, Le Grotte del Paradiso,
✆ 05 65-93 33 29, Fax 05 65-
93 31 78; Buchungsstelle in Deutschland: Deutscher Hochseesportver-
band »Hansa« e. V., 20148 Hamburg, Rothenbaumchaussee 58, ✆
0 40/44 11 42 50, Fax 44 45 34.
Segel Club Elba, 57037 Portofer-
raio/Magazzini, ✆ 05 65-93 32 88,
Fax 05 65-93 32 14; Info Deutschland: 51413 Bergisch-Gladbach,
Postfach 300327, ✆ 0 22 04/
6 87 03.
Segelschule Elba Charter, 57030
Proccio, Via Centrale 105, ✆/Fax

05 65-90 78 38, Handy in Italien:
✆ 03 38-6 43 64 08, Handy in
Deutschland: ✆ 01 71-7 00 61 69.
Segel-Zentrum Elba, 57037 Portofer-
raio/Bagnaia, Villa Marmori, ✆
05 65-96 10 90, Fax 96 11 84; Buchungsstelle Deutschland: 50999
Köln, Sürther Hauptstraße 211, ✆
0 22 36/6 55 05, Fax 6 85 16.
Deutsche Surfschule: Lacona Elba
Surf (Lacona, Strandmitte). Auch in
den meisten Segel- und Tauchschulen werden Surfkurse abgehalten;
dort auch Verleih von Markenbret-
tern.

Tauchen

Die Küstengewässer von Elba sind interessante und aufgrund des felsigen
Geländes sowie der Vielfalt von Fauna und Flora abwechslungsreiche Re-
viere für Taucher und Unterwasser-
Jäger. Besonders beliebt ist die Südküste mit ihren unterschiedlichen
Meerestiefen und steil abfallenden
Riffen.

In folgenden deutschsprachigen
Tauchschulen kann man die entsprechenden Zertifikate erlangen:

Morcone Diving
Capoliveri/Morcone 32
✆/Fax 05 65-92 00 23 (Winter)
Handy-✆ 03 47-8 92 06 67
(Sommer)

Onda Sub
Marina di Campo, Via Roma 93
✆/Fax 05 65-97 70 58

Sirena Diving Center
Portoferraio/Enfola

✆ 05 65-91 89 38
Fax 05 65-91 86 13
(April–Oktober)

Spiro Sub
Anfragen bei Pit Gsell
Marina di Campo/La Foce 27
✆ 05 65-97 61 02

Tauchschiff Saralu
Signor Renzo
Handy-✆ 03 48-3 88 61 61
Fax 05 65-91 67 53

Flaschenfüllungen gibt es in den genannten Tauchschulen sowie u. a. in folgenden Orten: Portoferraio (Caccia e Pesca, Via Manganaro 10), Porto Azzurro (Tankstelle), Capo d'Enfola (Campingplatz), Lacona (Strand), Marina di Campo (Ferramenta Tesci, Piazza Vittorio Emanuele 14).

Die Unterwasser-Jagd mit Tauchflaschen ist verboten. Ohne Flaschen darf man mit jeglichem Gerät (Harpunen etc.) sämtliche Meerestiere erlegen (maximal 5 kg pro Person und Tag). Dies gilt auch für das Fischen, das überall mit Ausnahme der Küstenbereiche von Portoferraio/Le Ghiaie und Capo Bianco (Naturreservate) gestattet ist.

Tennis

Die meisten größeren Hotels verfügen über eigene Tennisplätze, die man je nach freier Kapazität auch als Nicht-Hotelgast benützen kann. Öffentliche Tennisplätze gibt es u. a. in Portoferraio (Campo Sportivo), Portoferraio/Schiopparello (Tennis Fabrizio Galletti), Procchio (Centro Sportivo und Residence La Motta), Marciana Marina (La Serra und Marinella), Marina di Campo (Loc. La Serra), Rio nell'Elba (Campo Sportivo) und Lacona (Camping Valle Santa Maria).

Wandern

Geführte Wanderungen (maximal 6–7 Stunden) werden zwischen Anfang April und Anfang Oktober vom Trekking-Center »Genio del Bosco« durchgeführt. Die Touren sind in Schwierigkeitsgrade (leicht, mit leichten Schwierigkeiten, beanspruchend) eingeteilt, solide Ausrüstung (Sportbekleidung, lange Hosen, leichte Windjacke, feste Schuhe, Rucksack für Proviant) sind erforderlich.

Auskünfte und Anmeldungen:
Il Genio del Bosco
57037 Portoferraio
Via Roma 12
✆ 05 65-93 08 37
Fax 05 65-91 53 49

bzw. bei der Hoteliervereinigung »Associazione Albergatori Isola d'Elba«
57037 Portoferraio
Calata Italia 20/21
✆ 05 65-91 55 55
Fax 05 65-91 78 65

Wer Elba ohne Führer auf Schusters Rappen erforschen will, sollte sich möglichst an die markierten Wege halten. Ausgewählte Routenvorschläge s. S. 176. Zur Orientierung sei die Kompass-Wanderkarte 650 (Isola d'Elba) empfohlen, die auf ganz Elba erhältlich ist.

REISEINFORMATIONEN VON A BIS Z

Ärztliche Versorgung und Apotheken

Guardia medica turistica ist ein kostenloser medizinischer Versorgungsdienst, der die zuvor im Büro der Krankenversicherung SAUB (Portoferraio, Loc. San Rocco, Mo–Fr 8–12 Uhr) umgetauschten ausländischen Urlaubskrankenscheine (Formular »Modello E 111« verlangen!) akzeptiert. Der Dienst ist täglich von 9–12 und 16–19 Uhr geöffnet, in dringenden Fällen kann rund um die Uhr telefonisch um Hausbesuch gebeten werden. Die Ambulanzen der Guardia medica:

Portoferraio
Via Gasperi
✆ 05 65-91 42 12

Capoliveri
Via Mellini 6
✆ 05 65-96 89 95

Marciana Marina
Scuola Elementare
✆ 05 65-90 11 36

Rio Marina
Circolo Italsider
✆ 05 65-96 24 25

La Pila
(Gemeinde Campo nell'Elba)
Centro
✆ 05 65-97 60 61

Deutschsprachiger **Arzt**
(kostenpflichtig)

Dr. Mario Prignacca
Porto Azzurro
Via 4 Novembre
✆ Praxis: 05 65-9 50 55
privat: 05 65-9 50 50

Zahnärzte
(kostenpflichtig)
Dr. Wolfgang Kremser
Portoferraio
Via Carducci 216
✆ 05 65-93 02 58

Studio Dentistico Moderno
Portoferraio
Via Manganaro 56
✆ 05 65-91 42 50

Ambulatorio Medico Dental
Marciana Marina
Condominio Le Logge 5
✆ 05 65-99 69 58

Kinderärzte
(kostenpflichtig)
Dott. Bandi
Portoferraio
Piazza Duchoque
✆ 05 65-91 46 91

Dott. Tozzi
Portoferraio
Piazza Cavour 28
✆ 05 65-91 65 06

Tierarzt
(natürlich auch nicht gratis)
Dott. Pietro Gabbanini
Portoferraio
Via Carpani 36
✆ 05 65-91 58 89

Krankenhaus (Ospedale)
Portoferraio
Loc. San Rocco
☎ 05 65-93 85 11
Hier wird auch
Erste Hilfe geleistet

Ambulanz
Notruf 1 13
Die einzelnen Ambulanzstellen
Portoferraio: 05 65-91 40 09
Marina di Campo: 05 65-97 70 85
Capoliveri: 05 65-93 50 62
Marciana Marina: 05 65-99 68 67
Porto Azzurro: 05 65-92 02 02
Rio Marina: 05 65-92 41 91
Rio Elba: 05 65-94 33 93.

Eine Apotheke *(Farmacia)* wird man
in jedem größeren Ort finden. Hier
eine Auswahl:

Portoferraio
Farmacia Centrale
Piazza Cavour
☎ 05 65-91 40 26

Farmacia Dott. Coli
Piazza del Popolo
☎ 05 65-91 43 77

Farmacia Dott. Comparini
Loc. Carpani
☎ 05 65-91 54 29

Marina di Campo
Farmacia
Via Roma 15
☎ 05 65-97 60 13

Capoliveri
Farmacia
Loc. Lacona
☎ 05 65-96 42 74

Marciana Marina
Farmacia Comunale
Piazza V. Emanuele
☎ 05 65-9 90 37

Porto Azzurro
Farmacia S. Guido
Piazza Matteotti
☎ 05 65-9 50 95

Rio Marina
Farmacia
Via Pr. Amedeo
☎ 05 65-96 20 15

Autofahren

Die wichtigsten **Verkehrsvorschrif-
ten** in Italien:
Ausländische Fahrzeuge müssen mit
den jeweiligen Landeskennzeichen
(D/A/CH) versehen sein, sonst dro-
hen empfindliche Geldstrafen. Seit
der Abschaffung der verbilligten Ben-
zingutscheine für Touristen lohnt es
sich im Treibstoff-Hochpreisland, mit
dem Gaspedal sparsam umzugehen.
Die Tempolimits betragen im Ortsge-
biet im allgemeinen 50, auf Staats-,
Regional- und Gemeindestraßen 90,
auf Schnellstraßen 110 und auf Autobahnen 130 km/h, doch gibt es eine
Staffelung nach dem Hubraum des
Motors. Für Pkw bis 600 cm^3 und
Motorräder bis 99 cm^3 gilt Tempo 90
als Höchstgeschwindigkeit. Motorräder unter 149 cm^3 sind von Autobahnen überhaupt verbannt. An Wo-
chenenden, Feiertagen und in der Fe-
rienzeit (Juli/August) beträgt das Tem-
polimit auf Autobahnen 110 km/h.
Achtung: Die Einhaltung der Ge-
schwindigkeitsbegrenzungen wird
seit einigen Jahren streng kontrolliert

(Radar), Temposünder müssen mit saftigen Geldbußen rechnen. Für motorisierte Zweiradfahrer besteht Sturzhelmpflicht.

Pannenhilfe In ganz Italien unter der Telefonnummer 1 16 (Pannendienst des Automobile Club d'Italia – ACI) erreichbar und für Ausländer nur gratis, wenn man die Mitgliedskarte oder den Schutzbrief eines heimischen Autoclubs vorweisen kann. Das Büro des ACI auf Elba befindet sich in Portoferraio, Viale Elba (✆ 05 65-91 62 32).

Im Falle eines Unfalls Unbedingt die Polizei zu Hilfe holen (einheitliche Rufnummer der *Carabinieri* in ganz Italien: 1 12), weil sonst Schadensersatzansprüche schwierig werden. Name und Adresse der Versicherung des Unfallgegners sind aus dem hinter der Windschutzscheibe jedes italienischen Autos angebrachten Versicherungsschein ersichtlich.

Leihwagen Neben lokalen Verleihfirmen, im allgemeinen billiger, sind auf der Insel u. a. AVIS (Marina di Campo, Taglione, ✆ 05 65-97 71 50) und Maggiore (Reisebüro Tesi, Portoferraio, Calata Italia 8, ✆ 05 65-93 02 22) vertreten. Motorroller verleihen u. a. in Portoferraio: Brandi, Via Manganaro 11 (✆ 05 65-91 43 59) und Rent Ghiaie, Via Cairoli 25/26 Ghiaie (✆ 91 46 66), in Porto Azzurro: Rent Ghiaie, Viale Italia (✆ 05 65-95 83 62).

Straßen auf Elba Die Gesamtlänge der asphaltierten Straßen auf der Insel beträgt ungefähr 150 km. Dazu kommen noch weitere rund 50 km ›Sandstraßen‹, die mitunter riesige Löcher aufweisen und ein wahres Martyrium für Fahrer und Auto darstellen. Die Straßen sind äußerst kurvenreich, manchmal auch eng, daher ist absolute Vorsicht geboten, ›Tempobolzen‹ nicht angebracht. Das ›Kurvenschneiden‹ – Überfahren der Sperrlinien – wird von der Polizei streng bestraft.

Tankstellen Dichtes Netz an Zapfsäulen, die meist an den Ausfallstraßen größerer Ortschaften zu finden sind. Öffnungszeiten Mo–Sa 8.30–12.30 und 15/16–19/20 Uhr, Sonntagsdienst im Turnus. Rund um die Uhr geöffnet sind die sog. ›Münztankstellen‹ (mit 10 000-Lire-Scheinen zu bedienen) in Portoferraio (Esso), Porto Azzurro (AGIP) und Marina di Campo (IP). Bleifreies Benzin *(senza piombo)* gibt es überall.

Versicherung Ein ausreichender Versicherungsschutz (auch gegen Diebstahl) sei jedem Italien-Besucher dringend empfohlen. Auch mit dem Leihwagen fährt es sich vollkaskoversichert sorgloser.

Badestrände

Bei 150 km Küstenlinie finden sich genügend Plätzchen, um dem Badevergnügen zu frönen – je nach Lust und Laune auf Sand- und Kiessträanden oder auf Felsen, die mehr oder weniger steil ins Meer abfallen. Service-Einrichtungen wie Bar, Restaurant, WC, Liegestuhl- und Sonnenschirmvermietung gibt es allerdings nur an den großen Stränden. Hier eine Auswahl davon:

Gemeinde Portoferraio   Bucht von La Biodola mit Scaglieri und Il Forno (ein wahrer Traumstrand, Sand), Le Ghiaie (Kies), Le Viste (Sand und Fels), Acquaviva (Kies), Enfola (leider ein wenig schäbig, Sand und Kies), Capo Bianco (Kies), Padulella (Kies), Bagnaia (Sand und Kies), Schioparello (Kies), Ottone (Sand und Kies).

Gemeinde Capoliveri   Die schönsten: Lacona (Sand), Naregno (Sand) und Margidore (Sand und Fels); weiters Lido (Sand), Pareti (Sand), Morcone (Sand), Stracoligno (Sand), Ferrato (Sand), Norsi (Sand), Innamorata (Sand), Zuccale (Sand), Madonna delle Grazie (Sand).

Gemeinde Porto Azzurro   Die schönsten: Barbarossa (Sand), Reale (Sand); weiters La Pianotta (Fels und Kies), La Rossa (Sand), Terranera (Kies).

Gemeinde Rio Marina   Rio Albano (Sand), Lungomare di Cavo (Sand und Fels), Vigneria (Sand und Fels), Frugoso/Cavo (Sand und Fels), Cala dell'Alga/Cavo (Sand und Fels), La Caletta (Sand und Fels), Marina di Gennaro (Sand und Fels), Luigi d'Angelo (Sand und Fels), Porticciolo (Sand und Fels), Ortano (Sand und Fels).

Gemeinde Rio nell'Elba   Nisporto (Kies), Nisportino (Sand).

Gemeinde Campo nell'Elba   Die schönsten: Marina di Campo (2 km langer und breiter Sandstrand), Cavoli (Sand und Felsen), Fetovaia (Traumbucht wie aus dem Bilderbuch, Sand); weiters Galenzana (Sand), Seccheto (Sand und Fels), Ogliera (Kies), Fonza (Kies), Colle Palombaia (Kies).

Gemeinden   Marciana / Marciana Marina   Procchio (Sand), Sant' Andrea (Sand und Fels), Spartaia (Sand), Patresi-Mare (Kies), Marciana Marina/La Fenicia (Kies).

Diplomatische Vertretungen

Bundesrepublik Deutschland
Botschaft
00185 Roma
Via San Martino della Battaglia 4
☎ 06-49 21 31
Fax 06-4 45 26 72

Generalkonsulat
20121 Milano
Via Solferino 40
☎ 02-6 23 11 01
Fax 02-6 55 42 13

Österreich
Botschaft
00198 Roma
Via Pergolesi 3
☎ 06-8 55 82 41
Fax 06-8 54 32 86

Generalkonsulat
20145 Milano
Via Tranquillo Cremona 27
☎ 02-4 81 20 66
Fax 02-48 00 96 30

Konsulat
16122 Genova (Genua)
Via Assarotti 5
☎/Fax 0 10-8 39 39 83

Schweiz
Botschaft
00197 Roma
Via Barnaba Oriani 61
✆ 06-80 95 71
Fax 06-8 08 85 10

Generalkonsulat
20121 Milano
Via Palestro 2
✆ 02-77 79 16 30
Fax 02-76 01 42 96

Konsulat
16122 Genova (Genua)
Piazza Brignole 3/6
✆ 0 10-54 54 12 11
Fax 0 10-54 54 12 40

Diskotheken

In jedem größeren Ort der Insel und in vielen Hotels legen in der Hauptsaison DJs die heißesten Scheiben auf. Als In-Lokale, in denen aber auch häufig Live-Musik geboten wird, gelten in
Bagnaia: das »Sunset«, ✆ 05 65-96 11 50
Biodola: an der Hauptstraße oberhalb des Ortes »Norman's«, ✆ 05 65-96 99 43, und »Club 64«, ✆ 05 65-96 99 88
Capoliveri: das »Mandel«, Loc. Morcone, ✆ 05 65-96 85 28, das »Sugar Reef«, Loc. La Trappola, und die »Enoteca Music Bar Fandango«, Via Cardenti 1, ✆ 05 65-96 83 29, Jazz und Blues
Marciana Marina: das gemütliche »Enoteca Coltelli Pub«, Via Dussol, ✆ 05 65-9 93 55
Porto Azzurro: »Ove's«, Via Romita, ✆ 05 65-95 82 83.

Einkaufen

Die Ladenschlußgesetze werden auch auf Elba sehr individuell gehalten. In der Regel haben Geschäfte und Supermärkte von Mo–Sa zwischen 9 und 12.30 Uhr sowie zwischen 16/17 und 19/20 Uhr geöffnet, in der Saison halten vor allem Souvenirläden auch an Sonn- und Feiertagen offen.

Die bei Urlaubern besonders beliebten **Wochenmärkte** mit ihren bunten und oft auch äußerst preiswerten Angeboten an Textilien, Lederwaren, Spielzeug, Haushaltsgeräten und Lebensmitteln stehen von 8–13 Uhr für einen Einkaufsbummel zur Verfügung. Sie sind in Rio Marina (Mo), Marciana Marina (Di), Marina di Campo (Mi), Capoliveri und Procchio (Do), Portoferraio (Fr) und Porto Azzurro (Sa) zu finden.

Zu den meistgefragten Souvenirs gehören Mineralien, Keramiken, Strandmode und agrarische Produkte wie Oliven, Olivenöl, Wein, Edelkastanien, Honig und Bienenwachskerzen. Einige Einkaufstips:
Keramiken Ceramica D'Elba (57030 Marciana Alta, neben der Talstation der Seilbahn auf den Monte Capanne, ✆ 05 65-90 11 75), Ceramica e Arte Elbamore (57037 Portoferraio, Calata Mazzini 20/A).
Mineralien Walter Giannini (57036 Porto Azzurro, Viale Italia 2, ✆ 05 65-9 53 07), La Piccola Miniera (57036 Porto Azzurro/Pianetto, ✆ 05 65-9 56 24. Souvenirladen mit angeschlossenem Schau-Bergwerk).
Agrarprodukte Azienda Agricola »La Chiusa di Magazzini«: Feinste Adresse auf Elba für Wein und Olivenöl (57037 Portoferraio/Magazzi-

ni, ☎ 05 65-93 30 46), Azienda Agricola »Sapere«: Wein, Grappa, Liköre, Olivenöl, Käse, getrocknete Kräuter und Pilze, Honig, Wildschweinwurst und -Creme, Artischocken-, Trüffel- und Olivencreme, Kuchen (57036 Porto Azzurro, Loc. Mola 15, ☎ 05 65-9 50 33), Bruno Danesi: Honig von Tanne, Akazie, Kastanie, Eukalyptus, Erika, Rosmarin; Bienenwachskerzen (57034 Marina di Campo, Via Donizetti 2), Weinkellerei Mazzei Battani (57033 Marciana Marina, ☎ 05 65-9 91 15), Le Due Valli: Wein (57033 Marciana Marina, ☎ 05 65-9 90 09).

Achtung: Die italienischen Finanzgesetze schreiben für jeden Einkauf, aber auch für Dienstleistungen (Friseur etc.) und Verzehr in Eissalons, Café-Bars und Restaurants zwingend die Ausstellung einer Quittung vor, die man nicht sofort wegwerfen darf. Kontrollen bis einige hundert Meter vom Geschäft (Restaurant etc.) entfernt werden stichprobenartig durchgeführt. Ein Konsument, der ohne Quittung ertappt wird, macht sich strafbar.

Elektrizität

Die Stromspannung beträgt 220 Volt. Die meisten Steckdosen entsprechen nicht dem deutschen Maß, daher muß man für Rasierapparat oder Fön einen Adapter (erhältlich in größeren Elektrogeschäften) verwenden.

Feiertage

1. Januar
(*Capodanno*)
Ostermontag
25. April
(*La Resistenza*/Tag der Befreiung)
1. Mai
(*Festa del lavoro*/Tag der Arbeit)
15. August
(*Ferragosto*/Mariä Himmelfahrt)
1. November
(*Ognissanti*/Allerheiligen)
8. Dezember
(*L'Immacolata*/Mariä Empfängnis)
25. Dezember
(*Natale*/Weihnachten)
26. Dezember
(*Santo Stefano*/Tag des hl. Stefan)

Feste

Zu farbenprächtigen Spektakeln geraten viele Feste der Ortsheiligen, mit Prozession, Jahrmarkt, Platzkonzert und Feuerwerk.

29. April   San Cristino, Portoferraio
1.–3. Mai   Kleine Wallfahrt zur Madonna del Monte
29. Juni   Fest der Heiligen Pietro e Paolo, San Piero in Campo
15. Juli   Ss. Giacomo e Quirico, Rio nell'Elba
24. Juli   San Giacomo, Porto Azzurro
7./8. August   San Gaetano, Marina di Campo
11./12. August   Santa Chiara, Marciana Marina
15. August   Große Wallfahrt zur Madonna del Monte in Marciana Alta und Fest Assunzione in Capoliveri
16. August   San Rocco, Rio Marina
8. September   Beginn der einwöchigen Wallfahrten zur Madonna di Monserrato bei Porto Azzurro
25. November   Santa Caterina, Marciana Alta

Geld

Bis zur endgültigen Euro-Einführung 2002 bleibt Italien das Land, in dem jeder Millionär ist, ohne besonders viel Geld in der Tasche zu haben. Banknoten gibt es zu 1000, 2000, 5000, 10 000, 50 000, 100 000 und 500 000 Lire, Münzen zu 50, 100, 200 und 500 Lire. **Achtung:** Vor allem die 50 000-Lire-Banknoten werden gerne gefälscht, beim Wechseln (nicht in Banken) ist Vorsicht geboten. Innerhalb der Euro-Währungszone (mit Italien, Deutschland und Österreich) gelten fixe Wechselkurse, die übrigen Tageskurse (z. B. Schweizer Franken) erfährt man in den Banken (in allen Gemeinden Elbas zu finden, Öffnungszeiten Mo–Fr 8.20–13.20 Uhr).

Zum Geldabheben rund um die Uhr stehen mehrere EC-Bankomaten zur Verfügung (Standorte in der nächsten Bank zu erfragen). Beim Einlösen von Reise- und Euroschecks (bis zu maximal 300 000 Lire pro Euroscheck) ist die Vorlage eines Personalausweises (Reisepaß, Führerschein) erforderlich.

Kreditkarten werden in nahezu allen Restaurants, Hotels und Geschäften akzeptiert.

Kinder

Nach Meer und Strand bieten sich die vier **Spielparks** von Elba zur abendlichen Unterhaltung an: **Amadeus** (an der Straße von Porto Azzurro nach Rio Elba), **Happy Park** (zwischen Procchio und Marina di Campo), **Elbaland** (Straße von Portoferraio nach Porto Azzurro) und **Laconapark** (Hauptstraße in Lacona, s. S. 136). Hier gibt es u. a. Möglichkeiten für Tennis, Tischtennis, Minigolf, Billard, Bowling und Boccia sowie jede Menge Videospiele. Eine **Bowling-Halle** wurde im Industriegebiet von Portoferraio (Antiche Saline) errichtet. Naturerlebnisse garantieren eine Fahrt mit dem **Glasbodenboot Nautilus** (s. S. 223), ein Besuch des **Aquariums in Marina di Campo**, dem nach Genua zweitgrößten Aquarium des Mittelmeerraumes samt angeschlossenem Museum der elbanischen Fauna (s. S. 135), eine **Seilbahnfahrt auf den Monte Capanne** (s. S. 148) und eine Besichtigung der **Piccola Miniera in Porto Azzurro,** der Nachbildung einer Eisenerzmine (s. S. 101).

Kriminalität

Elba ist zwar keine »Insel der Seligen«, doch bleibt die Kriminalitätsrate im Vergleich zu den großen Städten des italienischen Festlandes weit unter dem Durchschnitt. Urlauber können sich relativ sicher fühlen, sollten aber dennoch einige Vorsichtsmaßnahmen beherzigen. Dokumente, Geld und Wertsachen sind am besten im Hotelsafe aufgehoben, wer heutzutage schmuckbehangen in den Urlaub fährt, hat sich eventuelle unliebsame Folgen selbst zuzuschreiben. Autofahrer sollten bereits bei der Anfahrt ihr vollgepacktes Fahrzeug niemals aus den Augen lassen, bei Übernachtungen am Festland den Wagen möglichst auf einem bewachten Parkplatz oder in einer Garage abstellen.

Auch auf der Insel macht Gelegenheit Diebe, also keinerlei wertvolle

Objekte (Handtaschen, Kameras, etc.) im Auto liegenlassen. Radios ziehen immer wieder Langfinger an: Am sichersten sind Geräte, die man mit einem Handgriff aus der Konsole ziehen und mitnehmen kann. Die Italiener wissen schon, warum sie stets mit ihren Autoradios unter dem Arm spazierengehen.

Kurse

Außer verschiedenen Sportarten (siehe unter »Urlaubsaktivitäten«) kann man auf Elba u. a. Italienisch sowie Kunsthandwerk erlernen.

Sprachkurse bieten u. a. an
Fiorenza
Centro di lingua e cultura Italiana per stranieri
Auskünfte und Anmeldungen:
50125 Firenze
Via S. Spirito
✆ 0 55-2 39 82 74
Fax 0 55-28 71 48

ABC
Centro di lingua e cultura Italiana
57036 Porto Azzurro
Loc. Monserrato
✆ 05 65-92 01 55/66

Sprachschule Galileo Galilei
Einzel–Intensivkurse in Pomonte
Auskünfte und Anmeldungen:
50121 Firenze
Via degli Alfani 68
✆ 0 55-29 46 80, Fax 0 55-28 34 81

Als Ort für freies **künstlerisches Gestalten,** auch für Anfänger, sei die Casa Castilioncello des deutschen Künstlerehepaares Iskra und Oreste

(s. S. 74) empfohlen (57037 Portoferraio, Loc. San Martino, ✆ 05 65-93 04 73, Fax 05 65-97 77 70): Gestalten in Ton, Glas und anderen Materialien, experimentelle Musik-Workshops.

Medien

Italienische Tageszeitungen mit regelmäßigem Elba-Lokalteil sind »Tirreno« und »Nazione«. »Lisola« betitelt sich eine wöchentlich erscheinende Elba-Zeitung mit zahlreichen Veranstaltungstips sowie den Fahrplänen der Fähren und Autobusse. Der »Corriere Elbano«, ein Lokalblatt ähnlichen Inhalts, kommt im zweiwöchigen Rhythmus heraus und die Zeitschrift »Lo Scoglio« vierteljährlich. »Pronto Elba« ist ein mehrmals pro Saison neu aufgelegtes Veranstaltungsheft. Hintergrundgeschichten, Veranstaltungshinweise und wertvolle Tips enthält die einzige deutschsprachige Zeitschrift der Insel, der von Elvira Korff liebevoll gestaltete und einmal pro Jahr herausgegebene »Elba-Spiegel«.

Selbstverständlich liegen auf Elba die wichtigsten überregionalen Tageszeitungen Italiens, Deutschlands, Österreichs und der Schweiz auf. Am besten sind sie erhältlich am Kiosk bei der Porta a Mare, dem Zugang zur Altstadt von Portoferraio, in der Saison aber auch in allen größeren Orten.

Auf der Insel werden zwei lokale Radiosender (Radio Elba, Cosmos Radio) und ein Fernsehsender (Tele Elba) betrieben. Zu empfangen sind aber auch sämtliche Programme der staatlichen italienischen Rundfunk- und TV-Anstalt RAI sowie in Hotels, die über eine entsprechende Satellitenanlage verfügen, alle ›vom Himmel kommenden‹ deutschsprachigen TV-Sender und das US-Nachrichtenprogramm CNN.

Öffentliche Verkehrsmittel

Elba ist durch ein dichtes Busnetz gut erschlossen. Von Portoferraio gibt es mehrmals täglich Verbindungen zu allen größeren Orten. Das Busbüro ATL befindet sich in Portoferraio in der Hochhauspassage (Viale Elba 20) am Hafen (✆ 05 65-91 47 83, vormittags geöffnet). Dort erhält man auch den Fahrplan *(orario)*. Wochentags *(feriale)* verkehren mehr Busse als sonn- und feiertags *(festivo)*. Fahrkarten werden im Bus verkauft, außer auf den innerstädtischen Linien von Portoferraio (diese verbinden das Zentrum mit Albereto, Carpani, San Giovanni, San Martino und Val di Denari). Hierfür Billets bei ATL.

Polizei

Carabinieri ✆ 1 12

Portoferraio
Viale Elba
✆ 05 65-91 42 41

Marina di Campo
✆ 05 65-9 70 03

Capoliveri
✆ 05 65-96 84 01

Marciana Marina
✆ 05 65-9 90 05

Porto Azzurro
✆ 05 65-9 50 05

Rio Marina
✆ 05 65-96 20 02

Post und Telefon

Normale Postsendungen von und nach Italien können manchmal Wochen und sogar Monate unterwegs sein. Es empfiehlt sich daher, Briefe und Karten auf der Post mit dem Prioritätsaufkleber *(Posta Prioritaria)* versehen zu lassen, der Aufpreis in Höhe der halben Portogebühr (bei Sendungen innerhalb Italiens sowie in andere EU-Länder, in die Schweiz und nach Norwegen) erspart manchen Ärger über das ›Schneckenpost‹. Wirklich dringende und wertvolle Briefe oder Pakete sollten besser mit privaten Kurierdiensten, Nachrichten per Telefon, Fax oder E-Mail übermittelt werden.

Die Postämter sind Mo–Fr 8.15–13.30 Uhr geöffnet, die Hauptpost in Portoferraio bis 18.30 Uhr, Geldschalter allerdings nur bis 13.30 Uhr.

Telefongespräche kosten vom Hotel aus ein Vielfaches, zum offiziellen Tarif spricht man dagegen von allen öffentlichen Fernsprechern. Diese sind durchwegs auch für Telefonkarten *(scheda telefonica)* eingerichtet, die auf Postämtern und in vielen Tabakläden erhältlich sind (5000, 10 000, 20 000 Lire). Die Versorgung im Mobilfunknetz ist auf der gesamten Insel so gut wie flächendeckend.

In Italien zählt die Ortsvorwahl inklusive der Null zum festen Bestandteil der Telefonnummer, gleich, ob man vom Ausland anruft oder inner-

halb einer Ortszone wählt. In Elba beginnt jede Telefonnummer mit 05 65. Von der Regelung ausgenommen sind **Notfall- und Servicenummern,** z. B.
ACI-Pannenhilfe: 1 16
Feuerwehr: 1 15
Polizei: 1 12
Zeitansage: 1 61

Landesvorwahlen
Italien: 00 39
Deutschland: 00 49
Österreich: 00 43
Schweiz: 00 41
Von Italien ins Ausland entfällt wie üblich die Null der Ortsvorwahl nach der Landeskennzahl.

Rundfahrten

Geführte Rundfahrten mit Bussen, Kleinbussen oder Taxis können in allen größeren Reisebüros von Elba gebucht werden, auf Wunsch mit deutschsprachiger Reiseleitung.

Bootstouren (Kurzfahrten, Halb- und Ganztagesausflüge, Kreuzfahrten im Toskanischen Archipel zu den Inseln Capraia, Pianosa, Montecristo, Giglio und Giannutri) von Portoferraio, Marciana Marina, Marina di Campo und Porto Azzurro aus bieten folgende Veranstalter an:
Elba Navigazione, Porto Azzurro
Via D'Alarcon 1
✆ 05 65-92 10 09
Fax 05 65-95 82 52
Etruria Navigazione
Handy-✆ 03 34-71 84 94
S.A.CO.Mar, Portoferraio
Via Guerrazzi 11
✆ 05 65-91 47 97
Handy-✆ 03 47-3 56 39 53

Fahrplanauskünfte erhält man auch in allen Reisebüros, dort sind ebenfalls Buchungen möglich. An den Hafenmolen von Portoferraio, Marina di Campo und Porto Azzurro findet man in der Hochsaison Ankündigungen von Fahrten weiterer lokaler Ausflugsboote.

Mit dem **Glasbodenboot Nautilus** läßt sich die faszinierende Unterwasserwelt der Insel trockenen Fußes erleben. Die 90-Minuten-Exkursionen ab dem Strand von Lacona werden von deutschsprachigen Erläuterungen begleitet. Dank starker Scheinwerfer werden auch Nachtfahrten veranstaltet. Infos und Buchungen bei Bagni Lacona, Spiaggia di Lacona, Capoliveri, ✆ 05 65-96 43 64 oder Handy-✆ 03 37-70 23 10.

Unterkunft

Den Gästen stehen auf Elba 208 Hotels und Apartmentanlagen, 28 Campingplätze und zahlreiche private Ferienwohnungen zur Verfügung. Da es keine Jugendherberge gibt und wildes Campieren verboten ist, sind Rucksacktouristen auf Campingplätze oder billige Privatzimmer angewiesen. Da in der Hochsaison die meisten Hotels und Pensionen – häufig auch Campingplätze – ausgebucht sind, sollt man unbedingt vorbestellen. In der Vor- und Nachsaison stellt die Quartiersuche kein Problem dar. In den Wintermonaten halten nur einige Hotels ihren Betrieb aufrecht. Die jeweils aktuelle Liste der Unterkünfte – vom 4-Sterne-Palast bis zum einfachen Privatquartier – erhält man bei der Fremdenverkehrsverwaltung (s. S. 207 »Auskünfte«).

Daneben werden Ferien auf dem Bauernhof *(Agriturismo)* angeboten. Informationen erteilt die

Associazione Terranostra
57037 Portoferraio
Piazza del Popolo 3
☏ 05 65-92 22 29

Verhalten

Zugegeben, Elba ist eine Touristeninsel und insbesondere in der Hochsaison ›fest‹ in ausländischer Hand‹. Dennoch sollte jeder Inselgast stets Rücksicht auf Sitten und Gebräuche der Einheimischen nehmen, die sich zumindest einen Rest ihrer Würde bewahren und gar nicht gerne als Folklore-Objekte bestaunen lassen wollen. Dies gilt insbesondere für Urlauber auf ›Foto-Pirsch‹: Ehe man einen Insulaner ablichtet, sollte man seine Einwilligung einholen. Wer mit Elbanern in fröhlicher Runde zusammensitzt, sollte beim Prosten das Glas ausnahmslos in der rechten Hand halten – mit der Linken würde man seinem Gegenüber Unglück wünschen. In Kirchen als Orten des Glaubens ist dezente Kleidung eine Selbstverständlichkeit.

Nacktbaden ist zwar nach wie vor offiziell verboten, doch gibt es inzwischen auf Elba 12 Strände, meist nur vom Wasser oder von der Straße aus recht mühevoll erreichbar, auf denen FKK in aller Dezenz toleriert wird. Während der Hochsommermonate, wenn Familien auch diese Strände bevölkern, sollte man die letzten Hüllen nicht fallen lassen, will man vermeiden, mit bösen Worten oder gar mit Steinen vertrieben zu werden. Strand-Damen ›oben ohne‹ haben jetzt für ihre Blößen zwar bereits eine rechtliche Bedeckung, doch bleibt dies immer noch eine Frage des guten Geschmacks. Und darin sind die Italiener besonders empfindlich.

LESETIPS

Braudel, Fernand: Die Welt des Mittelmeeres (S. Fischer, Frankfurt/Main)

Ferrari, Mario: Großer Wanderführer Elba (in deutscher Sprache, Editrice Azzurra, Florenz)

Frei, Gerhard: Erlebtes Elba (Verlag Schwarz GmbH, Baden-Baden)

Gregorovius, Ferdinand: Wanderjahre in Italien (München)

Passerini, Lucio: Auf den Spuren der Etrusker durch Italien (Knaur, München)

Pesendorfer, Franz: Die Habsburger in der Toscana (Österr. Bundesverlag, Wien)

Racheli, Gin: Le Isole del Ferro (Mursia, Milano)

Rother, Almut und Frank: Landschaftsführer Elba (DuMont, Köln)

REGISTER

Personen

DUMONT
REISE-TASCHENBÜCHER

»Was den DUMONT-Leuten gelungen ist: Trotz der Kürze steckt in diesen Büchern genügend Würze. Immer wieder sind unerwartete Informationen zu finden, nicht trocken eingestreut, sondern lebhaft geschrieben... Diese Mischung aus journalistisch aufgearbeiteten Hintergrundinformationen, Erzählung und die ungewöhnlichen Blickwinkel, die nicht nur bei den Farb- und Schwarzweißfotos gewählt wurden – diese Mischung macht's. Eine sympathische Reiseführer-Reihe.«

Südwestfunk

»Zur Konzeption der Reise-Taschenbücher gehören zahlreiche, lebendig beschriebene Exkurse im allgemeinen landeskundlichen Teil wie im praktischen Reiseteil. Diese Exkurse vertiefen zentrale Themen der Geschichte, Kunst und des sozialen Lebens und sollen so zu einem abgerundeten Verständnis des Reiselandes führen.«

Main Echo

Weitere Informationen über die Titel der Reihe DUMONT Reise-Taschenbücher erhalten Sie bei Ihrem Buchhändler oder beim DUMONT Buchverlag • Postfach 10 10 45 • 50450 Köln
http://www.dumontverlag.de